U0511274

阿卡人的语言文化研究

何亚琼◎著

中国社会科学出版社

图书在版编目（CIP）数据

阿卡人的语言文化研究 / 何亚琼著. -- 北京 : 中国社会科学出版社, 2025. 6. -- ISBN 978-7-5227-4757-6

Ⅰ. H254

中国国家版本馆 CIP 数据核字第 202515B17D 号

出 版 人　赵剑英
责任编辑　宫京蕾
责任校对　王　龙
责任印制　郝美娜

出　　版　中国社会科学出版社
社　　址　北京鼓楼西大街甲 158 号
邮　　编　100720
网　　址　http://www.csspw.cn
发 行 部　010-84083685
门 市 部　010-84029450
经　　销　新华书店及其他书店

印刷装订　北京君升印刷有限公司
版　　次　2025 年 6 月第 1 版
印　　次　2025 年 6 月第 1 次印刷

开　　本　710×1000　1/16
印　　张　12.75
字　　数　236 千字
定　　价　78.00 元

目　录

第一章 绪论

哈尼族是中国55个少数民族之一，人口大约173.3万（2020年，第七次人口普查数据），相比2010年第六次人口普查（1660932人），十年间增长了约4.35%，排在全国少数民族人口的第十五位，居云南少数民族的第三位。

哈尼族是一个跨境而居的山地农耕民族。中国哈尼族主要分布在云南省红河哈尼族彝族自治州的红河、元阳、绿春、金平县，人口约70万，占全州总人口的17%，约占全国哈尼族人口的50%。此外，普洱市（原思茅地区）的墨江、普洱、镇源、景东、江城、澜沧等六个自治县，西双版纳傣族自治州景洪市、勐腊、勐海县，玉溪市的元江、新平等县也有哈尼族分布。上述县、市集中了国内哈尼族人口的 95%以上。还有少部分散居于建水、石屏、普洱、孟连、景谷、玉溪、峨山、易门、通海、双柏、晋宁、禄劝等县。

国外哈尼族通常被称为“阿卡人”或“阿卡族”，主要分布在泰国、缅甸、老挝、越南等四国，人口约60万人。其中，缅甸约40万人、泰国约7万人、老挝约6万人，越南约几千人（嘉恒，2005）。

哈尼语属汉藏语系藏缅语族缅彝语群南部彝语支。根据哈尼族所讲的语言，划分为：哈雅、豪白和碧卡三大方言。哈雅方言内部又分哈尼、雅尼两个次方言，各次方言又分若干土语。

阿卡话属于哈尼语哈雅方言雅尼次方言，是分布在中国云南省西双版纳傣族自治州勐海县、勐腊县、景洪市，普洱市孟连傣族拉祜族佤族自治县、澜沧拉祜族自治县边境地区，泰国北部清迈（Chiang Mai）、清莱（Chiang Rai）、难府（Nan），帕尧（Phayao）省，老挝南部博胶（Bokeo）、琅南塔（Luang Namtha），乌多姆赛（Oudomxay）省，缅甸北部的北掸邦（Shan State）、克钦邦（Kachin State）等称为“阿卡”或“雅尼”的哈尼族支系使用的语言。

阿卡话属于声调语言，词的意义取决于发音音调。词汇系统的词与传统文化、农业、畜牧业、动植物等密切相关，有名词、动词、形容词、代词、数词、量词、副词、连词、助词、叹词十大词类。其形态变化丰富，有前缀、后缀、重复、重叠等构词方式，表示不同的语法功能和意义。句法结构的特点是动词位于宾语之前，是典型的SOV句式。生活在不同区域的阿卡人，其所操母语除语音、词汇有些差别外，句法结构基本保持一致，日常生活中交流无障碍。本书的调查语料和数据主要来源于孟连、澜沧、勐海、勐腊县和景洪市，其人口分布、历史源流、语言使用情况等描述述如下。

第一节　人口分布

一、孟连傣族拉祜族佤族自治县

孟连傣族拉祜族佤族自治县（下文简称“孟连县”）位于中国云南省西南部，隶属于普洱市，东部和东北部与澜沧拉祜族自治县的东回、糯福乡接壤，西北部与西盟佤族自治县毗邻，西部和南部与缅甸撣邦第二特区（佤邦）交界。国境线长133.399千米，总面积1957平方千米，辖2镇5乡，13个办事处，26个行政村，385个自然村。孟连县境内有傣族、拉祜族、佤族等21个少数民族。其中，拉祜族25456人，佤族23572人，傣族19813人，汉族9190人，哈尼族5527人，还有少量的景颇族、傈僳族、彝族等，少数民族人口占总人口的86%。截至2023年1月，孟连傣族拉祜族佤族自治县总人口14.47万人。

居住在孟连县的哈尼族阿卡人的人口较少，主要分布于芒信镇。芒信镇的阿卡人按照妇女服饰分为平头阿卡和尖头阿卡。2023年1月，笔者对芒信镇阿卡人聚居村进行了调查，其人口分布情况见表1-1。

表1-1　芒信镇阿卡人聚居村人口分布情况

序号	村寨名	哈尼族	户数	人数
1	永前老寨	阿卡人	52	158
2	芒旧老寨	阿卡人	67	175
3	芒旧新寨	阿卡人	70	210
4	糯掌	阿卡人	48	123
5	下回艾	阿卡人	53	160
6	糯掌新寨	阿卡人	34	93

续表

序号	村寨名	哈尼族	户数	人数
7	芒相们	阿卡人	30	86
8	贺蚌	阿卡人	82	232
9	班令	阿卡人	26	62
10	广伞	阿卡人	46	121
11	中寨	阿卡人	58	163
12	芒信新寨	阿卡人	87	252
13	贺吉	阿卡人	56	132
14	回勒	阿卡人	96	269
15	糯武	阿卡人	135	425
合计			940	2661

资料来源：2023 年 1 月田野调查数据。

从表 1-1[①]可以看出，居住在芒信的阿卡人有 940 余户，2661 人。调查发现，他们主要居住在中缅边境线上。疫情前，他们与缅甸的阿卡人交流频繁；疫情后，因双方有些管控，减少了许多。

二、澜沧拉祜族自治县

澜沧拉祜族自治县（下文简称“澜沧县”）位于中国云南省西南部，隶属于普洱市，北部靠双江，东部及东北部与景谷傣族彝族自治县、宁洱哈尼族彝族自治县隔澜沧江相望，东南部与勐海为邻，南部与缅甸交界，西南部与孟连相连，西部与西盟、缅甸接壤，西北部与沧源相接。澜沧县是云南省县级面积第二大县，总面积 8807 平方千米，下辖 5 个镇、15 个乡。截至 2020 年 11 月 1 日，根据第七次人口普查数据，澜沧县总人口 441455 人，主要有拉祜族、汉族、佤族、哈尼族、傣族、布朗族、彝族等民族。其中，拉祜族人口 194240 人，占总人口 44%；汉族 132436 人，占总人口 30%；佤族 59949 人，占总人口 13.6%，哈尼族 52177 人，占总人口 11.8%，还有少量的傣族、布朗族等。少数民族人口为 309019 万人，占总人口的 70%。[②]

澜沧县哈尼族阿卡人主要集中在勐朗镇、酒井哈尼族乡、惠民镇、发展河哈尼族乡、东回乡、竹塘乡、拉巴乡、糯扎渡镇、南岭乡，谦六乡约

① 表 1-1 数据为笔者于 2023 年 1 月田野调查统计数据。

② 上述百分比数字是采用四舍五入的数字。

3000 余人，糯福乡属于抵边乡，人口较少。为了调查中缅边境地区阿卡人的语言使用情况，2023 年 5 月，笔者对糯福乡阿里村进行了调查，其人口分布情况见表 1-2。

表 1-2　阿里村阿卡人聚居村人口分布情况

序号	村寨名	哈尼族	户数	人数
1	海邦	阿卡人	76	279
2	班角老寨	阿卡人	58	219
3	班角街	阿卡人	29	120
4	六四组	阿卡人	25	99
5	班角中寨	阿卡人	37	162
6	南北根	阿卡人	28	110
合计			253	989

资料来源：澜沧拉祜族自治县人民政府：《云南省澜沧拉祜族自治县地名志》，1980 年数据。

三、勐海县

勐海县位于中国云南省西南部，隶属于西双版纳傣族自治州，东部与澜沧拉祜族自治县的东回、糯福乡接壤，北部和该县的拉巴乡及西盟佤族自治县的翁嘎科乡毗邻，西部和南部与缅甸山水相连，总面积 5368.09 平方千米，辖 5 个镇，6 个乡，4 个居民委员会，85 个村民委员会，888 个自然村，937 个村民小组。截至 2022 年末，勐海县人口为 355700 万人。其中，傣族有 121402 人，哈尼族 64003 人，汉族 50520 人，拉祜族 43595 人，佤族 35033 人，还有少量的彝族、回族、佤族等。

勐海县的哈尼族阿卡人集中分布于格朗和哈尼族乡、西定哈尼族布朗族乡、勐宋乡、打洛镇等 11 个乡镇。其中，格朗和哈尼族乡有 64 个村寨，17190 人；西定哈尼族布朗族乡有 48 个村寨，24670 人；勐宋乡有 46 个村寨，22682 人；打洛镇有 22 个村寨，7163 人；勐混镇有 17 个村寨，31888 人；勐满镇有 14 个村寨，18704 人；勐往乡有 12 个村寨，15210 人；勐遮镇有 12 个村寨，56684 人；勐海镇有 9 个村寨，5935 人；布朗山布朗族乡有 9 个村寨，20337 人；勐阿镇有 9 个村寨，21767 人。全县有 262 个村寨，242230 人。

2023 年 7 月，为了对中缅边境阿卡人语言文化进行调查，笔者走访了打洛镇的阿卡人村寨，其人口分布情况见表 1-3。

表 1-3　　打洛镇哈尼族人分布情况

序号	村寨名	哈尼族	户数	人数
1	曼灯村	阿卡人	65	306
2	大帕左村	阿卡人	39	151
3	小帕左村	阿卡人	60	277
4	帕左新村	阿卡人	57	245
5	南磨村	阿卡人	21	105
6	曼卡爱尼村	阿卡人	52	187
7	小曼陆村	阿卡人	50	233
8	大曼陆村	阿卡人	98	438
9	新邦南村	阿卡人	29	159
10	老邦南村	阿卡人	46	235
11	南板村	阿卡人	40	202
12	纳弄村	阿卡人	27	123
13	往改村	阿卡人	30	151
14	曼迈下寨	阿卡人	85	389
15	老邦约村	阿卡人	82	365
16	邦约一村	阿卡人	18	90
17	邦约二村	阿卡人	44	217
18	邦约三村	阿卡人	35	158
19	帕良一村	阿卡人	39	175
20	帕良二村	阿卡人	21	92
21	帕良三村	阿卡人	58	323
22	贺光村	阿卡人	42	185
合计			1038	4806

资料来源：云南省勐海县人民政府：《勐海县地名志》，2014 年。

四、勐腊县

勐腊县位于中国云南省最南端，隶属于西双版纳傣族自治州。东部、南部与老挝接壤，西南部与缅甸隔澜沧江相望，西北部紧靠景洪市，北部与普洱市的江城哈尼族彝族自治县相邻，总面积 6860.76 平方千米，辖 8 镇 2 乡 4 个农场。截至 2022 年，勐腊县常住人口为 306500 万人，居住民族主要有傣、哈尼、彝、瑶、苗、壮、拉祜等 26 个民族，其中，傣族 63200 人，哈尼族 60900 人，彝族 23200 人，瑶族 19400 人，还有少量的苗族、壮族、拉祜族以及外来常住人口。

勐腊县的阿卡哈尼族村寨有 122 个。其中，关累镇 27 个、勐腊镇 26 个、勐捧镇 18 个、勐仑镇 13 个、勐伴镇 11 个、易武乡 10 个、尚勇镇 8 个、勐满镇 7 个、象明彝族乡 2 个。

2023 年 12 月，为了对中缅边境阿卡人的语言文化进行调查，笔者走访了勐满镇的阿卡人村寨，其人口分布情况见表 1-4。

表 1-4　勐满镇哈尼族分布表①

序号	乡镇名	哈尼族	户数	人数
1	哥三府一村	阿卡人	63	252
2	景钟村	阿卡人	64	224
3	河图一村	阿卡人	140	645
4	河图二村	阿卡人	150	663
5	红星一村	阿卡人	56	255
6	坝腊一村	阿卡人	86	357
7	坝腊二组	阿卡人	75	342
8	哥三府二村	阿卡人	41	175
9	上中良	阿卡人	139	539
合计			814	3452

五、景洪市

景洪市位于中国云南省南部、西双版纳傣族自治州中部，东部与江城

① 2024 年 1 月 31 日由勐满镇哈尼学会副会长提供。

县、勐腊县相邻，西部接勐海县、澜沧县，北部连普洱市，南部与缅甸、老挝接壤，土地面积 6866.51 平方千米。截至 2022 年末，景洪市常住总人口 645800 万人。其中，傣族 139799 人，哈尼族 71495 人，基诺族 22043 人，彝族 20497 人，拉祜族 11744 人，苗族 5999 人，瑶族 2664 人，回族 1910 人，壮族 1301 人[①]。还有少量的佤族、布朗族、景颇族以及外来常住人口。

景洪市哈尼族村寨有 162 个。其中，勐龙镇 57 个、嘎洒镇 43 个、景哈哈尼族乡 35 个、勐罕镇 16 个、允景洪街道办事处 6 个、普文镇 2 个、勐旺乡 2 个、基诺山基诺族乡 1 个。

2024 年 1 月，笔者对景哈哈尼族乡的阿卡人进行了调查，其人口分布情况见表 1-5。

表 1-5　景哈哈尼族乡哈尼族人口分布情况

序号	乡镇名	哈尼族	户数	人数
1	莫南新寨	阿卡人	97	453
2	官罕村	阿卡人	102	479
3	曼坝河村	阿卡人	105	557
4	曼伞囡新寨	阿卡人	86	379
5	曼么村	阿卡人	76	381
6	曼回说龙村	阿卡人	84	345
7	戈牛村	阿卡人	96	390
8	累那大寨	阿卡人	71	294
9	曼令新寨	阿卡人	61	289
10	曼令老寨	阿卡人	31	103
11	布兰村	阿卡人	32	141
12	拉沙村	阿卡人	174	669
13	曼么怀村	阿卡人	80	318
14	曼伞囡村	阿卡人	43	191
15	坝那村	阿卡人	62	270
16	坝那新寨	阿卡人	47	214

① https://www.wendangwang.com/doc/bfbca231ab39401c08ddc229eb8342d743356a1a/2

续表

序号	乡镇名	哈尼族	户数	人数
17	帕瓦老寨	阿卡人	113	478
18	勐松村	阿卡人	62	269
19	勐南村	阿卡人	37	139
20	巴拉村	阿卡人	34	138
21	搭亥老寨	阿卡人	62	275
22	景播新寨	阿卡人	21	99
23	景播老寨	阿卡人	46	183
24	小景哈村	阿卡人	92	399
25	回卡村	阿卡人	38	183
26	回丙村	阿卡人	41	208
27	勐宋新寨	阿卡人	80	357
28	搭亥下寨	阿卡人	15	67
29	搭亥小寨	阿卡人	40	190
30	达西利村	阿卡人	53	217
31	帕瓦新寨	阿卡人	47	206
32	巴勒村	阿卡人	40	140
33	回果村	阿卡人	8	32
34	回燕村	阿卡人	41	154
35	搭亥新寨	阿卡人	54	201
合计			2171	9408

资料来源：2024 年 1 月 31 日景哈哈尼族乡政府提供。

调查发现，阿卡人多居于海拔 900 米以上的山区。村寨规模最小的是 8 户，最大的是 174 户，20—100 户最为常见。一般聚居，杂居的很少。

第二节 历史源流

一、迁徙历史

从迁徙历史看，哈尼族、彝族、拉祜族、基诺族、傈僳族等均有着共同的族源。在尚未形成单一民族之前，主要活动于甘青川交界地。公元 3 世纪至唐朝逐渐南迁中，各民族脱胎于古氐羌族群，发展为独立民族，生息繁衍于川滇大小凉山、滇东乌蒙山、滇东南六诏山以及滇南哀牢山和无量山区。唐朝后，迁离长江上游和珠江上游的大小凉山、乌蒙山、六诏山区，逐渐撒落在红河、澜沧江（湄公河）流域的哀牢山和无量山山区，有的扩散到东南亚各国的北部山区，形成现在各民族的分布格局（白碧波、许鲜明，2015）。

纵观历史，阿卡人是一个频繁迁徙的族群，也是在迁徙队伍中打头阵的山地农耕族群。他们无传统文字，但口传历史非常丰富。口耳传承中，阿卡人祖先曾多次提到一个名叫“贾垤”的地方。结合哈尼族迁徙史分析，这个地方均指向今云南省玉溪市“元江”及红河流域。“贾垤”这个地名无论是中国的哈尼语，还是老挝、泰国、缅甸等地的阿卡话口传历史中被经常提到。此外，古歌中还经常提到一条名叫“腊撒”大河。根据描述这条大河指向“元江”。“贾垤”地名和“元江”大河的出现并非偶然。至少说明阿卡人的祖先曾在元江流域停留过很长一段时间，对“腊撒”大河、“贾垤”等名称留下了深刻印记，并在古歌中代代相传。后因战争、疾病、自然灾害等种种原因继续南迁，过着刀耕火种、歇地轮耕的生活。固耕定居后，聚居形成村落，形成现在的居住格局。

二、族源族称

阿卡人的妇女头饰非常特别，有的头饰是尖的，外族称为“尖头”阿卡；有的头饰是平的，外族称他们为“平头”阿卡。实际上，不同支系的阿卡人，他们都有自称，如：五洛阿卡、洛蜜阿卡、帕蜜阿卡、阿佐阿卡、五皮阿卡、比阿阿卡、纳咔阿卡和阿克阿卡等。此外，阿卡人还被称为“僾尼人”。据说，“a³¹n̥i⁵⁵ 僾尼”源于哈尼语，是“a³¹n̥i⁵⁵ 兄弟”的意思。这个称谓来源于 20 世纪五六十年代。当时，汉族工作队进驻阿卡村工作，亲切地称他们为“a³¹n̥i⁵⁵ 兄弟”。后来这个称呼渐渐地演变为“僾尼”称谓，有人认为是自称，有人认为是他称。

随着语言文化研究的深入，根据语言系属的划分，哈尼语隶属于汉藏语系藏缅语族彝语支语言。内部分为哈雅、豪白、碧卡三大方言，阿卡话属于哈雅方言中“雅尼”次方言。因此，有人也称阿卡人为“雅尼人”。

三、文化习俗

（一）住房

阿卡人是从北部到南部频繁迁徙的族群，长期以来建寨在半山腰或更高的地方。过去建房多用竹子、茅草和木材，有的也用木板建房。住房简单，就地取材，利用周围生长的茅草、竹子、木料等材料，盖简易茅草房，用竹子做四周的围墙，留一道篱笆门进出。只求遮风避雨，不求永久结实，住了一两年后就要换茅草或建新房。

阿卡人盖房前需要选址。选址由村里祭司看好地基后，就开始备料。女人们上山割茅草，晒干后捆起来，背回家堆在地基附近。男人们到原始森林里砍大梁、柱子、椽子、楼楞、横梁、竹子等。

首先，根据建房大小，在地上挖 6 个洞，把 6 根带丫杈的柱子栽进去。立好柱子埋上土夯实加固，放三根横梁，再铺上竹片为楼。楼下用来堆杂物，关猪、鸡、鸭、鹅等家禽。铺茅草时，从低往高铺，铺好一层，用竹片压好一层，再用竹篾把茅草、竹片和椽子拴在一起。到顶时一分为二，往高横梁两边压住绑紧。下雨时雨水就会顺着斜坡往下流。屋顶盖好后，用竹片将四周围起来。留一个口为门，搭一个木梯或竹梯上下。落地处为厨房，中间用泥土垒成正方形做火塘，煮饭、煮菜，烤肉、包烧各种菜肴。悬空处为卧室，外面搭一个与卧室一样高的晒台。用纵横的竹片铺在横杆上，摊开竹篾笆可晒谷物。夏天傍晚晒台是妇女们绣花、缝衣服，男人们聊天乘凉的好地方。家旁边盖上一间简易茅草房，四周用木头栏杆围起就可以关大牲口。

随着与周边傣族的密切接触，西双版纳阿卡人的建房风格也逐渐演变为具有傣族建筑风格的“杆栏式”竹楼，木结构平房。“杆栏式”竹楼也称“高脚房”，是气候潮湿、雨量充足的热带与亚热带西双版纳地区一种十分普遍的民居形式。最初，这种房子用竹子建盖，后逐渐发展为用木材建盖。分上下两层。上层人住，距离地面约两米，正方形，以数根木料为柱，高高托起。屋脊像凤凰展翅，左一厦右一厦，前一厦后一厦，斜坡形，可挡四面雨水。屋顶造型为斜山式，层面用草排覆盖。设有楼梯，拾级登楼，有走廊、凉台，可以晒物和乘凉。室内用竹篱笆或木板隔成两三间。内间为主人卧室，外间为客室。客室进门内有高出地面四、五寸长的火塘，供烹饪取暖照明用。外间是接待客人的场所，也是室内的活动中心，陈设简朴。除锅、盆、罐外，绝大部分用具是竹制品，如桌、凳、碗、筷、箩、筐等。壁多无光，阳光和风均由篱笆缝，或板壁缝中透入。但这种房子有两大优点：一是安全，可防蛇、蚊虫、蚂蟥、野兽等；二是通风防潮，不怕水，人可免受潮气侵袭，有利于健康。

由于所处的地理位置和独特的气候条件，阿卡人主要从事种植业。他们种水稻、甘蔗、辣椒、豆类、薯类、香蕉、茶、水果、花生等作物。

阿卡人在庭院外喜欢种着梨、红毛丹、芒果、菠萝蜜、芭蕉、甘蔗、坚果、柚子等。一年四季吃的水果都在果园里摘，或上山去采摘野果。森林里野果很多，不同的季节可以吃到不同的水果，如木奶果（三丫果）、毛荔枝、锥栗、酸扁果、橄榄勒、鸡素果或无花果、野板栗等。此外，果树下他们还喂养着鸡、鸭、鹅。在新农村建设中，猪圈已经搬到橡胶树林里。门前是景观地，种花种草，有的人家房前屋后种点葱、姜、蒜、薄荷、鱼腥草等佐料。

（二）饮食

阿卡人靠山吃山，山上各种各样植物的花、果、皮、叶、根、茎等，他们都可以拿来吃，如野生菌，如木耳、白糙蘑菇、白溜蘑菇、香菇、白生、红菌、粗火烫菌、细火炭菌、奶浆菌、辣菌、米汤菌、蚂蚁堆鸡纵、鸡纵[①]等；野菜，如蕨菜、水香菜、苦凉菜、鱼腥草、野芭蕉心、野芭蕉花、猴子尾巴花、大果榕叶等。野兽肉，如野兔、野猪、松鼠、老熊等；家养牲畜、家禽肉，如羊、猪、鸡、鸭、鹅等。节庆祭祀时宰杀大牲畜，剩余部分制成腊肉、烟熏干巴，供一年食用。家禽平日待客和自食宰杀。鱼类，如蛇鱼、气泡鱼、鲤鱼、红尾巴鱼，虾子（傣族蚂蚱）、螃蟹、泥鳅等。大米、玉米为主食。山谷用碓冲成米，用甑子蒸，或小锣锅煮食。青玉米直接煮食或火烧。杂粮，如木薯、红薯等。他们一日两餐。蔬菜，如青菜、白菜、茄子、辣子、韭菜、南瓜、黄瓜、筋豆、姜、蒜、葱、山药、芫荽、薄荷等，多产于雨季。妇女会腌制青菜、萝卜酸菜等。饮食味道以酸辣为主。

一年中最丰盛最具特色的菜在“嘎汤帕”节，有百旺（用生猪血、瘦肉、花生等制成）、剁生（肉皮、瘦肉、小米辣、薄荷、干辣椒面、橄榄勒汁、盐、味精、姜、蒜、花椒等搅拌而成）、包烧鱼（盐、辣椒、薄荷、香草等）、包烧芭蕉心（糯米面、肉、盐）、冬瓜煮排骨、烤肉、凉拌黄瓜、生香菜蘸“辣咪”[②]等，看上去十分诱人、胃口大开。

用姜、酸、煳辣子、小米辣、橄榄勒汁等食料做蘸水，爽口开胃。阿卡人“嘎汤帕”节吃五色糯米饭，景洪市景哈哈尼族乡还举办原生态的长街宴，邀请各民族朋友，非常热闹。

（三）命名

在哈尼族阿卡人家庭里，每当孩子出生时，按照哈尼族习俗，要杀一只鸡给孩子取名。取名时一直使用父子连名制，即父亲名字的最后一个音

① 列举的野生菌均为当地的方言，不是学名。

② “辣咪”是一种用青辣椒、小番茄、姜、蒜、花椒、橄榄勒汁、芫荽等搅拌而成的一种混合菜泥。

节，连儿子名字的第一个音节，AB-BC-CD-DE 式的命名式，如勐海县打洛镇打洛村委会曼灯寨谱系练车家族龙车家谱系：宋米窝-窝屯雷-屯雷宗-宗模燕-模燕差-差提锡-提锡利-利跑奔-跑奔吾-吾牛然-牛然措-措毛威-毛威尊-尊唐盘-唐盘漫-漫好汤-好汤节-节列鸟-鸟气来-来炭奔-炭奔孙-奔孙连-连弄播-播忙波-忙波向-向入-入练-练车-车票-忙阿-阿勒-勒奔-本足-要郭-要几-可朗-朗斗-威波-波别-别出-出趟-趟海-海扫-扫气-气辉-才好-拉这-这角-角课-课龙-龙苍-苍达（李桂英，2017，P998）。

从上面的家谱可以看出，该户第 45—46 代未连名，属于父亲非正常死亡，请祭司“嘴批”取的名；第 29—30 代，第 33—34 代，第 34—35 代，第 35—36 代，第 46—47 代均未连名，是根据出生时的属相“马、羊、狗、虎”和“舅”取的名（李桂英，2017，p998）。阿卡人一般使用两个名字：一个是传统的血缘父子连名，一个是汉名。

父子连名制度不仅是哈尼阿卡人的习俗，也是一种社会制度的重要载体，是追踪父系血缘的活化石，是破解哈尼阿卡人社会历史的钥匙。

（四）婚俗

阿卡人实行一夫一妻制婚姻。旧时，族内通婚，但同宗族不结婚。现在，族外通婚，主要是自由恋爱等。西双版纳“僾尼”人的婚礼一般有以下几个流程：

提亲或求婚：男方看上姑娘，双方确定关系后就会告诉父母委托媒人到女方家提亲。这天男女双方的亲戚朋友都不可缺席。男方家会向未来的新娘的父母说些讨好的话，同时将准备好的彩礼、农具、被褥、酒、肉等送到女方家。同时，女方家要用酒、肉、饭、菜等款待媒人和女方家的客人及帮忙人员。

定亲、选日子：这天男方家的亲戚朋友都不可缺席。地点一般在男方或女方村里的公房里举行。双方商定并告知男女双方的家长和亲友婚姻已经确定，得到允许后便可以开始举办婚礼，接下来就选择一个好日子作为成婚吉日。这天男方家要给女方下订金。订金根据男方的家庭经济情况给。订完日期后，新郎会请伴娘和新郎的朋友们一起商量台词和节目安排流程。这天新郎要给未婚妻买一对银手镯或手链表示对她的祝福和对爱情的守护。

过门：过去接新娘，物品主要靠人背马驮。现在结婚当天提前准备好所有物品以及接亲车队，还有伴娘团的人数不能少于 8 个否则不吉利。当新娘到达新郎家时，先吃一顿饭，然后再进行闹新房活动。整个过程热闹非凡，但也有一些禁忌，如不能碰新娘的内裤边沿，因为这代表着吉祥如意；进门前要先跨过门槛，不能踩着门槛进门，等等。晚上举行篝火晚会，大家一起唱歌跳舞，庆祝新人的到来，共度良宵之夜。

认亲：第二天早上吃过早餐之后就开始认亲。认亲时，要从辈分大的开始敬酒或敬茶，从大到小的顺序进行。认亲时，长辈要给新人红包。给红包时，长辈会很开心地送上祝福和期望，会教一些做人的道理，祝愿他们的家庭幸福美满，长长久久。献酒或茶时，新郎和新娘都要根据对方的称呼进行改口。这天参加婚礼的人都会穿上漂亮的民族服装。认亲结束后，结婚仪式差不多就接近尾声了。

在孟连县芒信镇拉嘎村委会永前老寨，笔者有幸参加了一个尖头阿卡姑娘嫁给平头阿卡小伙的婚礼。姑娘出嫁这天，女方家在家里办婚宴，邀请亲戚朋友吃喜宴。出发前姑娘向父母、兄弟姐妹哭嫁，诉说父母的养育之恩、不舍的离别之情。然后男方家的伴郎把新娘从家里抢出来，全村人出家门送亲到寨门口。目送新娘在伴娘们的陪同下上车离去。送亲人才返回新娘家吃婚宴。

（五）葬俗

阿卡人实行棺木土葬。事先不准备好棺材。如果事先准备，认为老人会折寿。因此，家人看到老人身体衰弱时，就会有意识地养上操办丧事所需的猪、鸡、鸭、鹅。老人断气后，男人们才上山砍树做棺材，抬回家放在院子里。死者一般都要埋到本家族的祖坟山上。村里的中年男子抬棺材，死者儿子、女儿、姑爷、亲戚朋友们跟在后面。有的拿着死者的衣物，有的抬着锄头、长砍刀，有的抬着献给死者的猪头、饭、菜、水等去墓地。墓地按家族划分。族内先死的人埋在坡地下方，后死的人往上方埋。棺材抬到墓地后，一些男人根据棺材大小，背靠山挖一个约一米多深的坑。葬礼的轻重视死者的年龄而定，寿限越高，仪式越隆重，家人要杀牛、杀猪，隆重举办。

阿卡人葬俗有各种规则。阿卡人对死亡的人也分为两类：一类为正常死亡的人；另一类为非正常死亡的人。正常死亡的人，其葬礼也有等级。结婚生子、血脉延续、儿孙满堂、家庭经济状况好的老者葬礼级别高，如仪式 3—4 天或更长，有的需待尸体腐烂后才下葬；要杀牛、猪、鸡为祭品；举行念诵家谱仪式，向死者指路，让其回归到祖先居住的地方；棺木材质好，配备高，上山时使用双杠抬棺；将死者葬入家族墓地，并且排列进祖先坟墓的序列中。

但是，非正常死亡的人葬礼级别低，如未婚、未育，或只有女儿，没有儿子的老者，其葬礼的规格和仪式都有一定减损；看血脉的纯净，死者生命历程中若有“血脉不洁”的遭遇，如本人是双胞胎、患精神疾病、有生理缺陷等，其葬礼等级就会被降低。最后，看死亡条件，如果在村寨以外去世或暴死的人，葬礼级别低，仪式时间短、仪式过程简单，也不能进入祖宗坟地。只能依据具体情况举行较低等级的葬礼。如：未婚或未育男性的死者，其葬礼时间为一天，有的死亡的当日，最多次日下葬。如果是暴死在外者，不给用棺材，一般裹上草席当天下葬，仪式中不能念家谱，也不能葬在家族墓地中，这意味着死者亡魂无法回归祖界。儿童夭折，不举行葬礼，直接埋葬。因此，这些人死后，无论男女老少，他们的葬礼极为简单，不念家谱、不入家庭的墓地，他们的灵魂不能回祖先村。

在阿卡的人生世界中，人分为不同的种类，洁净的与不洁净的、完整与不完整的、吉祥与不吉祥的，他们死了以后会受到区别对待。

当一个人去世并举行葬礼时，人们就无法再回避这些问题。死者通过葬礼告别人世，他这一生有无意义、意义何在、价值高低都要有一个结论，因而葬礼通常意味着对死者一生的最终评判，即人们常讲的“盖棺定论”。阿卡人的葬礼也是如此，死者的人生意义可以通过两种方式被呈现：一是出席者对死者功过是非的议论，二是葬礼举行的规格和形式。葬礼中生者对死者的议论和评价，涉及具体的行为和事件，对不同个体来说，是非恩怨各有差别，标准也不尽相同。但葬礼的规格和仪轨，则遵循同样的逻辑和规则，任何人都必须遵守。

（六）节日

阿卡人分布在中国、老挝、缅甸、泰国、越南五国，节日大同小异。在长期的生产生活中，阿卡人掌握了寒暖更替和物候变化，并按物候变化、四季更替及植物根、茎、叶、花、籽、果实等的变化，创造了适应农事和娱乐相结合的节日。下面以孟连县芒信镇永前老寨为例，描述阿卡人一年中的节日。

1. 嘎汤帕节

“嘎汤帕 $ga^{55}tha^{55}$ pha^{55}”是阿卡人最隆重的节日。“嘎汤 $ga^{55}tha^{55}$”是阿卡人纪元年名号，“帕 pha^{55}”有“更换”之意，即更换年号，“翻新年”，有辞旧迎新之意。“嘎汤帕”相当于汉族的元旦节，是指万物复苏、冬樱花绽放、树披绿装、蜂鸟齐鸣的开始，是阿卡人一年中最重大的传统节日。过去，阿卡人过嘎汤帕节是在每年农历十月属龙日开始，一般持续 3—5 天。现在过节时间有所改变，在阳历 1 月 2 日开始，持续 4 天。

第一天：杀鸡、杀猪，做各种各样的传统美食，邀请周边的傣族、拉祜族、佤族等到家里做客。这天，家家户户要舂糯米粑粑，做竹筒肉、鸡肉稀饭、芭蕉花炒肉、包烧鱼、山螃蟹、酸腌菜炒肉、包烧野菜、猪肉、小炒肉、舂辣子、炒菜苔、舂牛肉干巴，吃扫把苗、芭蕉芯蘸番茄喃咪等特色菜。这天各家备上好酒，邀请亲朋好友品尝美食，互相祝福：在新的一年里事事顺心，家兴业旺，平安幸福。人口多的村落，村里还摆长街宴。长街宴是哈尼族的一种传统习俗，是一个祈福的宴席，也是“嘎汤帕”节非常热闹的一项活动。这天有千桌同在，万人共席，气势恢宏的氛围，吃的不仅是饭，更是一种文化、一种感觉、一种震撼。

第二天：举行打陀螺比赛。饭后，男人会集中在寨子里的一块平地上打陀螺。女人也会邀约在一起玩“过江龙豆”，哈尼话叫“阿呗 a^{55}bə^{33}”。过江龙豆是一种热带野生植物中结出来的豆荚，形似牛角，又长又大，成熟后里面有棕色的豆。女人用它的豆进行比赛。比赛前，在平地上挖一个小洞，谁先把过江龙豆弹进洞里，谁就赢得了这颗豆。

第三天和第四天：阿卡人男女老少穿上民族服装，开展娱乐活动。这两天村民们会邀请周边的村寨一起唱歌跳舞。外村寨的人也会带上村里的舞蹈队助兴。

嘎汤帕节结束后，第五天才开始去干活。

2. 红袖阿裴啰节

“红袖阿培啰 xɔ^{31}ɕɯ^{31} a^{31}phø^{31} lɔ^{55}”相当于汉族的春节，过节时间与汉族春节一致，持续 5 天。“红袖 xɔ^{31}ɕɯ^{31}（新年）”是指万物复苏的时候；“阿裴 a^{31}phø^{31}”是阿卡话，指老奶奶，引申为祖宗、祖先；“啰 lɔ^{55}”也是阿卡话，是指“祭献祖宗、过节”的意思，即万物复苏之际，祭献老祖宗的节日。

第一天：接神水，公鸡一叫，天还没亮时起床，妇女们就要背着竹筒，去村里的神泉处取神水，然后泡糯米，蒸糯米，舂粑粑，用芭蕉叶和金边冬叶包粑粑，晾在家里。天亮后，杀红公鸡，祭献祖宗。

第二天：不干活，休息一天。

第三天：举行“红咪阿裴啰 xɔ^{31}mi^{55} a^{31}phø^{31} lɔ^{55}”仪式，全寨人凑钱买猪。村里有威望的长者选好地方，这个地方阿卡话叫“垤鸿 de^{33}xɔŋ^{31}”。“垤鸿 de^{33}xɔŋ^{31}”与神水的地方不远。由村里的长老杀猪，这头猪叫“红咪阿安 xɔ^{31}mi^{55} a^{31}ɣa̱^{31}”意为“祭寨神猪”，杀好的“祭寨神猪”的猪肉，需每家每户平均分配，拿回家煮熟、祭献祖先后，方可食用。然后，才能杀自家养的猪。

第四天：邀请亲朋好友到家中做客。这天吃猪肉、糯米粑粑以及各种各样的阿卡食品。剩余的猪肉腌上盐巴后在太阳下晾晒，晾晒后有的放冰箱保存，有的切肉块，炸成油炸肉，存放在土罐或大缸里保存。

第五天：晚饭后，大家到寨头的平地上跳竹筒舞。届时全寨男女老少身着节日盛装，都来参加，有的敲锣打鼓，有的载歌载舞，直到夜深才离去。

3. 咯空翁节

“咯空翁 lɔ^{55}khaŋ^{31} m̩^{55}”是阿卡话，“咯空”为寨门，“翁”为举行祭祀活动，意为“祭寨门”，一般在阳历 5 月举行。从古至今，阿卡人有建寨、祭寨门的习俗。他们认为，寨门是一个村寨非常重要的标志，是人与恶邪的分界线。只有每年更新寨门，祭献一次，可将恶邪魔鬼等阻隔在寨门之外。一旦恶邪魔鬼不能进寨门，就可确保寨中人畜平安。祭寨门一般持续一天，由村里德高望重的长者组织。这个要与村长商量挑选一个吉日祭献。届时，上午村里的男人要上山砍树枝，将树枝削成刀、斧子、枪形状，用竹篾把这些刀、斧子、枪等挂在寨门上。中午要杀鸡，公鸡、母鸡都可以，杀好煮熟后，大家一起在寨门前食用。祭寨门的寓意就是把寨子里不好的东西挡在寨外，把好的东西留在寨内。

4. 千卡阿裴啰节

“千卡阿裴啰 tɕhe^{55} kha^{33} a^{31}phø^{31} lɔ^{55}”是阿卡话，“千”是“谷子”，“卡”是“栽”，“啰 lɔ^{55}”是祭献的意思，即“播种节”。每年 5 月份举行，历时 3 天。

第一天：村里的长老带领 4—5 位老人，天亮前到寨子的神水处杀两只鸡，一只公鸡，一只母鸡。鸡杀好后举行仪式，然后在旁边煮吃，吃完后回家拿种子、刀、夺铲等工具，去地里举行栽谷子的下种仪式。

第二天：那几个带头的长老，像第一天一样，在自家地里举行简单的播谷种仪式。

第三天：各家各户才可以去自家的地里举行播谷种仪式。这天可以相互请客，也可以各家自己进行。

5. 千卡增隆节

“千卡增隆 tɕhe^{55} kha^{33} tse̱^{33} lɔ^{33}”是阿卡话，“千”是“谷子”，“卡”是“栽”，“增”是“播种完毕”的意思，“隆”有忌日之意，表示这天禁止做农活，村寨人全部休息。

全寨人谷子播种后，农活告了一个段落，全寨人休息 1 天，养精蓄锐，以便投入下一段农忙季节。

6. 千息千拉节

“千息千拉 tɕhe^{55} ɕhi^{55} tche^{55} la^{55}”是阿卡话，“千”为“谷子”，“息”为“死亡”，“拉”有“灵魂”之意，即“叫谷魂”。当谷苗生长时，各种虫子和疾病也会出现。为保佑谷物茁壮成长，要举行一天的祭祀仪式。阿卡人一般选择属猴天去地里祷告，祈求地神护佑稻谷秧苗茁壮成长。这天阿卡人口中会念保佑谷苗长势良好，不被鸟、虫吃掉等的祭词，同时向地神报告次日是禁忌日，全寨人将休息一天，以祈求谷子秧苗健康顺利成长。

这是防范庄稼病虫害，防止秧苗死亡的意思。当谷子长高后，全寨人在属猴日这天去田地里捉土蚕。土蚕是一种吃庄稼的害虫。一般要在田地里捉三只土蚕，用叶子包回来。并砍一枝树枝，把土蚕串在树枝上后，插在寨门上。次日休息一天。

7. 耶库阿裴啰节

“耶库阿裴啰 jɛ^{55}khu^{31} a^{31}phø^{31} lɔ^{55}”是阿卡话，“耶库”是指“魂”，“阿裴”为“祖宗”，“啰”为祭祀。这个节日要荡秋千，因此有人也叫“秋千节”。一般在农历六月下旬举行，历时三天。

第一天：在家准备过节。以前一般要杀水牛祭祀。但现在用机械耕种后，好多人家不养牛，已不杀牛了。

第二天：全村男人上山砍木头、竹子架搭秋千架，部分人上山砍粗藤来编秋千绳，秋千绳编好、拴好、做好后由长者们先试秋千，安全后男女老少方可荡秋千。这天，部分女人在家织布、缝衣服。

第四天：全村在秋千场荡秋千，一边休息，一边娱乐。

8. 卡耶阿裴

“卡耶阿裴 kha^{55}jɛ̱^{33} a^{31}phø^{31}”是阿卡话，“卡耶”是开花的意思，“阿裴”是奶奶之意，即在谷子开花的时候，举行祭祀活动。这个活动一般在阳历 9 月举行，为期两天。

第一天：全寨人杀猪、鸡。早上，男人去山上砍树做木刀、木枪。然后，挂在寨门前的大路边。

第二天：村里的祭师在路边祷告，把寨子里面的恶鬼恶神撵出去，以保佑谷子开花结果，果实饱满。

9. 捉蚂蚱节

“ȵɛ̱^{33}bɔŋ^{55}dʑa^{33}the^{55}”是蚂蚱的阿卡话，即蝗虫是吃庄稼的害虫。每年阳历 9 月属猴日，阿卡人要去稻田里捉三只蚂蚱，用叶子包起来，挂在寨门前的树枝上。第二天，鸡叫时起床，泡糯米，蒸糯米饭，舂粑粑。舂粑粑表示把蚂蚱的眼睛舂瞎，使它看不见庄稼。这样做的目的就是让蚂蚱没办法吃庄稼，确保谷粒饱满，丰收。

以上是阿卡人保留的传统节日。这些传统节日很多村寨已经消失。保留节日并且还在延续的村寨现在已经不太多了。这说明随着现代化进程的推进，小康村的建设，传统节日也越来越被淡化了。

第三节　语言使用情况

阿卡哈尼语（下文简称：阿卡话）属于汉藏语系藏缅语族彝语支语言，

内部分为哈雅、豪白、碧卡三大方言。阿卡话属于哈尼语哈雅方言雅尼次方言，是分布于西双版纳傣族自治州勐海县、勐腊县、景洪市，普洱市孟连县、澜沧县等中国云南边境地区，泰国北部、老挝南部、缅甸北部阿卡人使用的语言。不同区域阿卡话除语音、词汇有差别外，句法结构无太大差异。日常生活中交流基本无障碍，可以相互通话。

阿卡话具有彝语支语言的普遍特征：声调语言，词的意义取决于发音的音调。词汇系统的词与传统文化、农业、畜牧业、动植物等密切相关，有名词、动词、形容词、代词、数词、量词、副词、连词、助词、叹词等词类。其形态变化不太丰富，有前缀、后缀、重复、重叠等构词法，来表示不同的语法功能和意义。句法结构主要特点是宾动语序，即谓语动词位于宾语之后，是 SOV 句式，等等。

云南边境地区阿卡人的语言生活有以下几个主要特点：一是中老年人普遍使用母语；二是青少年普遍使用汉语；三是青少年的母语能力下降严重。

一、中老年人普遍使用母语

阿卡人大多分布于边境地区和山区，呈大杂居、小聚居分布。因此，他们代代传承并使用自己的母语——阿卡话。在日常生活中，阿卡话仍然是他们必不可少的语言交流工具。

调查显示，孟连县芒信镇、澜沧县糯福乡、勐海县打洛镇、勐腊县勐满镇的阿卡人，中老年人见面打招呼，无论是长辈与晚辈（祖父母辈与父母辈、父母辈与子女辈以及祖父辈与孙子女辈等）之间的交流或不同辈分之间的对话（祖父母之间、父母之间以及子女之间）都是使用阿卡话。平时在家父母或长辈在给晚辈传授生产经验、生活常识、聊天也都是使用阿卡话。一些到外地打工或求学的年轻人与家人打电话时也是使用阿卡话。他们说阿卡话是他们从小说习惯的语言，如果改说汉语，有点怪怪的，很不习惯。

在参加嘎汤帕节中，笔者看到，阿卡人见面基本上都是讲母语，很少听到讲汉话和其他少数民族语言。在村寨里，笔者接触最多的是中老年人，大多数年轻人一般都外出打工，很少在家。夜幕降临之际，留守的老人们经常聚在火塘边，讲述他们年轻时的经历。他们说，在日常生活和生产生活中，他们接触最多的人是本族人，本族人之间只讲本族话，不讲其他民族话。因此，阿卡话是他们重要的交流工具。在采访村干部时，他们说：在阿卡村工作要会讲阿卡话，不然工作很不方便。因为我们处于边境地区，政府的一些政策、法律法规，还得传达到位。有的老年人汉语不是太好，得用母语解释。

目前，阿卡话在边境一线还能稳定使用，其主要因素是：一是聚居。阿卡人聚居村，除了嫁入或入赘的外民族外，一般没有其他少数民族。由于他们的左邻右舍都是阿卡人。在这样高度密集、集中居住的阿卡人中，阿卡话自然便是他们唯一的交流工具。二是大多保持族内婚姻。无论是阿卡聚居村，还是阿卡杂居村，阿卡人大多是族内通婚，族际婚少，这也是阿卡话能够稳定使用的一个条件。在族内婚家庭，由于父母都是阿卡人，都讲阿卡话，为子女传承母语提供了天然的习得条件。三是具有稳固的民族意识和母语观念。在阿卡族中，民族的自我意识比较强。他们以自己是阿卡人为自豪，在任何环境都会说出自己是“阿卡人”，讲阿卡话。就算是不认识的阿卡人相逢，一讲阿卡话，认同感和亲切感油然而生。这也是阿卡话得以稳定保持的一个重要条件。

二、青少年普遍兼用汉语

在中国，汉语是通用语，学校教育、广播、电视等都使用汉语普通话。在公共场所，各民族使用云南西南官话进行交流。阿卡人也自然重视汉语的学习。因此，孩子上幼儿园后，基本上接触汉语、学习汉语。因为孩子在学校接受汉语文教育起，从幼儿园到九年义务教育，都使用汉语普通话进行授课。随着九年义务教育的普及，阿卡学生在家里讲母语，但一旦到了幼儿园和小学一二年级就开始学习汉语普通话。一般到了三年级后，学生对汉语的听、说、读、写能力有了很大的提高，基本上能熟练掌握汉语，用汉语交流。课堂上教师与学生之间、学生与学生之间的语言交流就可以完全使用汉语。通过与阿卡学生的交谈，了解到他们课堂内外的语言使用情况：课堂上他们都使用汉语，下课后如果本民族聚在一起时，会用阿卡话交流。孩子每周五才能与父母或长辈见面，交流时才用阿卡话。

随着年龄的增加，汉语越来越强，但是，母语能力在不断减弱。其主要原因是：

（一）社会进步和经济发展是阿卡人青少年兼用汉语的主要因素

中华人民共和国成立后，特别是改革开放后，处于与世隔绝的深山密林中的阿卡人，逐渐放弃了刀耕火种的原始农业生活。随着交通的改善，过去没有机会与外界接触的阿卡人，其活动范围远远超出本村、本镇、本县，甚至省外。现在，他们除了传统农业以外，还种橡胶、香蕉、坚果、甘蔗等经济植物，成年人大多去外地打工。有的阿卡村还兴起了旅游业，如糯福阿里村，打洛镇等，很多阿卡村变成了旅游村，为旅游者提供民宿服务。阿卡人的生活状况得到明显改善。经济生活的多元化、先进技术和文化的传播、外出打工谋生等，处处都离不开汉语。汉语已经成为阿卡人的生存能力中必不可少的重要交流工具。

（二）九年义务教育的实行是阿卡人兼用汉语的重要保障

中国政府一直重视少数民族地区的汉语文教育，先后出台了一系列有关语言文字推广和民族教育发展的新政策。政府集中办学，为全民实行九年义务教育服务。期间，少数民族地区实行“三免（免学费、书费、杂费）”政策，规定父母必须支持自己的孩子念完初中。很多地方，阿卡人从幼儿园起就可以进入学校学习。而学校教育语言是汉语。这样，阿卡族儿童进入幼儿园起，就完全接受了汉语文教育，使得他们在不长的时间内就掌握了汉语文。因此，只有接受过九年义务教育的阿卡青少年，他们就已成为母语和汉语双语人了。

（三）和谐的民族关系是阿卡人兼用汉语的基础

云南是一个有 26 个民族的多民族杂居区，长期以来，各民族和谐相处，其乐融融。各民族都穿着自己的民族服装，过着自己的民族节日。一个民族过节，会邀请周边的其他民族参加，共同庆祝。村内村外，族内族外都遵守着一人有难大家帮忙的美德，民族矛盾很少。各民族无论在路上，还是在公共场所，为表示尊重对方，只要会讲对方的语言，都不讲自己的语言。如果双方都不会讲对方的语言，那么就自然地使用汉语交流。其他民族过节，阿卡人也会参加。同族人见面讲母语，与外族人交流自然讲汉语。因此，汉语已成为各民族之间交流的重要工具。

三、年青一代的母语能力下降明显

鉴于汉语文的广泛普及，阿卡人青年一代的母语能力下降十分明显。在校的阿卡学生学习和使用汉语的机会多，而使用母语的机会少，母语词汇的习得断断续续，词汇储存少。很多日常生活中常用的词汇已不能脱口而出，很多词已被汉语替代。有些阿卡人从 1 数到 10 都不能用母语说出，更不要说那些传统农业、动植物、文化词汇了。这说明阿卡青少年的母语能力在明显下降，即年纪越小，母语能力越弱。一方面说明年纪小的阿卡人，对阿卡话的认知少；另一方面也说明具有汉语教育背景的年青一代，随着汉语能力的提高，母语能力在减弱。因为在母语习得的关键期，他们主要接触汉语，当汉语能力提高时，因与母语接触少，其语言能力在明显下降。

通过对 6—12 岁的阿卡学生进行调查时发现，他们不会用阿卡话说出“青菜、嫂子、稻草、病”等词汇，有的对父母的称呼用汉语称为“爸爸、妈妈”。这说明年轻一代的阿卡人，汉语对他们的影响大。由于接触母语的机会少，母语能力渐渐地下降也是非常自然的。

第二章　音位系统

第一节　孟连阿卡话音位系统

孟连傣族拉祜族佤族自治县辖区内哈尼族阿卡人主要集中居住在芒信镇、景信乡、娜允镇和勐满乡，总人口约1万人①。本书记录的阿卡话是孟连县芒信镇岔河村委会广伞小组的阿卡话，属于汉藏语系藏缅语族彝语支哈尼语哈雅方言雅尼次方言。下文是阿卡话发音合作人提供的语料，记录了阿卡话词汇基础上整理的孟连阿卡话语音系统。

一、声母

孟连阿卡话的声母有34个。从发音部位可分为双唇、唇齿、舌尖前、舌尖中、舌面前、舌根音六类。其中双唇音又分为非颚化与颚化两类。从发音方法可分为：塞音、塞擦音分清浊两类，而清音又分送气和不送气两套。擦音分清浊两套。鼻音和边音只发现浊音，未发现清音。唇齿擦音分清浊，是语言接触借用的产物。半元音为浊音。只有单辅音，未发现复辅音。列表如下：

<table>
<tr><th colspan="2" rowspan="2">部位
方法</th><th colspan="2">双唇</th><th rowspan="2">唇齿</th><th rowspan="2">舌尖前</th><th colspan="2">舌尖中</th><th rowspan="2">舌面前</th><th rowspan="2">舌根</th></tr>
<tr><th>非颚化</th><th>颚化</th><th>非颚化</th><th>颚化</th></tr>
<tr><td rowspan="3">塞音</td><td>清不送气</td><td>p</td><td>pj</td><td></td><td></td><td>t</td><td>tj</td><td></td><td>k</td></tr>
<tr><td>清送气</td><td>ph</td><td>phj</td><td></td><td></td><td>th</td><td></td><td></td><td>kh</td></tr>
<tr><td>浊不送气</td><td>b</td><td>bj</td><td></td><td></td><td>d</td><td></td><td></td><td>g</td></tr>
<tr><td rowspan="3">塞擦音</td><td>清不送气</td><td></td><td></td><td></td><td>ts</td><td></td><td></td><td>tɕ</td><td></td></tr>
<tr><td>清送气</td><td></td><td></td><td></td><td>tsh</td><td></td><td></td><td>tɕh</td><td></td></tr>
<tr><td>浊不送气</td><td></td><td></td><td></td><td>dz</td><td></td><td></td><td>dʑ</td><td></td></tr>
</table>

① 孟连县哈尼族文化研究会提供。

续表

方法＼部位		双唇		唇齿	舌尖前	舌尖中		舌面前	舌根
		非颚化	颚化			非颚化	颚化		
鼻音		m	mj			n		ȵ	ŋ
边音						l			
擦音	清			f	s			ɕ	x
	浊				z			j	ɣ
半元音		w		v					

声母例词：

p　pa^{33} 半（路）　pa^{31} 片（叶子）
ph　pha^{55}（交）换　phɛ^{55} 蓝
b　ba^{55} 失（魂）　jɔ^{33}ba^{31} 薄
m　a^{33}ma^{55} 右边　ma^{31} 不
pj　pja^{33} 挠（痒）　pja^{31}dɔm^{31} 大梁
phj　phju^{55} 银子　phjɛ^{31} 放（屁）
bj　bja^{33} 亮　bja^{31} 蜜蜂
mj　jɔ^{33}mja^{31} 多　mjɔ^{31} 东西
w　wu^{55} 五　wa^{55}pa^{33}
f　fei^{33}dʑi^{33} 撮箕　fei^{55}dʑi^{55} 飞机
v　vu^{31}li^{31} 物理　fu^{31}vu^{24} 服务
ts　tsa^{31}（一）瓶　jɔ^{33}tsɛ^{31} 凉
tsh　tsha^{55} 热　jɔ^{31}tsha^{31} 对
dz　dza^{55} 食物　dza^{31} 吃
s　jɔ^{33}sa^{55} 平　sa^{31}la^{31} 棉花
z　za^{55} 轻　za^{31} 小
t　tɛ^{33} 拍（桌子）　ta^{33} 锋利
th　thɛ^{31} 裁剪　tha^{31} 留（种）
d　da^{55}pa^{33} 篱笆　da^{31} 垫
n　na^{55} 病　na^{31} 休息
l　la^{55}la^{55}　xa^{31}la^{31} 老虎
tj　tjɛn^{24}sɯ^{24} 电视　mjɛn^{33}tjɛn^{33} 缅甸
tɕ　tɕa^{33}pjɛ^{31} 辫子　u^{33}tɕa^{31} 老鼠
tɕh　a^{55}tɕha^{55} 左手　tɕhɛ^{55} 谷子

dʑ　xa^{31}dʑa^{55} 小谷雀　tɕhɔ^{31}dʑa̱^{33} 伸（手）

ȵ　si^{31}ȵa^{33} 知道　ȵɛ^{33}baŋ^{55} 虾

ɕ　jɔ^{33}ɕa^{55} 腥　khɯ^{31}ɕɛ^{55} 跳蚤

j　ja^{55} 百　ja^{33} 讨（饭）

k　kɛ^{33} 跑　ka̱^{33} 梳

kh　a^{31}kha^{31} 阿卡　a^{55}kha^{33} 螃蟹

g　ga^{55}ma^{33} 路　ga^{33} 摔（下来）

ŋ　ŋa^{55} 我　ŋa^{31} 五

x　xɔ^{31} 饭　xa^{31} 苦

ɣ　ɣa^{31} 力气　ɣɔ^{31} 分手

声母说明：

1. 随着语言接触，借用了一些汉语，增加了 w、f、v、tj 4 个声母。这是汉语接触借用的结果，如 wu^{55} 五，fei^{55}dʑi^{55} 飞机，vu^{24}li^{55} 物理，tjɛn^{24}a^{55}tɕa̱^{33} 电线。

2. 舌根音 x 有两个变体，即 x、χ。当它与前元音相拼读时读 x，如 thi^{31} xe^{55} 一角（钱），thi^{31}xɛ^{31} 一会儿，xa^{55}ɕɯ̱^{31} 沙子。当它与后元音和带鼻韵尾的元音相拼时读时，可自由变读为 χ，如 χɔ^{31} 饭米，χɔm^{31}ma^{31} thi^{31} χɔm^{31} 一个碗，χaŋ^{31} 胸，xɔŋ 但本音系一律记录为 x。

3. 固有词中的塞音、擦音和塞擦音声母以元音松紧为互补条件，送气的清塞音、擦音和塞擦音只与松元音相拼；不送气的清塞音、擦音和塞擦音只与紧元音相拼，而其相对应的浊音声母则不受元音松紧条件的制约。如 xa^{31}pha^{31} 青蛙，ɣɔ^{31}pa̱^{31} 青菜，jɔ^{31}tsha^{31} 对，tsa̱^{31} 瓶，tha^{31} 别，ta̱^{31} 纸张，sa^{31}la^{31} 棉花，sa̱^{31} 气，khɔ^{31} 根（棍），kɔ̱^{31} 叮。但少数固有词和语言接触借用已经打破了固有的结合规律，如 tɛ^{33} 拍（桌子），kɛ^{33} 跑，fɛn^{55}pi^{31} 粉笔，pin^{55}ɕaŋ^{55} 冰箱，tan^{33}tshɤ^{33} 自行车，tsɔŋ^{55}ɕo^{31} 中学等。

二、韵母

孟连阿卡话的主要特点是：元音数目多，有 36 个。单元音韵母有 20 个。严整地分为松紧两套。本族固有词里没有复合元音韵母，但借词里有复合元音韵母 6 个。辅音 m̩ 可做韵母。带鼻音尾的韵母有 9 个。

（一）单元音韵母：共 20 个。分松紧两类。

松元音：i　e　ø　ɛ　a　ɔ　o　u　ɤ　ɯ

紧元音：i̱　e̱　ø̱　ɛ̱　a̱　ɔ̱　o̱　u̱　ɤ̱　ɯ̱

例词如下：

i　bi^{33} 挨　bi^{31} 扔（石头）

i̱ ti̱^{31}一 ti̱^{33}（两）层

e tshe^{55}十 xe^{55} 千

e̱ pje̱^{31}编（辫子） tsɯ^{31}mje̱^{31}山羊

ø bø^{33}洞 bø^{31}拱（土）

ø̱ bø̱^{33}lø̱^{33}肚脐 a^{55}tɕø̱^{33}芽儿

ɛ dɛ^{33}ma^{33}水田 dɛ^{31}骂

ɛ̱ dɛ̱^{33}（吃）饱 jɔ^{33}dɛ̱^{31}活

a a^{33}ba^{55}镜子 ba^{33}la^{33}月亮

a̱ na̱^{33}黑 jɔ^{33}na̱^{31}深

ɔ lɔ^{31}船 nɔ^{31}踏

ɔ̱ lɔ̱^{33}（一）间 lɔ̱^{31}晒

o xo^{33}bjɔ^{33}飞鼠 a^{31}ȵo^{31}水牛

o̱ u^{31}xo̱^{33}帽子 a^{55}xo̱^{31}年龄

u a^{31}bu^{55}女儿 sɛ^{33}phu^{55}蒜

u̱ bu̱^{31}腐烂 pu̱^{31}熬（药）

ɤ khɤ^{31}ma^{33}儿媳 ɣɔŋ^{55}khɤ^{33}女婿

ɤ̱ dɤ̱^{33}砍 bɤ̱^{33}打（枪）

ɯ a^{31}khɯ^{31}狗 gɯ^{31}铜

ɯ̱ pɯ̱^{33}烧 tɯ̱^{33}打（嗝）

（二）复合韵母有 ei、ai、au、ui、uɛ、ua 6 个。

例词：

ei fei^{33}dʑi^{33}撮箕 fei^{55}dʑi^{55}飞机

ai ta^{24}xai^{53} 海 thu^{31}kai^{53}jɛ^{24}涂改液

au mjɛn^{24}pau^{33}面包 xau^{24}ma^{33}尺码

ui sui^{55}ne^{31}水泥 pho^{31}sui^{55}tɕe^{31}泼水节

uɛ khuɛ^{24}tɕi^{24}会计

ua xua^{24}ɕo^{31}化学 kuan^{55}kau^{33}广告

（三）辅音 m̩ 可当作韵母。

例词：

m̩ m̩^{31}天 m̩^{55}做

（四）带鼻音尾的韵母发现有 ɔm、aŋ、ɔŋ、ɤŋ、an、ɛn、iŋ、ɛŋ、uan 9 个。

例词：

ɔm jɔm^{55}房子 ɕɔm^{55}铁

aŋ khaŋ^{31}laŋ^{55}脖子 i^{31}naŋ^{33}今天

ɔŋ	bjɔŋ^{33} 满	a^{31}gɔŋ^{33} 刺儿
ɤŋ	mɤŋ^{31} 马	nɤŋ^{31} 迟
an	lau^{33}pan^{53} 老板	tan^{33}tshɤ^{33} 自行车
ɛn	mjɛn^{33}tjɛn^{33} 缅甸	tjɛn^{24}sɯ^{24} 电视
iŋ	liŋ^{31} 零	tjɛn^{24}jiŋ^{53} 电影
ɛŋ	tshɛŋ^{31}tɕi^{31} 成绩	xɔŋ^{31}lu^{31}tɛŋ^{55} 红绿灯
uan	tsɔŋ^{55}tsuan^{33} 中专	xai^{55}kuan^{33} 海关

韵母说明：

1. 本族语固有词浊塞音、塞擦音与松紧元音都能结合；送气和不送气的清塞音、清塞擦音与松紧元音的结合构成互补，即不送气的清塞音、清塞擦音只跟紧元音结合，不跟松元音结合；而送气的清塞音、清塞擦音只跟松元音结合，不跟紧元音结合，如 pha^{31} 公（猪），pa̠^{31} 叶，tha^{31} 别，ta̠^{31} 凿，sa^{31}la^{31} 棉花，sa̠^{31} 气，mi^{55}tsha^{31} 地，mi^{55}tsa̠^{31} 瓶子，nø^{55}tɕha^{31} 小指，xɔ^{31}tɕa̠^{31} 稀饭，kha^{33} 下（蛋），ka̠^{33} 梳，ba^{31} 薄，ba̠^{31} 抱（东西），a^{31}da^{33} 父亲，da̠^{33} 上，ga^{33}，ga̠^{33}。但有少部分固有词和语言接触借用词已经打破了这一条结合规律，如 tɛ^{33} 拍（桌子），kɛ^{33} 跑，pi^{31} 笔，pin^{55}ɕaŋ^{55} 冰箱，ta^{24}ɕo^{31} 大学，tsɔŋ^{55}tsuan^{33} 中专等。

2. 元音 ø 有两个变体，即 y 和 ø 与舌面前辅音 tɕ tɕh dʑ ȵ ɕ j 结合构成条件互补，即 y（包括紧元音 y̠）只跟舌面前辅音声母相拼，不跟其他辅音声母相拼，如 phɔ^{31}tɕhy^{55} 甘蔗，a^{55}tɕy̠^{33}，bu^{31}dʑy^{33} 蚯蚓，ɣɔ^{31}ȵy^{55} 菜，i^{55}ɕy^{33} ɕy^{33} 撒尿，jy^{55} 水流，a^{55}jø^{31} 种子；而 ø 不与舌面前辅音声母相拼，只与其余的辅音声母相拼，如 a^{31}phø^{31} 曾祖父，bø^{33}lø^{33} 锣，mɛ^{55}bø^{33} sø^{31} 穿针眼，bø̠^{33}lø̠^{33} 肚脐。因此，本音系 y 不作为独立音位，而统一归为 ø 音位。

3. 元音 ɯ 有两个变体，即 ʅ 和 ɯ 与舌尖前辅音 ts、tsh、dz、s 结合构成条件互补，即 ʅ（包括紧元音 ʅ̠）只跟舌尖前辅音声母相拼，不跟其他辅音声母相拼；而 ɯ 不与舌尖前辅音声母，只与其余的辅音声母相拼，如 sɯ，da^{55}tshʅ^{31} 腰，jɛ^{55}tsɯ^{33}a^{55}bɔ^{55} 椰子树，a^{55}dzʅ̠^{33} dzʅ̠^{33} 痒，tɕau^{55}tsʅ^{33} 饺子，tsʅ^{24}zan^{31}ȵi^{33} 自然，ti^{24}sʅ^{24} 第四，xu^{24}sʅ^{24}za^{31} 护士；jɔ^{33}ɕɯ̠^{31} 新，a^{33}tɕɯ̠^{33} 一点，dʑɯ̠^{31} 摇头，ju^{55}lɯ̠^{33} 收拾，nɯ̠^{33} 豆荚。因此 ʅ 不作为独立音位，作为 ɯ 变体。

4. 本族语固有词里没有复合元音韵母，复合元音韵母出现在借词中，如 mei^{31}kui^{24}a^{55}jɛ̠^{33} 玫瑰，sui^{33}khu^{24} 水库，tshuan^{31} 帆船，thu^{31}su^{55}kuan^{55} 图书馆。

5. m̩ 可用作韵母，只发现固有词例子，如 m̩^{31} 天，bi^{31}tɕhm̩^{31} 傣族，m̩^{31}bɤ̠^{33} 枪，mjɔ^{31} m̩^{55} 干活，tɕhɛ^{55}nm̩^{55} 谷穗等。

6. 带鼻音尾韵母有 9 个。其中，ɔm、aŋ、ɔŋ、ɤŋ 等 4 个多用于本族固有词，为古代藏缅语鼻音尾的遗存，而且出现的词较多，如 dɔm^{33} 穿（衣），ṃ^{31}dɔm^{55} 云，ju̱^{31}ɣɔm^{31} 枕头，laŋ^{31} 兔子，xaŋ^{31} 胸，mɛ^{31}thaŋ^{31} 下巴，dɔŋ^{31}dɔŋ^{31} 屁股，mɛ^{33}bjɔŋ^{55} 脓，pa̱^{31}dzɤŋ^{31}；其余的 an、ɛn、iŋ、ɛŋ、uan 5 个主要出现在借词中，如 pha^{31}san^{55} 菩萨，ȵɛn^{31}tɕi^{31} 年级，tjɛn^{24}jiŋ^{31} 电影，tshɛŋ^{31}zɛn^{24} 承认，jɤ^{24}ɤ^{33}juan^{31} 幼儿园等。

三、声调

阿卡话的声调有高平（^{55}）、中平（^{33}）、低降（^{31}）、中升（^{24}）、高降（^{53}）5 个，前三个声调主要出现在本族固有词上，后两个声调出现在借词上。如：

高平	中平	低降
a^{33}ba^{55} 影子	ba^{33}la^{33} 月亮	jɔ^{33}ba^{31} 薄
a^{33}ma^{55} 右边	na^{55}ma^{33} 太阳	ma^{31}na̱^{31} 浅
lo^{55}ba^{31} 河	xa^{31}lo̱^{33} 石头	lo̱^{31} 够
khɔ^{55}（一）把（刀）	kɔ̱^{33} 撬	kɔ̱^{31} 咬
jɛ^{55} 下（雨）	jɛ̱^{33} 开（花）	jɛ̱^{31} 醉
中升	高降	
ɕin^{24} 信	xo^{53}phɔ^{33} 下方	
li^{24}tsɯ^{55} 荔枝	lau^{33}pan^{53} 老板	
tjɛn^{24}sɯ^{24} 电视	ta^{24}xai^{53} 海	

声调说明：

1. 松元音韵母在五个声调上都出现，紧元音韵母只出现在中平和低降两个声调上，不出现在高平调上，高降调多出现在借词的双音节第二个音节上，如 ko^{55}sɤ^{53} 歌手，tɕhi^{31}tsɯ^{53} 旗子。

2. 多音节词上有少量变调现象。如两个或三个低降调相连时，第二个音节会变读为中平调，其余的声调都不变。如：mi^{31}dza$^{31/33}$bɔ^{31}lɔ^{33} 吹火筒，a^{31}kha$^{31/33}$dɔ^{31} 阿卡话，mi^{31}tɕhø$^{31/33}$a^{31}ma^{33} 寡妇，thi^{31} na$^{31/33}$li^{31} 一点钟，a^{31}ɣa̱$^{31/33}$za^{31} phu^{31} 下猪崽。

四、音节类型

阿卡话的音节类型有 7 种。

1. 元音：i^{55}（下）去，ø̱^{33}（下）来
2. 辅音：ṃ^{31} 天（地），ṃ^{55} 做
3. 辅音+辅音：dṃ^{55}xṃ^{31} 二胡，bi^{31}tɕhṃ^{31} 傣族

4. 辅音+元音：ŋɛ^{55} 雪，sa̱^{31} 气

5. 辅音+元音+辅音：dɔm^{33} 穿（衣），gaŋ^{31} 矛，tjɛn^{24}fɔŋ^{33}saŋ^{55} 电风扇

6. 辅音+元音+元音：sui^{24} 税，xua^{24}ɕo^{31} 化学

7. 辅音+元音+元音+辅音：tsɔŋ^{33}tsuan^{33} 中专，kuan^{55}kau^{33} 广告

音节类型说明：

第 1、2、3、4 种类型出现在固有词中；第 4 种类型出现频率最高；第 5 种类型既出现在固有词中，也出现在借词中，其出现频率次高；第 6、7 种类型只出现在借词中。这是语言接触借用的结果。

第二节　澜沧阿卡话音位系统

澜沧拉祜族自治县辖区内的哈尼族阿卡人使用的语言属于汉藏语系藏缅语族彝语支哈尼语哈雅方言雅尼次方言。该县境内的哈尼族阿卡人主要分布在酒井哈尼族乡、惠民哈尼族乡、发展河哈尼族乡、糯福乡等，人口 52177 人（2020 年）。阿卡支系内部根据妇女服饰的差异，通常区分为平头阿卡和尖头阿卡人，但其语言没有明显的差别，都能通话交流。本书呈现的澜沧县阿卡话音系是我们在澜沧县糯福乡阿里村实地调研记录的尖头阿卡话词汇基础上整理的澜沧阿卡话语音系统。

一、声母

澜沧拉祜族自治县的阿卡话声母有 34 个。从发音部位可分为双唇、唇齿、舌尖前、舌尖中、舌面前、舌根音六类。其中双唇音又分为非颚化与颚化两类。从发音方法可分为：塞音、塞擦音分清浊两类，而清音又分送气和不送气两套。擦音分清浊两套。鼻音和边音只发现浊音，未发现清音。唇齿擦音分清浊，是语言接触借用后新增加的声母半元音为浊音。只有单辅音，未发现复辅音。列表如下：

方法＼部位		双唇		唇齿	舌尖前	舌尖中		舌面前	舌根
		非颚化	颚化			非颚化	颚化		
塞音	清不送气	p	pj			t	tj		k
	清送气	ph	phj			th			kh
	浊不送气	b	bj			d			g

续表

方法＼部位		双唇		唇齿	舌尖前	舌尖中		舌面前	舌根
		非颚化	颚化			非颚化	颚化		
塞擦音	清不送气				ts			tɕ	
	清送气				tsh			tɕh	
	浊不送气				dz			dʑ	
鼻音		m	mj			n		ȵ	ŋ
边音						l			
擦音	清			f	s			ɕ	x
	浊				z			j	ɣ
半元音		w		v					

声母例词：

p　pa̲^{33} 半（路）　pa̲^{31} 片（叶子）

ph　pha^{55}（交）换　phɛ^{55} 涩

b　ba^{55} 失（魂）　ba^{31} 薄

m　a^{33}ma^{55} 右边　ma^{31} 不

pj　pja̲^{33} 挠（痒）　bja̲^{33} 叠（被子）

phj　phju^{55} 银子　phja^{55} 轻

bj　bja^{33} 亮　bja^{31} 蜜蜂

mj　mja^{31} 多　mjɔ^{31} 东西

w　wu^{55} 五　wa^{55}pa^{33} 网吧

f　fɛn^{55}pi^{31} 粉笔　fei^{55}dʑi^{55} 飞机

v　vu^{24}li^{55} 物理　fu^{31}vu^{24}juan^{31} 服务员

ts　tsa̲^{31}（一）瓶　tsɛ̲^{31} 凉

tsh　tshɔ^{31} 跳　tsha^{31} 对

dz　dza^{33}（丈）量　dza^{31} 吃

s　sa^{55} 平　sɔ^{55} 锁

z　za^{55} 轻　za^{31} 孩子

t　tɛ̲^{33} 拍（桌子）　ta̲^{33} 锋利

th　thɛ^{31} 裁剪　tha^{31} 留（种）

d　da^{55}pa̲^{33} 篱笆　da^{31} 垫

n　na^{55} 病　na^{31} 休息

l	la^{55} 来	xa^{31}la^{31} 老虎
tj	tjɛn^{24}sɯ^{24} 电视	mjɛn^{33}tjɛn^{33} 缅甸
tɕ	tɕa̲^{33} 绳	tɕa̲^{31} 煮（菜）
tɕh	a^{55}tɕha^{55} 左手	tɕhɛ^{55} 谷子
dʑ	xa^{31}dʑa^{55} 小谷雀	dʑa^{33} 聊天
ȵ	si^{31}ȵa^{33} 知道	ȵɛ̲^{33}baŋ^{55} 蝗虫
ɕ	ɕa^{55} 腥	ɕɛ^{55} 属蛇
j	ja^{55} 百	ja^{33} 讨（饭）
k	kɛ^{33} 跑	ka̲^{33} 耙（田）
kh	a^{31}kha^{31} 阿卡	a^{55}kha^{33} 螃蟹
g	ga^{55}ma^{33} 路	ga^{33} 摔（下来）
ŋ	ŋa^{55} 我	ŋa^{31} 五
x	xɔ^{31} 饭	xa^{31} 苦
ɣ	ɣa^{31} 力气	ɣɔ^{31} 分手

声母说明：

1. 随着语言接触与借用，增加了 w、f、v、tj 4 个声母，如 ti^{24} wu^{55} 第五，wa^{55}pa^{33} 网吧，fei^{55}dʑi^{55} 飞机，vu^{24}li^{55} 物理，tjɛn^{24}sɯ^{24} 电视等。

2. 舌根音 x 有两个变体，即 x、χ。当它与前元音相拼读时读 x，如 thi^{31} xe^{55} 一千，thi^{31}xɛ^{31} 一会儿，xa^{55}ɕɯ̲^{31} 沙子。但当它与后元音和带鼻韵尾的元音相拼时读时，可自由变读为 χ，如 χɔ^{31} 饭，χɔm^{31}ma^{31} thi^{31} χɔm^{31} 一个碗，χɑŋ^{31} 胸，但本音系一律记录为 x。

3. 固有词语的塞音、擦音和塞擦音声母以元音松紧为互补条件，送气清塞音、擦音和塞擦音只与松元音相拼，不送气的清塞音、擦音和塞擦音只与紧元音相拼，而浊音声母则不受元音松紧条件的制约。如 xa^{31}pha^{31} 青蛙，ɣɔ^{31}pa̲^{31} 青菜，tsha^{31} 对，tsa̲^{31}（一）瓶，tha^{31} 别，ta̲^{31} 纸张，sa^{31} 肉，sa̲^{31} 气，khɔ^{31} 根（棍），kɔ̲^{31} 叮咬。但少数固有词和语言接触借用后已经打破了固有的结合规律，如 kɛ^{33} 跑，fɛn^{55}pi^{31} 粉笔等。

二、韵母

澜沧阿卡话的主要特点是：元音数目较多，有 37 个。单元音韵母有 20 个，松紧对应整齐。本族固有词里没有复合元音韵母，但借词里有复合元音韵母 6 个。带鼻音尾的韵母有 11 个。

（一）单元音韵母：共 20 个。分松紧两类。

松元音：i　e　ø　ɛ　a　ɔ　o　u　ɤ　ɯ

紧元音：i̲　e̲　ø̲　ɛ̲　a̲　ɔ̲　o̲　u̲　ɤ̲　ɯ̲

例词：

i	bi^{55} 分	bi^{31} 扔（石头）
i̱	mi̱^{33} 眨（眼）	ti̱^{33}（楼）层
e	tshe^{55} 十	xe^{55} 千
e̱	pje̱^{31} 编（辫子）	tsɯ^{31}mje̱^{31} 山羊
ø	bø^{33} 洞	bø^{31} 拱（土）
ø̱	bø̱^{33}lø̱^{33} 肚脐	tø̱^{33}（一）包
ɛ	dɛ^{33}ma^{33} 水田	dɛ^{31} 骂
ɛ̱	dɛ̱^{33}（吃）饱	jɔ^{33}dɛ̱^{31} 活
a	a^{33}ba^{55} 镜子	ba^{33}la^{33} 月亮
a̱	na̱^{33} 黑	na̱^{31} 深
ɔ	lɔ^{31} 船	nɔ^{31} 踏
ɔ̱	lɔ̱^{33} 慢	lɔ̱^{31} 晒
o	xo^{33} 鼠	a^{31}xo^{31} 姑母
o̱	xo̱^{33} 戴（帽子）	xo̱^{31} 年、岁
u	a^{31}bu^{55} 女儿	sɛ^{33}phu^{55} 蒜
u̱	bu̱^{31} 腐烂	pu̱^{31} 熬（药）
ɤ	xɤ^{33} 这	ɣɤ^{33} 拉
ɤ̱	dɤ̱^{33} 砍	bɤ̱^{33} 打（枪）
ɯ	khɯ^{31} 狗	gɯ^{31} 铜
ɯ̱	pɯ̱^{33} 烧	tɯ̱^{33} 打（嗝）

（二）复合韵母有 ei、ai、au、ui、uɛ、ua 6 个。

例词：

ei	fei^{55}dʑi^{55} 飞机	mei^{31}kui^{24} 玫瑰
ai	xai^{55}kuan^{33} 海关	phai^{53}si^{24} 涂改液
au	tɕau^{55}tsɯ^{33} 饺子	kau^{55}tsɔŋ^{55} 高中
ui	sui^{24} 税	sui^{55}n̥i^{31} 水泥
uɛ	khuɛ^{24}tɕi^{24} 会计	juɛ^{55}na^{33}phɔ^{33} 越南
ua	xua^{24}ɕo^{31} 化学	kuan^{33}kɔ^{24} 广告

（三）带鼻音尾的韵母发现有 um、ɔm、ɑŋ、ɔŋ、ɤn、ɤŋ、an、ɛn、iŋ、ɛŋ、uan 11 个。

例词：

um	num^{55} 穗	sum^{55} 三
ɔm	jɔm^{55} 房子	ɕɔm^{55} 铁
ɑŋ	lɑŋ^{55} 缠（线）	lɑŋ^{33} 池塘

ɔŋ	lɔŋ^{55}暖和	lɔŋ^{31}属兔
ɤn	su^{55}pɤn^{33}书	tshɤŋ^{31}zɤn^{24}承认
ɤŋ	mɤŋ^{31}马	nɤŋ^{31}迟
an	lɔ^{33}pan^{53}老板	tan^{55}tshɤ^{55}自行车
ɛn	fɛn^{55}pi^{31}粉笔	tjɛn^{24}sɯ^{24}电视
iŋ	liŋ^{31}零	tjɛn^{24}jiŋ^{33}电影
ɛŋ	tsheŋ^{31}tɕi^{31}成绩	xɔŋ^{31}lu^{31}tɛŋ^{55}红绿灯
uan	tsɔŋ^{55}tsuan^{33}中专	xai^{55}kuan^{33}海关

韵母说明：

1. 本族语固有词松紧元音与清塞音、塞擦音的清送气和不送气的结合构成互补，即不送气的清塞音、清塞擦音只跟紧元音结合，不跟松元音结合；而送气的清塞音、清塞擦音只跟松元音结合，不跟紧元音结合，如pha^{31}雄性、公（猪），pa̱^{31}叶子，tha^{31}别，ta̱^{31}凿，sa^{31}la^{31}棉花，sa̱^{31}气，mi^{55}tsha^{31}地，mɛ^{55}tsa̱^{31}瓶子，dʑɔŋ^{31}tɕha^{31}酸角，xɔ^{31}tɕa̱^{31}稀饭，kha^{33}下（蛋），ka̱^{33}梳，ba^{31}薄，ba̱^{31}抱（东西），a^{31}da^{33}父亲，da̱^{33}上，ga^{33}，ga̱^{33}。但有少部分固有词和语言接触借用已经打破了这一条固有的结合规律，如tɛ^{33}拍（桌子），kɛ^{33}跑，pi^{31}笔，pin^{55}ɕaŋ^{55}冰箱，ta^{24}ɕo^{31}大学，tsɔŋ^{55}tsuan^{33}中专等。

2. 元音ø有两个变体，即y和ø. 它与舌面前辅音tɕ tɕh dʑ ȵ ɕ j结合构成条件互补，即y、y̱只跟舌面前辅音声母相拼，不跟其他辅音声母相拼和，如phɔ^{31}tɕhy^{55}甘蔗，bu^{31}dʑy^{33}蚯蚓，ɣɔ^{31}ȵy^{55}菜，i^{55}ɕy^{33} ɕy^{33}撒尿，i^{55}tɕu̱^{31}jy^{55} 水流，a^{55}jy^{31}种子；而ø不与舌面前辅音声母相拼，只与其余的辅音声母相拼，如a^{31}phø^{31}曾祖父，bø^{33}lø^{33}锣，bø̱^{33}lø̱^{33}肚脐，la^{31}nø^{55}手指。因此本音系y不作为独立音位，而统一归为ø音位。

3. 元音ɯ有两个变体，即ɿ和ɯ。变体ɿ（ʅ）只与舌尖前擦音和塞擦音声母ts、tsh、dz、s相拼，不跟其他辅音声母相拼和；而变体ɯ、ɯ̱只与其余的辅音声母相拼，不与舌尖前擦音和塞擦音声母相拼。它们以辅音声母的发音部位和方法为条件互补，如ɣɔŋ^{55}sɿ^{33}ȵi^{33}黑暗的，da^{55}tsɯ̱^{31}腰，jɛ^{55}tsʅ^{33}a^{55}bɔ^{55}椰子树，a^{55}dzʅ^{33} dzʅ^{33}痒，tɕau^{55}tsɿ^{33}饺子，tsɿ^{24}zan^{31}ȵi^{33}自然，ti^{24}sɿ^{24}第四，xu^{24}sɿ^{24}za^{31}护士；ɕɯ^{55}金，jɔ^{33}ɕɯ̱^{31}新，a^{33}tɕɯ̱^{33}一点，dʑɯ̱^{31}摇头，ju^{55}lɯ̱^{33}收拾，mɯ^{31}好，nɯ̱^{33}豆荚等。因此本音系里头，ɿ（ʅ）只作为ɯ（ɯ̱）的变体，不作为独立音位处理。

4. 本族语固有词里没有复合元音韵母，复合元音韵母出现在借词中，如mei^{31}kui^{24}a^{55}jɛ^{33}玫瑰，sui^{33}khu^{24}水库，lø^{31}tshuan^{31}帆船，thu^{31}su^{55}kuan^{55}图书馆等。

5. 带鼻音尾韵母有11个。其中，um、ɔm、ɑŋ、ɤŋ、ɔŋ 5个多用于本族固有词，为古代藏缅语鼻音尾的遗存，而且出现的词较多，如 um^{31}天，um^{55}做，dum^{33}穿（衣），sum$^{31/55}$三，dʑy^{31}thɔm^{31}云、雾，jɔm^{55}房子，lɑŋ^{31}兔子，xɑŋ^{31}胸，mɛ^{31}thɑŋ^{31}下巴，lɔŋ^{55}暖和，dɔŋ^{31}xɔŋ^{31}屁股，mɛ^{33}bjɔŋ^{55}脓，u^{31}ɣɔŋ^{31}枕头，thi^{31} nɤŋ^{33}一天；nɤŋ^{31}其余的 an、ɛn、iŋ、ɛŋ、ɤn、uan 等 6 个主要出现在借词中，如 tan^{55}tshɤ^{55}自行车，ȵɛn^{31}tɕi^{31}年级，tjɛn^{24}jiŋ^{33}电影，tshɤŋ^{31}zɤn^{24}承认，jɤ^{24}ɤ^{33}juan^{31}幼儿园等。

三、声调

阿卡话的声调有：高平（^{55}）、中平（^{33}）、低降（^{31}）、中升（^{24}）、高降（^{53}）5 个。如：

高平	中平	低降
ba^{55} 失（魂）	ba^{33}烤（肉）	ba^{31}薄
a^{33}ma^{55} 右边	a^{31}ma^{33}母亲	ma^{31}不
khɔ^{55}快（慢）	khɔ^{33}生（锈）	kɔ̱^{31}咬
jɛ^{55} 下（雨）	jɛ̱^{33}开（花）	jɛ̱^{31}醉

中升	高降
ɕin^{24}信	lɔ^{33}pan^{53}老板
ji^{55}kui^{24}柜子	ɕaŋ^{55}tsaŋ^{53}乡长
tjɛn^{24}sɯ^{24}电视	ɕɛn^{24}tsaŋ^{53}县长

声调说明：

1. 高平、中平、低降等三个声调主要出现在本族固有词上。

2. 中升和高降主要出现在借词上，本族固有词只发现少量例词，如 n̥um^{24}现在，xo^{53}ta̱^{33}phɔ^{33}上方，xø^{53}ta̱^{33}phɔ^{33}向上方等。借词中例词较多，而且出现在双音节词的第二个音节上，如 tɕhi^{31}tsɯ^{53}旗子，phu^{33}tui^{24}tsaŋ^{53}村长等。

四、音节类型

阿卡话的音节类型共有 5 种。

1. 元音：i^{55}（下）去，ø̱^{33}（下）来
2. 辅音+元音：ŋe^{55}雪，sa̱^{31}气
3. 辅音+元音+辅音：dum^{33}穿（衣），gɔŋ^{31}矛，tjɛn^{24}fɔŋ^{33}sɑŋ^{55}电风扇
4. 辅音+元音+元音：sui^{24}税，xua^{24}ɕo^{31}化学
5. 辅音+元音+元音+辅音：tsɔŋ^{55}tsuan^{33}中专，kuan^{33}kɔ^{24}广告

音节类型说明：

第 1、2、3 种类型出现在固有词中；第 2 种类型出现频率最高；第 3 种类型既出现在固有词上，也出现在借词上，其出现频率次高；第 4、5 两

者种类型只出现在借词中，是语言接触借用的结果。

五、语流音变

（一）数词“三”的变调

基数词“三”在语流中有两个变调，分别是-^{55}和-^{31}。单说“三”，或连数数字的时候是sum^{55}，如：thi^{31}一，n̥i^{31}二，sum^{55}三，ø^{31}四。“三”在语流中的变调规律是，它在-^{55}或者是-^{33}调词语前面时，“三”的声调是-^{31}。但是，它在-^{31}调词语前面时，“三”的声调是-^{55}，如：

a^{33}dʑi^{55} n̥i^{31} mɔ^{55}两只鸟
鸟　两　只

a^{33}dʑi^{55} sum^{31} mɔ^{55}三只鸟
鸟　三　只

tɕhɛ^{33}phju^{55} n̥i^{31} tu̱^{33}两把米
米　两　把

tɕhɛ^{33}phju^{55} sum^{31} tu̱^{33}三把米
米　三　把

tshɔ^{55}xa^{31} n̥i^{31} ɣa^{31}两个人
人　两　个

tshɔ^{55}xa^{31} sum^{55} ɣa^{31}三个人
人　三　个

dʑi^{55}ba^{31} sum^{55} tsa̱^{31}三瓶酒
酒　三　瓶

sum^{31}tshe^{55}sum^{31} nɤŋ^{33}三十三天
三十三　天

sum^{31} la^{33}si^{31}三月份
三　月份

sum^{55} na^{31}li^{31}三点钟
三　点钟

（二）多音节词上有少量变调现象。如两个，或三个低降调相连时，第二个音节变读为中平调，其余的声调都不变。如：

a^{31}kha^{31}za^{31}阿卡人　a^{31}kha^{33}za^{31}
mi^{31}dza^{31}bɔ^{31}lɔ^{33}吹火筒　mi^{31}dza^{33}bɔ^{31}lɔ^{33}
mi^{31}tɕhø^{31}a^{31}ma^{33}寡妇　mi^{31}tɕhø^{33}ma^{33}
thi^{31} na^{31}li^{31}一点钟　thi^{31} na^{33}li^{31}
a^{31}ɣa̱^{31} za^{31} phu^{31}下猪崽　a^{31}ɣa̱^{33} za^{31} phu^{31}

第三节　勐海阿卡话音位系统

西双版纳傣族自治州景洪市、勐海县和勐腊县都有哈尼语哈雅方言雅尼次方言阿卡话分布。该州境内哈尼族人口有234309人（2020年）①，其

① 据2020年第7次全国人口普查，西双版纳傣族自治州哈尼族人口为234309人，占全州人口总数的18.0%，其中，景洪市97715人，勐海县65003人，勐腊县71591人。

中，景洪市的景哈哈尼族乡、勐海县格朗和哈尼族乡是哈尼族阿卡人居住最集中的两个乡。下文是以勐海县打洛镇曼等村哈尼语哈雅方言雅尼次方言阿卡话语料为基础整理的勐海阿卡话语音系统。

一、声母

勐海阿卡话的声母有39个。从发音部位可分为双唇、唇齿、舌尖前、舌尖中、舌尖后、舌面前、舌根、小舌音8类。其中双唇音又分为非颚化与颚化两类。从发音方法可分为：塞音、擦音、塞擦音分清浊两类，而清音又分送气和不送气两套。分清浊两套。鼻音和边音只发现浊音，未发现清音。唇齿擦音分清浊，是语言接触借用产生的。半元音为浊音。只有单辅音，未发现复辅音。列表如下：

<table>
<tr><td colspan="3" rowspan="2">部位
方法</td><td colspan="2">双唇</td><td rowspan="2">唇齿</td><td rowspan="2">舌尖前</td><td colspan="2">舌尖中</td><td rowspan="2">舌尖后</td><td rowspan="2">舌面前</td><td rowspan="2">舌根</td><td rowspan="2">小舌</td></tr>
<tr><td>非颚化</td><td>颚化</td><td>非颚化</td><td>颚化</td></tr>
<tr><td rowspan="3">塞音</td><td rowspan="2">清</td><td>不送气</td><td>p</td><td>pj</td><td></td><td></td><td>t</td><td>tj</td><td></td><td></td><td>k</td><td></td></tr>
<tr><td>送气</td><td>ph</td><td>phj</td><td></td><td></td><td>th</td><td>thj</td><td></td><td></td><td>kh</td><td></td></tr>
<tr><td>浊</td><td>不送气</td><td>b</td><td>bj</td><td></td><td></td><td>d</td><td></td><td></td><td></td><td>g</td><td></td></tr>
<tr><td rowspan="3">塞擦音</td><td rowspan="2">清</td><td>不送气</td><td></td><td></td><td></td><td>ts</td><td></td><td></td><td>tʂ</td><td>tɕ</td><td></td><td></td></tr>
<tr><td>送气</td><td></td><td></td><td></td><td>tsh</td><td></td><td></td><td>tʂh</td><td>tɕh</td><td></td><td></td></tr>
<tr><td>浊</td><td>不送气</td><td></td><td></td><td></td><td>dz</td><td></td><td></td><td></td><td>dʑ</td><td></td><td></td></tr>
<tr><td></td><td colspan="2">鼻音</td><td>m</td><td>mj</td><td></td><td></td><td>n</td><td></td><td></td><td>ȵ</td><td>ŋ</td><td></td></tr>
<tr><td></td><td colspan="2">边音</td><td></td><td></td><td></td><td></td><td>l</td><td></td><td></td><td></td><td></td><td></td></tr>
<tr><td rowspan="2">擦音</td><td colspan="2">清</td><td></td><td></td><td>f</td><td>s</td><td></td><td></td><td>ʂ</td><td>ɕ</td><td>x</td><td>χ</td></tr>
<tr><td colspan="2">浊</td><td></td><td></td><td>v</td><td>z</td><td></td><td></td><td></td><td>j</td><td>ɣ</td><td></td></tr>
<tr><td></td><td colspan="2">半元音</td><td>w</td><td></td><td></td><td></td><td></td><td></td><td></td><td></td><td></td><td></td></tr>
</table>

声母例词：

p	pa̱^{33} 破裂	a^{55}pa̱^{31} 叶子
ph	pha^{55}（交）换	ø^{31}pha^{31} 孙子
b	a^{55}ba^{55} 影子	jɔ^{33}ba^{31} 薄

m	a^{55}ma^{55} 右边	ma^{31} 不
pj	pja̱^{33} 挠（痒）	pja̱^{31}dum^{31} 大梁
phj	jɔ^{33}phju^{55} 白色	jɔ^{33}phja^{55} 轻的
bj	bja^{33} 亮	bja^{31} 蜜蜂
mj	jɔ^{33}mja^{31} 多	mjɔ^{31} 东西
w	wɑŋ^{55}pa^{33} 网吧	a^{55}wa^{31}mi^{55}χaŋ^{31} 佤邦
f	fen^{55}pi^{31} 粉笔	fei^{55}dʑi^{55} 飞机
v	vu^{55} 五	fu^{31}vu^{24}jɛn^{31} 服务员
ts	tso̱^{33} 插	tsɤ̱^{33} 摘
tsh	tshaŋ^{55} 稠密	tshɔ^{55}da̱^{33} 上坡
dz	dza^{55} 食物	dza^{31} 吃
s	dʑɔ^{55}sa^{55} 舒服	sa^{31}la^{31} 棉花
z	za^{55} 轻	za^{31} 孩子
t	ta̱^{31} 凿	ta̱^{33}（盐）咸
th	tha^{31} 别	thɛ^{31} 裁（衣）
d	tshɿ^{33}da^{55} 筷子	dɔ^{31}da^{31} 传说
n	na^{55} 病	na^{31} 休息
l	la^{55}ɣo̱^{33} 门	χa^{31}la^{31} 老虎
tj	tjɛn^{24}sɿ^{24} 电视	tjɛn^{33}jiŋ^{55} 电影
thj	khɔŋ^{33}thjɔ^{31} 空调	li^{55}pɛ^{24}thjɛn^{55} 星期天
tʂ	fen^{55}tʂɔŋ^{55} 分钟	
tʂh	ta^{55}tʂhɤ^{55} 自行车	
ʂ	ʂʅ^{31}（农历）十月	xo^{55}ʂʅ^{31} 火石
tç	a^{55}tɕa̱^{33} 绳子	tça̱^{31} 煮（菜）
tçh	la̱^{31}tɕha^{55} 左手	tçhɛ^{55} 谷子
dʑ	xa^{31}dʑa^{55} 小谷雀	dɔ^{31}dʑa^{33} dʑa^{33} 聊天
ȵ	ȵa^{33} 会	ȵɛ^{33} 火旺
ç	ça^{55} 腥	ɕɛ^{55}mɔ^{55} 虱
j	ja^{55} 百	xɔ^{31}ja^{33} 讨（饭）
k	ka̱^{33} 梳	ɣo̱^{33}ka̱^{31} 闩（门）
kh	a^{31}kha^{31} 阿卡	a^{55}kha^{33} 螃蟹
g	ga^{55}ma^{33} 路	ga^{33} 摔（下来）
ŋ	ŋa^{55} 我	ŋa^{31} 五
x	xɔ^{31} 饭	xa^{31} 苦
ɣ	ɣa^{31} 力气	ɣɔ^{31} 分手

χ　　χa^{31}jɛ^{55} 狼　　gɤ^{33}χaŋ^{31} 缅甸（下游）

声母说明：

1. 随着语言接触与借用，增加了 w、f，v、tj、thj、tʂ、tʂh、ʂ 8 个声母，如 wɑŋ^{55}pa^{33} 网吧，xo^{55}faŋ^{31} 厨房，tjɛn^{24}fɔŋ^{33}san^{24} 电风扇，vu^{24}li^{55} 物理，fu^{31}vu^{24}jɛn^{31} 服务员，tjɛn^{24}xua^{24} 电话，ji^{31}fen^{55}tʂɔŋ^{55} 一分钟，ta^{55}tʂhɤ^{55} 自行车，ʂʅ^{31}ɤ^{24}（农历）十二月，ti^{24}vu^{55} 第五，ti^{24}ʂʅ^{31}ji^{31} 第十一等。

2. 舌根音 x 有两个变体，即 x、χ。当它与前元音相拼读时，多读为 x，如 jɔ^{33}xa^{31} 苦，thi^{31} xɛ^{31} dɔ^{31}thɔ^{31} 等一会儿，xa^{31}lo̱^{33} 石头。但是，也有很多例外，χa^{31}bø^{31} 竹虫，χa^{31}xɔm^{55} 熊等，本音系按照发音人的实际发音，记录整理。

3. 固有词语的塞音、擦音和塞擦音声母以元音松紧为互补条件，送气的清塞音、擦音和塞擦音只与松元音相拼和，不送气的清塞音、擦音和塞擦音只与紧元音相拼和，而其相对应的浊音声母则不受元音松紧条件的制约。如 χa^{31}pha^{31} 青蛙，dʑo̱^{31}pa̱^{31} 裤带，tha^{31} 别，ta̱^{31} 凿，sa^{31}la^{31} 棉花，sa̱^{31} 气等。

4. 在部分汉语借词中可见舌面后声母 ʂ，如 xo^{55}ʂʅ^{31} 火石，ʂʅ^{31}ji^{31}yɤ^{31}（农历）十一月，ʂʅ^{31}ɤ^{24}yɤ^{31}（农历）十二月等。

二、韵母

勐海阿卡话的韵母有 40 个，可分为：单元音韵母共有 22 个，严整地分为松紧两套。复合元音韵母 7 个，主要使用于借词中。带鼻音尾的韵母只有 11 个。

（一）单元音韵母：有 22 个。分松紧两类。

松元音：i　ɿ　e　ø　ɛ　a　ɔ　o　u　ɤ　ɯ

紧元音：i̱　ɿ̱　e̱　ø̱　ɛ̱　a̱　ɔ̱　o̱　u̱　ɤ̱　ɯ̱

例词如下：

i	bi^{55} 分	bi^{31} 扔（石头）
i̱	ti̱^{31} 一	ti̱^{33}（两）层
ɿ	tshɿ^{55} 油	tshɿ^{33}da^{55} 筷子
ɿ̱	tsɿ̱^{33}（一）节（竹子）	dzɿ̱^{33}（一）滴（油）
e	tshe^{55} 十	jɔ^{33}dʑe^{55} 宽
e̱	pje̱^{31} 编（辫子）	tɕi^{31}mje̱^{31} 山羊
ø	bø^{33}lø^{33} 铓锣	mɛ^{31}bø^{31} 嘴巴
ø̱	bø̱^{33}lø̱^{33} 肚脐	tø̱^{33} 包（东西）
ɛ	dɛ^{33}ma^{33} 水田	dɛ^{31}（马蜂）蜇

ɛ̱	dɛ̱^{33}（吃）饱	jɔ^{33}dɛ̱^{31}活
a	ba^{55} 失（魂）	ba^{33}la^{33}月亮
a̱	na̱^{33} 黑	jɔ^{33}na̱^{31}深
ɔ	lɔ^{31}小船	nɔ^{31}踩
ɔ̱	xɔ̱^{31}汲（挑水）	lɔ̱^{31}晒
o	xo^{33}xo̱^{31}属鼠	si^{31}xo^{31}黄瓜
o̱	u^{31}xo̱^{33}帽子	jɛ^{31}xo̱^{31}镰刀
u	a^{31}bu^{55}女儿	si^{33}phu^{55}蒜
u̱	bu̱^{31}腐烂	pu̱^{31}熬（药）
ɤ	xɤ^{33}这	ɣɤ^{33}拉
ɤ̱	dɤ̱^{33}砍	bɤ̱^{33}射（箭）
ɯ	a^{31}khɯ^{31}狗	gɯ^{31}铜
ɯ̱	pɯ̱^{33}烧	ɯ^{55}tɯ̱^{33} tɯ̱^{33}打嗝

（二）复合韵母有 ei、ai、au、yɤ、ui、uɛ、ua 7 个。如：

ei	pei^{31}tɕiŋ^{55}mi^{55}ʦha^{31}北京	fei^{55}ʥi^{55}飞机
ai	thu^{31}kai^{55}jɤ^{31}涂改液	
au	kau^{55}ʦɔŋ^{55}高中	thu^{31}xua^{24}xua^{24}画图
yɤ	ji^{31}yɤ^{31}（农历）一月	ɤ^{24}yɤ^{31}（公历）二月
ui	sui^{55}ȵi^{31}水泥	la^{33}la^{33}tui^{53}啦啦队
uɛ	khuɛ^{24}tɕi^{24}会计	
ua	xua^{24}ɕo^{31}化学	tjɛn^{24}xua^{24}电话

（三）带鼻音尾的韵母有 um、ɔm、aŋ、ɔŋ、an、in、ɛn、iŋ、ɛŋ、ɤŋ、uan 11 个。如：

um	um^{31}天	xum^{31}ma^{31}碗
ɔm	jɔm^{55}房子	ɕɔm^{55}铁
aŋ	jɔ^{33}baŋ^{31}错	la̱^{33}laŋ^{31}增加
ɔŋ	nɯ̱^{33}phɔŋ^{31}花生	tjɛn^{24}thɔŋ^{31}电筒
an	san^{33}（农历）三月	xɤ^{31}pan^{31}黑板
in	ɕin^{24}信	pin^{33}kuan^{31}宾馆
ɛn	li^{55}pɛ^{24}thjɛn^{55}星期天	tjɛn^{24}sɿ^{24}电视
iŋ	tjɛn^{33}jiŋ^{55}电影	ti^{24}ɤ^{24}miŋ^{31}第二名
ɛŋ	ɕo^{31}sɛŋ^{55}学生	xɔŋ^{31}li^{24}tɛŋ^{55}红绿灯
ɤŋ	ji^{55}sɤŋ^{55} 医生	ʦhɤŋ^{33}tɕi^{33}成绩
uan	ta^{24}ʦuan^{33}大专	ʦhuan^{55}ʦɿ^{31}窗子

韵母说明：

1. 本族语固有词浊塞音、塞擦音与松紧元音都能结合；但送气和不送气的清塞音、清塞擦音与松紧元音的结合构成互补，即不送气的清塞音、清塞擦音只跟紧元音结合，不跟松元音结合；而送气的清塞音、清塞擦音只跟松元音结合，不跟紧元音结合，如 pha^{31} 公（猪），pa̱^{31} 叶，tha^{31} 别，ta̱^{31} 凿，sa^{31}la^{31} 棉花，sa̱^{31} 气，mi^{55}tsha^{31} 地，mi^{55}tsa̱^{31} 瓶子，nø^{55}tɕha^{31} 小指，xɔ^{31}tɕa̱^{31} 稀饭，kha^{33} 下（蛋），ka̱^{33} 梳，ba^{31} 薄，ba̱^{31} 抱（东西），a^{31}da^{33} 父亲，da̱^{33} 上。

2. 元音 ø 有两个变体，即 y 和 ø。当 ø 与舌面前辅音 tɕ tɕh dʑ ȵ ɕ j 相拼时，口型缩小读作 y（包括紧元音 y̱）。元音 ø 以舌面前辅音声母与非舌面前辅音声母构成条件互补，分别读作 y 与 ø，如 phɔ^{31}tɕhy^{55} 甘蔗，a^{55}tɕy̱^{33}，bu^{31}dʑy^{33} 蚯蚓，ɣɔ^{31}ȵy^{55} 菜，i^{55}ɕy^{33} ɕy^{33} 撒尿，jy^{55} 水流，a^{55}jy^{31} 种子；又如 a^{31}phø^{31} 曾祖父，bø^{33}lø^{33} 锣，mɛ^{55}bø^{33} sø^{31} 穿针眼，bø̱^{33}lø^{33} 肚脐。鉴于此，本音系里 y 不作为独立音位，而统一归为 ø 音位。

3. 本族语固有词里没有复合元音韵母，复合元音韵母出现在借词中，如：sui^{31}khu^{24} 水库，fan^{33}ʦuan^{24} 帆船，thu^{24}su^{55}kuan^{31} 图书馆。

4. 带鼻音尾韵母有 11 个。其中，um、ɔm、aŋ、ɔŋ 4 个多用于本族固有词，为古代藏缅语鼻音尾的遗存，而且出现的词较多，如：dum^{33} 穿（衣），ju̱^{31}ɣaŋ^{31} 枕头，laŋ^{31} 兔子，xaŋ^{31} 胸，mɛ^{31}thaŋ^{31} 下巴，dɔ^{31}xɔm^{31} 屁股，ma^{55}bjɔŋ^{55} 脓；其余的 an、in、ɛn、iŋ、ɛŋ、uan 6 个用于主要出现在借词中，如 kan^{55}pi^{31} 钢笔，jin^{31}xaŋ^{33} 银行，ȵɛn^{31}tɕi^{31} 年级，tjɛn^{33}jiŋ^{55} 电影，ɕo^{31}sɛŋ^{55} 学生，jɤ^{24}ɤ^{31}jɛn^{31} 幼儿园，xɛ^{55}kuan^{33} 海关。随着民族语言交往、交流、接触，在韵母方面增加了 ʅ、yɤ，如 ti^{24}ʂʅ^{31} 第十，ʂʅ^{31}ɤ^{24}（农历）十二月，ji^{31}yɤ^{31}（农历）一月，等等。

三、声调

阿卡话的声调有高平 ^{55}、中平 ^{33}、低降 ^{31}、中升 ^{24}、高降 ^{53} 5 个，前三个声调主要出现在本族固有词上，后两个出现在借词上。如：

高平	中平	低降
a^{33}ba^{55} 影子	ba^{33}la^{33} 月亮	ba^{31} 薄
a^{33}ma^{55} 右边	nɯ^{55}ma^{33} 太阳	na̱^{31} 深
lɔ^{55}ba̱^{33} 河	bø^{33}lø^{33} 铓锣	lo̱^{31} 够
中升	高降	
ɕin^{24} 信	na^{53} 话题助词	
ɤ^{24}xu^{31} 二胡	xo^{31}ʦɿ^{53} 盒子	
tjɛn^{24}xua^{24} 电话	mu^{31}ʨaŋ^{53} 木匠	

声调说明：

1. 松元音音节上有 5 个声调，但紧元音音节上只有中平和低降两个声调上。

2. 中升调和高降调主要出现在汉语借词上，不出现在本族语词汇上。

3. 西双版纳傣族自治州境内的各少数民族使用的汉语属于汉语方言西南官话次方言滇南官话土语，西南官话土语声调与普通话的调值对应规律大致上是：西南官话阴平妈 ma^{55}，阳平麻 ma^{31}，上声马 ma^{33}，去声骂 ma^{24}。同时，普通话里的部分阴平调值 ^{55} 归为西南官话阳平调值 ^{31}，如 ji^{31} 一，tɕhi^{31} 七，pa^{31} 八，ʂʅ^{31} 十，部分上声调调值 214 的字归为阴平调值 ^{55}（或 ^{54}），如 u^{55}（农历）五月，tɕu^{55}（农历）九月，ko^{55}tɕaŋ^{24} 果酱，tɛ^{55}xua^{24} 泰语，xɛ^{55}kuan^{33} 海关等。

四、语流变调

多音节词上有少量变调现象。当多个低降调音节相连时，第二个音节的低降调调值变读为中平调调值，第一个音节和第三个音节的调值不变。如：

a^{31}kha^{31}dɔ^{31} 阿卡话 a^{31}kha^{33}dɔ^{31}

a^{31}kha^{31}za^{31} 阿卡人 a^{31}kha^{33} za^{31}

mi^{31}tɕhy^{31}ma^{33} 寡妇 mi^{31}tɕhy^{33}ma^{33}

a^{31}li^{33} a^{55}kha^{31} ɣa^{31} 中间的儿子 a^{31}li^{33}a^{55}kha^{33}ɣa^{31}

mi^{31}dza^{31}bɔ^{31}lɔ^{33} 吹火筒 mi^{31}dza^{33}bɔ^{31}lɔ^{33}

ɣa̠^{31}za^{31} phu^{31} ɤ^{33} 下猪崽 ɣa̠^{33}za^{31}phu^{31} ɤ^{33}

五、音节类型

阿卡话的音节类型共有 6 种。

1. 元音：i^{55}（下）去，ø̠^{33}（下）来

2. 元音+辅音：um^{31} 天（地），um^{55} 做（事情）

3. 辅音+元音：nɯ^{55}ma^{33} 太阳，ba^{33}la^{33} 月亮

4. 辅音+元音+辅音：dum^{33} 穿（衣），laŋ^{33} 湖

5. 辅音+元音+元音：sui^{24} 税，xua^{24}ɕo^{31} 化学

6. 辅音+元音+元音+辅音：tsɔŋ^{55}tsuan^{33} 中专，xɛ^{55}kuan^{33} 海关

音节类型说明：

第 1、2、3、4 种类型出现在固有词中；第 4 种类型出现频率较高，既包括固有词，也包括借词；第 5、6 种类型主要出现在借词上。这是语言接触借用的结果。

第三章　词类

第一节　名　词

一、名词

名词是表示人或事物的名称。其中，包括具体事物的名称，也有抽象事物的名称；表示时间、方位、处所的词也属于名词。阿卡话名词中，表示具体事物的词较丰富，如：

um^{31} 天	ba^{33}la^{33} 月亮
dʑa^{31}lɛ^{55} bɔ^{33} 风	mi^{31}dza^{31} 火
a^{55}ma̱^{33} 梦	ɣa^{31} 力气
sa̱^{31}la^{55} 灵魂	i^{31}nɤŋ^{33} 今天
n̥um^{55}tɕi̱^{31} 今晚	ŋɛ^{33} 时候
a^{33}ma^{55}phɔ^{33} 右边	la^{31}xø^{55}phɔ^{33} 里边
a^{31}la̱^{31} 手	a^{31}khɯ^{31} 狗
a^{55}jɛ̱^{33} 花	ŋa^{31}sa^{31} 鱼
tsi̱^{31}mje̱^{31} 山羊	bja^{31} 蜂

表示抽象事物的名词较少。如：

a^{55}ma̱^{33} 梦	dʑe^{31}ga̱^{31} 生意
sa̱^{31}la^{55} 灵魂	a^{55}jam^{31} 时间
ɣa^{31} xa̱^{33} 力气	ta̱^{33}sa^{55} 声音
ji^{55} 生命	ga^{55}ma^{33} 责任
nɛ̱^{31} 鬼	ji^{31}ba^{55} 罪

时间名词，如：

i^{31}nɤŋ^{33} 今天	mi^{55}nɤŋ^{33} 昨天
nɯ^{33}ɕɔ^{31} 明天	sa^{55}phɛ^{31}nɤŋ^{33} 后天
n̥um^{55}tɕi̱^{31} 今晚	nɯ^{33}ɕɔ^{31}ɕɔ^{31} 明早

mi^{55}tɕi̱^{31} 昨晚　　sɔ^{33}ɣɔŋ^{55}tɕhɛ^{33} 三更半夜
tsɯ̱^{31}nɤŋ^{33}xo̱^{31} 今年　　mi^{55}nɤŋ^{33}xo̱^{31} 去年
xø^{33}ŋɛ^{33}ba^{33} 从前　　ȵum^{24} 现在

方位处所名词，如：

na^{55}ma^{33}do̱^{33}xɛ^{31} 东方　　na^{55}ma^{33}ga^{33}ɔ^{33}phɔ^{33} 西方
a^{55}kha^{31} 中间　　ga^{33}dze^{55}phɔ^{33} 旁边
a^{33}tɕha^{55}phɔ^{33} 左边　　a^{33}ma^{55}phɔ^{33} 右边
mi^{31}ɕy^{33}phɔ^{33} 前边　　na^{55}χɔŋ^{33}phɔ^{33} 后边
la^{31}ȵi^{55}phɔ^{33} 外边　　la^{31}xø^{55}phɔ^{33} 里边

表示新概念、新事物的名词，借用汉语、傣语、缅甸语、英语等。其中，借用汉语的多，借傣语、缅甸语、英语的少。如：

lɔ^{33}pan^{53} 老板　　ji^{55}sɤŋ^{55} 医生
tan^{33}tshɤ^{33} 自行车　　thu^{31}su^{55}kuan^{55} 图书馆
ko^{31}dʑa^{55} 国家　　tjɛn^{24}jiŋ^{33} 电影
sui^{55}ȵi^{31} 水泥　　tɤ^{24}tɕaŋ^{55} 豆浆
lɔ^{33}sɤ^{33} 老师　　sɿ^{55}fu^{33} 司机
tsɔŋ^{55}ɕo^{31} 中学　　tjɛn^{24}sɯ^{24} 电视
ɕi^{55}ji^{44}dʑi^{44} 洗衣机　　mɔ^{31}thɔ^{31}tshɤ^{33} 摩托车
xa^{55}ɕɛ^{33} 村长（缅）　　na^{31}pa^{33} 味精（缅）
sa̱^{33}bɛ^{31} 肥皂（缅）　　sa̱^{31}la̱^{31} 师傅（缅）
bɑŋ^{31}mo^{53} 面包（缅）　　mɤ^{31} 国家、市（缅）
na^{31}li̱^{31} 手表（傣）　　mɯ^{55}ja^{33} 医生（傣）
ma^{31}ja^{55} 士兵（傣）　　na^{31}si^{55} 油漆（傣）
na^{31}si^{55} 油漆（傣）　　lɔ^{31}li^{31} 汽车（英）
xɔ^{31}tɛ̱^{31} 宾馆（英）　　bɑŋ^{31} 银行（英）
mɛ^{33}ȵi^{55} 分钟（英）　　la^{31}si^{31} 驾照（英）

二、名词的特点

（一）名词的前缀

大多数亲属称谓中附着前缀 a^{31}，如：

a^{31}da^{33} 父亲　　a^{31}ma^{33} 母亲
a^{31}phø^{31} 爷爷　　a^{31}phi^{31} 奶奶
a^{55}do̱^{33} 哥哥　　a^{31}phø^{31}a^{31}bɔ^{55} 祖宗
a^{31}jɯ̱^{31} 姐姐　　a^{31}ɯ^{31} 伯父、伯母
a^{31}ɣɔ^{55} 叔叔　　a^{31}tshu^{33} 嫂子

tshɔ^{55}mɔ^{31} 岳父、岳母	a^{31}ɕɑŋ^{31} 姑父

（二）动、植物名称中附着前缀 a^{55}，a^{31}。如：

a^{55}lu^{33} 蝴蝶	a^{31}jɛ̲^{31} 蚂蟥
a^{55}xo^{33} 蚂蚁	a^{31}dʑu^{31} 虫
a^{31}ȵo̲^{33} 螺蛳	a^{55}kha^{33} 螃蟹
a^{55}bɔ^{55} 树	a^{55}pa̲^{31} 叶子
a^{55}jɛ̲^{33} 花	a^{55}si^{31}a^{55}lu^{33} 水果
a^{55}nɯ̲^{33} 核	a^{55}jɛ̲^{33}jɛ̲^{33}tɕhu^{31} 蓓蕾
a^{55}bje̲^{31} 竹笋	a^{31}gɔŋ^{33} 刺

三、名词的重叠

名词重叠后一个音节构成宾动结构。如：

u^{31}dʑe^{31} 雷	u^{31}dʑe^{31} dʑe^{31} 打雷
u^{31}jɛ^{55} 雨	u^{31}jɛ^{55} jɛ^{55} 下雨
u^{31}dʑe^{31} tshɔ^{31}tɛ̲^{33} 扯闪	u^{31}dʑe^{31} tshɔ^{31}tɛ̲^{33} tɛ̲^{31} 扯闪电
dʑe^{31}ga̲^{31} 生意	dʑe^{31}ga̲^{31} ga̲^{31} 做生意
a^{55}ma̲^{33} 梦	a^{55}ma̲^{33} ma̲^{33} 做梦
a^{55}jɛ̲^{33} 花	a^{55}jɛ̲^{33} jɛ̲^{33} 开花
ga^{55}da̲^{33}（上）坡	ga^{55}da̲^{33} da̲^{33} 上坡
ga^{55}thø^{31} thø^{31}（下）坡	ga^{55}thø^{31} thø^{31} 下坡

四、名词数量短语

名词中重叠一个音节构成名词数量短语，语序为“名词＋数词＋量词”。如：

a^{55}bɔ^{55} thi^{31} bɔ^{55} 一棵树	xɔ^{31}sum^{55} xɔ^{31} 三碗饭
树 一 棵	饭 三 碗
tshɔ^{55}xa^{31} ko̲^{31} xa^{31} 六个人	a^{55}jɛ̲^{33} ȵi̲^{31} jɛ̲^{33} 两朵花
人 六 个	花 两 朵
a^{55}ma̲^{33} thi^{31} ma̲^{33} 一个梦	lɔ^{33}dzɔm^{55} sum^{55} dzɔm^{55} 三座桥
梦 一 个	桥 三 座
lɔ^{31}bjɔm^{55} sum^{55} bjɔm^{55} 三座坟	tshɔ^{55}phu^{33} sum^{55} phu^{33} 一个寨子
坟 三 座	寨子 一 寨

五、名词的性

名词本身没有表示性别的形态变化，区别性别主要靠词根、半虚化的实词表示。常见的动物名称用-pha^{31}、bɔ^{33}、xu^{55}、phø^{55} 表示“雄、公、阳”

性，用-ma^{33}表示“雌、母”性。如：

a^{31}ɣa̱^{31}ma^{33} 母猪　　a^{31}ɣa̱^{31}mɛ^{33}bɔ^{33} 公猪

a^{31}khɯ^{31}khɯ^{33}ma^{33} 母狗　　a^{31}khɯ^{33}khɯ^{33}xu^{55} 公狗

ɣa^{33}tɕi̱^{33}ma^{33} 母鸡　　ɣa^{33}tɕi̱^{33}phø^{55} 公鸡

mɔ^{33}ne^{55}mɔ^{33}ma^{33} 母黄牛　　mɔ^{33}ne^{55}mɔ^{33}pha^{31} 公黄牛

mi^{31}tɕhø^{31}ma^{33} 寡妇　　mɤŋ^{31}pha^{31} 公马

ɣa^{33}tɕi̱^{33}phø^{55} 公鸡　　a^{31}phø^{31}a^{31}bɔ^{55} 曾祖父

六、名词的语法功能

名词在句子中主要作主语、宾语、定语等。

（一）作主语，如：

i^{31}nɑŋ^{33} um^{31} ma^{31} mɯ^{31} ŋa^{33}. 今天天气不好。
今天　天气　不　好　语助

a^{31}ȵo^{31} nɛ^{55} ɣo^{33}jø^{31} dza^{31} dzi^{55} ŋa^{55}a^{31}. 稻草被牛吃了。
牛　施助　稻草　吃　掉　语助

ma^{55}dɛ^{33} na^{55}a^{31} ma^{55}dɛ^{33} ɕi^{31}xo^{31} na^{55}a^{31} ɕi^{31}xo^{31}.
南瓜　话助　南瓜　黄瓜　话助　黄瓜
南瓜是南瓜，黄瓜是黄瓜。

（二）作宾语，如：

nɔ^{55} xɔ^{31} dza^{31} ma^{31} lo^{55}？你吃饭了吗？
你　饭　吃　体助　语助

ŋa^{55} xɔ^{31} ma^{31}dza^{31} si^{31}. 我还没有吃饭。
我　饭　没　吃　还

a^{55}xo̱^{31} jɔ^{33}ɕi̱^{31} do̱^{33} le^{33} nɛ^{33} thi^{31} mi^{55} a^{31}jɔ̱^{31} a^{31}jɔ̱^{33} a^{31}ma^{33}
年　新　出　来　结助　一　晚　他　他的　母亲
nø^{31} la^{55} ŋa^{33}.
想　起来　语助
新年的夜晚，他想念母亲。

（三）作定语，如：

ŋa^{55} a^{31}kha^{31} dɔ^{31} dzɔ^{33} la^{55} le^{33}. 我来学习阿卡话。
我　阿卡　话　学　来　语助

a^{31}jɔ̱^{31} da^{31}jɑŋ^{33} bɛ^{33} ja^{33}xɔ^{31} thi^{31} khɑŋ^{55} bi̱^{31} nɛ^{31} ŋa^{33}.
他　客人　宾助　烟　一　支　给　予　语助
他给客人一支烟。

nɔ^{55} ŋa^{31} bɛ^{33} la^{31}bɯ^{31}dɔ^{31} mɛ^{31} nɛ^{31} ɔ^{31}. 你教我汉话吧！
你 我 宾助 汉 话 教 予 祈助

第二节 代 词

代词是代替名词、动词、形容词、副词和数量短语的词。按意义和功能，阿卡话代词可以分为人称代词、指示代词和疑问代词三类。

一、人称代词

（一）人称代词有单数、双数、复数的区别，见下表：

数 \ 人称		第一人称	第二人称	第三人称
单数	主格	ŋa^{55} 我	nɔ^{55} 你	a^{31}jɔ̱^{31} 他
	宾格	ŋa^{31}（给）我	nɔ^{31}（给）你	a^{31}jɔ̱^{31}（给）他
	领格	ŋa^{55} ɤ^{33} 我的	nɔ^{33} ɤ^{33} 你的	a^{31}jɔ̱^{31} ɤ^{33} 他的
双数	包括式	ŋa^{33}n̥a̱^{31} 我俩	nɔ^{33}n̥a̱^{31} 你俩	a^{31}jɔ̱^{33}n̥a̱^{31} 他俩
	排除式	a^{33}n̥a̱^{31} 咱俩		
复数	包括式	ŋa^{33}ma̱^{31} 我们	nɔ^{33}ma̱^{31} 你们	a^{31}jɔ^{33}ma̱^{31} 他们
	排除式	a^{31}dɤ^{33}ma̱^{31} 咱们		

双数形式，由单数形式加 n̥a̱^{31} 构成。第一人称的“ŋa^{33} 我”后加 n̥a̱^{31} “我俩”，第二人称的“nɔ^{55} 你”后加 n̥a̱^{31} 变成“你俩”，第三人称“a^{31}jɔ̱^{31} 他”后加 n̥a̱^{31} 变成a^{31}jɔ̱ ^{33}n̥ja̱ ^{31} “他俩”。ma̱^{31} 表复数形式“们”，在单数第一人称形式 ŋa^{55} 后加 ma̱^{31} 变为复数“我们”，第二人称的 nɔ^{55} 后加 ma̱^{31} 变为复数“你们”，第三人称的 a^{31}jɔ̱^{33} 后加 ma̱^{31} 变为复数 “他们”。

（二）各人称单数有主格、领格的区别。

ŋa^{55} ɤ^{33} jɔm^{55} 我的家
我 结助 家
nɔ^{33} ɤ^{33} a^{55}bɔ^{55} 你的树
你 结助 树
nɔ^{33}ma̱^{31} ɤ^{33} dɛ^{33}ma^{33} 你们的水田
你们 结助 水田

a^{31}jɔ^{33}ma̠^{31}　ɤ^{33}　ja^{55}sa^{31} 他们的山地
他们　结助　山地
ŋa^{31} ɤ^{33}　a^{31}bu^{55} 我的女儿
我　结助　女儿
nɔ^{33}ma̠^{31}　ɤ^{33}　tshɔ^{55}phu^{33} 你们的寨子
你们　结助　寨子

领格一般由人称代词主格加结构助词"ɤ^{33} 的"构成，即第一人称的"ŋa^{55} 我"后加 ɤ^{33} 变为"ŋa^{55}　ɤ^{33} 我的"，第二人称"nɔ^{33} 你"后加 ɤ^{33} 变成"nɔ^{33} ɤ^{33} 你的"，第三人称"a^{31}jɔ̠^{31} 他"后加 ɤ^{33} 变成"a^{31}jɔ̠^{31} ɤ^{33} 他的"，复数形式的领格，以此类推。

二、指示代词

阿卡话中的指示代词分为两类：一类是指代事物方位的，称方位指示代词；另一类是指代事物性状的，称性状指示代词。

（一）方位指示代词

方位指示代词除了单用之外，还可以和多种方位名词搭配。如：

xɤ^{33} ga^{55} 这里
这　里
xɤ^{33} phɔ^{33} 这边
这　边
a^{55}bɔ^{55}　xɤ^{33} bɔ^{55} 这棵树
树　这　棵
lɔ^{55}gɔ̠^{31} xɤ^{33}gɔ̠^{31} 这条河
河　这　条
a^{55}tɕa̠^{33} xɤ^{33} tɕa̠^{33} 这根绳子
绳子　这　根
a^{33}dʑi^{55} xɤ^{33} mɔ^{55} 这只鸟
鸟　这　只
tshɔ^{55}xa^{31} xɤ^{33} ɣa^{31} 这个人
人　这　个

xø^{55} ga^{55} 那里
那　里
xø^{55} phɔ^{33} 那边
那　边
a^{31}khɯ^{31} xø^{55} mɔ^{55} 那只狗
狗　那　只
xɔm^{31}ma^{31} xø^{55} xɔm^{31} 那只碗
碗　那　只
ɣa^{33}u̠^{33} xø^{55} si^{31} 那个鸡蛋
鸡蛋　那　个
mi^{33}tɕhɛ^{55} xø^{55} khɔŋ^{55} 那把刀
刀　那　把
xa^{31}lɔ̠^{33} xø^{55} bjum^{55} 那堆石头
石头　那　堆

方位指示代词是指示代词中最常用的一类。主要有"xɤ^{33} 这"、"xø^{55} 那"。复数是在单数形式"xɤ^{33} 这"、"xø^{55} 那"后加dɤ^{33}构成"xɤ^{33}dɤ^{31} 这些"、"xø^{55} dɤ^{31} 那些"。单数指示代词作定语时，须加量词；复数指示代词做定语时，省略量词。如：

tshɔ^{55}ɣa^{31} xɤ^{33}dɤ^{31} 这些人
人　　这些

a^{55}bɔ^{55}　xɤ^{33}dɤ^{31} 这些树
树　　这些

phɛ^{55}xɑŋ^{31} xɤ^{33}dɤ^{31} 这些衣服
衣服　　这些

mjθ^{31}　xø^{55}dɤ^{31} 那些事
事情　这些

ɣa^{33}u̠^{33} xø^{55}dɤ^{31} 那些鸡蛋
鸡蛋　那些

a^{55}si^{31} xø^{55}dɤ^{31} 那些水果
水果　那些

（二）性状指示代词

性状指示代词一般“xɤ^{33} 这”、“xø^{55} 那”与性状词“lo^{31}ɛ^{33} 样”连用，构成这“xɤ^{33} lo^{31}ɛ^{33} 这样”，“xø^{55} lo^{31}ɛ^{33} 那样”短语，用来指代某种动作行为的方式、状态。如：

xɤ^{33} lo^{31}ɛ^{33} um^{55} 这样做
这样　　做

xɤ^{33} lo^{31}ɛ^{33} u^{31}xø^{31} 这样熏
这样　　熏

xɤ^{33} lo^{31}ɛ^{33} po̠^{33} 这样找
这样　找

xɤ^{33} lo^{31}ɛ^{33}　ɣɤ^{33} 这样拖
这样　　拖

xø^{55} lo^{31}ɛ^{33} nø^{31} 那样想
那样　　想

xø^{55} lo^{31}ɛ^{33} tsɣ̠^{33}1 那样摘
那样　　摘

xø^{55} lo^{31}ɛ^{33} nɯ^{55} 那样坐
那样　　坐

xø^{55} lo^{31}ɛ^{33} du^{31} 那样挖
那样　　挖

三、疑问代词

常见的疑问代词，按其疑问的对象不同可分为以下几种：

疑问对象	疑问代词
问人	a^{31}su^{55}ɣa^{31} 谁
问事物	a^{31}dʑe^{31} 什么、a^{31}gɯ^{33} 哪个、a^{31}gɯ^{33} dɤ^{31} 哪些
问时间	a^{55}mja̠^{33} na^{31}li^{31} 几时
问处所	a^{31}ga^{55} 哪里
问数目	a^{55}mja^{33}ȵi^{33} 多少
问方式、性质等	a^{31}dʑe^{31} 怎么

（一）问人

tshɔ^{55}xa^{31} xø^{55} ɣa^{31} a^{31}su^{55} ɣa^{31} a^{55}ŋa^{33}？那人是谁呀？
人　　那　个　谁　　个　语助

i^{55}khɑŋ^{55} a^{31}su^{55}ɣa^{31} dʑɔ^{55} a^{33}？谁在家里？

家里　谁　在　语助

nɔ^{33}ma̱^{31} a^{31}su^{55}ɣa^{31} xɔ^{31} ma^{31} dʑa̱^{33} lɔ^{55}？你们谁也没有吗？

你们　谁　也 不　有　体助

nɔ^{55} a^{31}su^{55}ɣa^{31} ɤŋ^{55} ɛ^{55} njɛ^{31}？你告诉谁了？

你　谁　受助 告诉

（二）问事物

nɔ^{55} a^{31}dʑe^{31} ɛ^{55} le^{33}？你说什么？

你　什么　说　语助

xɤ^{33} a^{31}dʑe^{31} ŋɤ^{55} ŋa^{31}？这是什么呀？

这　什么　是　语助

a^{31}jɔ̱^{31} nɔ^{31} ɑŋ^{55} a^{31}dʑe^{31} bi̱^{31} nɛ^{31} la̱^{31} a^{31}？他给你什么呢？

他　你 宾助 什么　给　予　体助 语助

a^{31}dʑe^{31} ga^{33}kha^{33}li^{31} a^{31}？什么掉下去了？

什么　掉下去　语助

（三）问时间

a^{31}mjɑŋ^{33} xɯ^{31} la^{55} ɤ^{33} nu^{55}？何时才长大呢？

何时　大　来　结助 语助

a^{31}jɔ̱^{31} a^{31}mjɑŋ^{33}xɔ^{31} xɤ^{33}ga^{55} la^{55} xɔ^{33} mɛ^{33}？他什么时候来过这儿？

他　何时　这儿　来　过　体助

nɔ^{33}ma̱^{31} a^{55}mja̱^{33} na^{31}li^{31} la^{55}？你们什么时候来？

你们　什么　时候　来

a^{31}jɔ̱^{33}ma^{31} a^{55}mjɤŋ^{33}jam^{31} nɛ^{33} o^{31}i^{55} a^{33}？他们什么时候回去了？

他们　什么时候　时助 回去 语助

（四）问处所

a^{31}jɔ̱^{31} a^{31}ga^{55} la^{55}？他从哪里来？

他　哪里　来

tshɔ^{55}xa^{31} xø^{55} ɣa^{31} a^{31}ga^{55} ɤ^{33} ŋɤ^{55} ŋa^{31}？那人是哪里的？

人　那　个　哪里　结助 是　语助

a^{31}ga^{55} i^{55} le^{31}？去哪儿？

哪儿 去 语助

a^{31}jɔ̱^{31} a^{31}ga^{55} tshɔ^{55}xa^{31} a^{33}？他是哪里人？

他　哪里　人　语助

（五）问数目

nɔ^{55} a^{55}mja^{33}ȵi^{33} dza^{31}？你要吃多少？
你 多少 吃
a^{31}jɔ̱^{31} a^{55}mja^{33}ȵi^{33} dɔ^{55}？他要喝多少？
他 多少 喝
a^{31}jɔ̱^{31} a^{55}mja^{33}ȵi^{33} ɣɤ^{55}？
他们 多少 买
nɔ^{55} a^{55}mja^{33} xo^{31} xɔ̱^{33} la^{55} ɛ^{33}？你有几岁了？
你 多少 岁 长 来 语助

（六）问方式、性质

thi^{31} dʑe^{31} ma^{31} ɣɛ^{33} a^{33}？怎么了？
一 样 没 有 语助
a^{31}dʑe^{31} ɣɛ^{33} a^{31}？怎么搞的？
怎么 搞 语助
a^{55}ɕi^{31}a^{55}lu̱^{33} a^{31}dʑɔ̱^{33}ɛ^{55} kha^{33} ma^{31} ɕi^{31} ŋa^{33}？不知道怎样种水果？
水果 怎样地 种 不 知道 语助
xø^{55} ga^{55} a^{31}dʑe^{31} a^{33}？那个地方怎么样？
那 地方 怎么样 语助

四、语法功能

（一）作主语，如：

ŋa^{55} dza^{31} dɛ̱^{33} ma^{33}. 我吃饱了。
我 吃 饱 体助
a^{31}jɔ̱^{31} u^{31}xo̱^{33} jɔ^{33}ne^{55} xo̱^{33} nu̱^{31} ŋa^{33}. 他戴着红帽子。
他 帽子 红 戴 着 语助
ŋa^{55} jɔ^{33}ne^{55} gɤ̱^{31} ɛ^{33} a^{31}jɔ̱^{31} jɔ^{33}ȵø^{55} gɤ̱^{31} a^{33}. 我要红的，他要绿的。
我 红 要 结助 他 绿 结助 要

（二）作宾语，如：

ŋa^{55} nɔ^{33}ma̱^{31} ɑŋ^{55} si^{31}ȵum^{31} thi^{31} ɣa^{31} ɑŋ^{55} thi^{31} si^{31} bi^{55} nɛ^{33} ȵa^{33}.
我 你们 宾助 桃子 一 人 宾助 一 个 分 给 语助
我给你们每人分一个桃子。
a^{31}jɔ̱^{31} dʑa^{55} na^{55}a^{31} ŋa^{31} ɑŋ^{55} bi^{31} nɛ^{33} mɛ^{33}. 他有的话就给我吧。
他 有 的话 我 宾助 给 予 语助
a^{31}jɔ̱^{31} a^{31}dʑe^{31} um^{55} mɔ^{31} ŋa^{33}lɛ^{55} bi^{33} um^{55} ɔ^{31}.
他 什么 做 要 的话 让 做 语助
他要做什么就让他做什么吧。

（三）作定语，如：

nɔ^{33}ma̱^{31} ŋa^{55} ɤ^{33} tshɔ^{31}. 你们是我的朋友。

你们　我　结助　朋友

a^{31}jɔ̱^{31} ɤ^{33} kha^{33}tɛ̱^{33} ŋa^{55} nɛ^{33} dza^{31}ŋa^{33}. 他的菠萝被我吃了。

他　结助　菠萝　我　施助　吃　体助

nɔ^{33}ma̱^{31} ɤ^{33} za^{31} jɔ^{33}mɯ^{31} zɔ^{33}ɛ^{55} mɯ^{31} ŋa^{33}. 你们的孩子很好。

你们　结助　孩子　好　很　好　语助

第三节　数　词

数词是表示数目的词。数词可分为基数词、序数词、分数、倍数和概数词等五大类。分述如下：

一、基数词

阿卡话数词的计算系统是十进位的。单纯数词包括 0、1 至 9 的个位数数词，以及表示百、千、万、亿等位数的数词。除“零”之外的单纯数词都是单音节的。如：

liŋ^{31} 零	thi^{31} 一
n̠i̱^{31} 二	sum^{55} 三
ø^{31} 四	ŋa^{31} 五
ko̱^{31} 六	çi̱^{31} 七
jɛ̱^{31} 八	ɣø^{31} 九
tshe^{55} 十	tshe^{55}ti̱^{31} 十一
tshe^{55}n̠i̱^{31} 十二	tshe^{55}ɣø^{31} 十九
n̠i̱^{31}tshe^{55} 二十	sum^{31}tshe^{55} 三十
thi^{31}ja^{55} 一百	thi^{31}xe^{55} 一千

“liŋ^{31} 零”是汉语借词，其他数词都是阿卡固有的。在 ja^{55} 百，xe^{55} 千前加 thi^{31} 一构成一百、一千。在数词 tshe^{55} 十后加 thi^{31}、n̠i̱^{31}、sum^{55} 个数构成“十一、十二、十三”等。“mɯ^{55} 万”以上的数词都是复合而成的。如：

tshe^{55} mɯ^{55} 十万	thi^{31}ja^{55}mɯ^{55} 一百万
thi^{31} xe^{55} mɯ^{55} 一千万	thi^{31} mɯ^{55} mɯ^{55} 一亿

二、倍数词

阿卡话中有倍数词常用的“mja̱^{33}”，“bju^{55} 倍”，具体倍数由数词加表示倍数的词合成，如：

thi^{31} ma̠^{33} 一倍

一　倍

thi^{31} bju^{55} 一倍

一　倍

ȵi^{31} ma̠^{33} 两倍

两　倍

ȵi^{31} bju^{55} 两倍

两　倍

ŋa^{31} ma̠^{33} 五倍

五　倍

jɛ^{31} bju^{55} 八倍

八　倍

三、序数词

序数词表示次序的先后。包括一般次序、长幼排行、时间次序等类别。

（一）一般次序

ti^{24} ji^{31} 第一

第　一

ti^{24} ə^{33} 第二

第　二

ti^{24} san^{33} miŋ^{31} 第三名

第　三　名

ti^{24} sɿ^{24} miŋ^{31} 第四名

第　四　名

ti^{24} ji^{31} ko^{24} tɕe^{31}mu^{31} 第一个节目

第　一　个　节目

ti^{24} ɤ^{24} ko^{24} tɕe^{31}mu^{31} 第二个节目

第　二　个　节目

dʑɛ^{31}xu^{33}xu^{33}sa^{31} xø^{55} ɣa^{31} 最前的一个人

最前的　　　那　人

a^{55}kha^{31} xø^{55} ɣa^{31} 中间的一个人

中间的　那　人

lɛ^{31}nɤŋ^{33}nɤŋ^{33}sa^{31} xø^{55} ɣa^{31} 最后的一个人

最前后　　　那　人

学校各年级借用汉语，如：

ɕɔ^{33}ɕo^{31} ji^{31} ȵɛ^{31}tɕi^{31} 小学一年级

小学　一　年级

ɕɔ^{33}ɕo^{31} ɤ^{55} ȵɛ^{31}tɕi^{31} 小学二年级

小学　二　年级

tshu^{55}tsɔŋ^{55} ji^{31} ȵɛ^{31}tɕi^{31} 中学一年级

中学　一　年级

tshu^{55}tsɔŋ^{55} san^{55} ȵɛ^{31}tɕi^{31} 中学三年级

中学　三　年级

（二）长幼排行

a^{31}li^{33} jɔ^{33}xɯ^{31} ɣa^{31} 大儿子
儿子 大 人

a^{31}li^{33} a^{55}kha^{31} ɣa^{31} 二儿子
儿子 中间 人

za^{31} sa^{31} ɣa^{31} 老幺儿
儿 小 人

（三）时间次序

1. 一周内的七天借用汉语，如：

ɕiŋ^{55}tɕhi^{55}ji^{31} 星期一
ɕiŋ^{55}tɕhi^{55}ə^{24} 星期二
ɕiŋ^{55}tɕhi^{55}sa^{33} 星期三
ɕiŋ^{55}tɕhi^{55}sɿ^{33} 星期四
ɕiŋ^{55}tɕhi^{55}lu^{31} 星期六
ɕiŋ^{55}tɕhi^{55}thjɛn^{55} 星期天

2. 表示月份次序用阿卡固有的月份次序，如：

thi^{31}la^{33}si^{31} 一月
ȵi^{31}la^{33}si^{31} 二月
sum^{31}la^{33}si^{31} 三月
ø^{31}la^{33}si^{31} 四月
ŋa^{31}la^{33}si^{31} 五月
ko̱^{31}la^{33}si^{31} 六月
ɕi̱^{31}la^{33}si^{31} 七月
jɛ̱^{31}la^{33}si^{31} 八月
ɣø^{31}la^{33}si^{31} 九月
tshe^{55}la^{33}si^{31} 十月
tshe^{55}ti̱^{31}la^{33}si^{31} 十一月
tshe^{55} ȵi̱^{31}la^{33}si^{31} 十二月

四、概数词

（一）表示概数时主要用“pha^{31} 大约、大概、左右”表达。如：

phju^{55} ko̱^{31} ja^{55} ba^{31} pha^{31} 大概六百元钱
钱 六 百 块 大概

a^{31}ȵo^{31} tshe^{55} mɔ^{55} pha^{31} 大约十头牛
牛 十 头 大概

tshɔ^{55}xa^{31} tshe^{55} ɣa^{31} pha^{31} 大约十个人
人 十 个 大概

a^{31}ɣa̱^{31} si̱^{31} mɔ^{55} jɛ̱^{31} mɔ^{55} pha^{31} 大约七八头猪
猪 七 头 八 个 大约

a^{31}khɯ^{31} sum^{31} mɔ^{55} pha^{31} 大概三只狗
狗 三 只 大概

a^{55}xo̱^{31} sum^{31} xo̱^{31} pha^{31} 年纪大概三岁
年纪 三 岁 大概

（二）表达“……多”时，用“基数/数量词组/名数量词组＋dzɛ^{31} 超过”表示。如：

phju^{55} ȵi̱^{31} tshe^{55} ba^{31} dzɛ^{31} ɤ^{33} 二十多元钱
钱 二 十 块 超过 体助

tshɔ^{55}xa^{31} thi^{31} ja^{55} ɣa^{31} dzɛ^{31} ɤ^{33}一百多个人
人 一 百 个 超过 体助

a^{31}ɣa̠^{31} sum^{31} tshe^{55} mɔ^{55} dzɛ^{31} ɤ^{33}三十多头猪
猪 三 十 头 超过 体助

（三）两个相邻的数字表示概数。通常用“一”至“九”相邻的两个基数加“十”“百”“千”“万”等来表示概数。如：

ȵi̠^{31} sum^{55}两三个
两 三

ø^{31} ŋa^{31}四五个
四 五

ø^{31}tshe^{55} ŋa^{31}tshe^{55} 四五十
四十 五 十

ko̠^{31}tshe^{55} ɕi̠^{31}tshe^{55}六七十
六 十 七十

jɛ̠^{31}tshe^{55} ɣø^{31}tshe^{55} 八九十
八十 九 十

ȵi̠^{31} ja^{55} sum^{55} ja^{55}两三百
两 百 三 百

sum^{55} ja^{55} ø^{31} ja^{55}三四百
三 百 四 百

ø^{31} ja^{55} ŋa^{31} ja^{55}四五百
四 百 五 百

ȵi̠^{31} xe^{55} sum^{55} xe^{55}两三千
两 千 三 千

ŋa^{31} xe^{55} ko̠^{31} xe^{55}5 五六千
五 千 六 千

ɕi̠^{31} mɯ^{55} jɛ̠^{31} mɯ^{55}七八万
七 千 八 千

sum^{55} nɤŋ^{33} ø^{31} nɤŋ^{33}三四天
三 天 四 天

（四）概数和量词一起组成数量词组。如：

thi^{31} dze^{31} ȵi̠^{31} dze^{31}一两种
一 种 两 种

jɛ̠^{31} po̠^{33} ɣø^{31} po̠^{33}八九次
八 次 九 次

sum^{55} nɤŋ^{33} ø^{31} nɤŋ^{33}三四天
三 天 四 天

tshɔ^{55}xa^{31} ȵi̠^{31} ɣa^{31} sum^{55} ɣa^{31}两三个人
人 两 个 三 个

a^{31}ɣa̠^{31} ɕi̠^{31} mɔ^{55} jɛ̠^{31} mɔ^{55}七八头牛
猪 七 头 八 头

a^{55}si^{31} thi^{31} si^{31} ȵi̠^{31} si^{31}一两个果子
果子 一 个 二 个

在阿卡话中，数词的使用有本民族的固有词，也有借词。年轻人一般使用借词，中老年人在使用本民族的固有词的同时，也使用借词。

五、语法功能

（一）作定语

数词的主要功能是与量词连用置于名词之后做名词的定语。如：

ŋa^{55} a^{31}kha^{55}ȵi^{33}ɕɔ^{55}phɛ^{31} thi^{31} po̱^{33} xɔ̱^{31} ma^{31} i^{55} a^{55}.

我　以后　　　　一　次　也　不　去 体助

我以后一次也不去了。

nɔ^{55} thi^{31} po̱^{33} pha^{55} ɛ^{55} ɕe^{55}. 你再说一遍。

你　一　遍　再　说　还

ŋa^{55} sum^{31} po̱^{33} xɔ^{33}xɔ^{33} ma^{33}. 我看过三次。

我　三　次　看过　体助

（二）作主语或宾语

数词一般是与量词一起做句子的主语或宾语。如：

jɛ̱^{31} ø^{31} na̱^{33} ma^{31} tshe^{55} mɯ^{31} ɤ^{33}. 八比四好。

八 四　比　不　仅　好　体助

ko̱^{31} jɔ^{55}mɯ^{31} a^{55}. 六吉利。

六　好　　体助

ŋa^{55} ko̱^{31} bɛ^{33} mɔ̱^{31} si̱^{31} bɛ^{33} ma^{31} mɔ̱^{31}. 我喜欢六不喜欢七。

我　六　受助　喜欢 七 受助不　喜欢

第四节　量　词

量词是表示人、事物或动作单位的词。阿卡话量词非常丰富。名词、动词称量时都要加量词。量词与数词、名词结合的语序是“名词+数词+量词”，与动词、数词结合的语序是“数词+量词+动词”。量词分为名量词和动量词两类。

一、名量词

名量词表示事物数量单位的词。可分为个体量词、集体量词、度量衡量词、时间量词等。

（一）个体量词

阿卡话个体量词较多，可分为反响型量词、类别量词、性状量词等三类。

1. 反响型量词

反响型量词又称“同源量词、拷贝型量词”，是指量词与被修饰名词，其语音形式完全相同或部分相同。

阿卡话反响型量词数量多，绝大多数个体名词都能以反响的方式构成量词。在反响方式上，单音节名词，有的取全部音节，称“整体反响型量词”；双音节或多音节词，有的则取后一音节，称“部分反响型量词”。

（1）整体反响型量词

整体反响型量词是指量词取名词的全部语音，如：

jɔm^{55} thi^{31} jɔm^{55} 一个家
家　一　个

dɔ^{31} thi^{31}dɔ^{31} 一句话
话　一　句

phu^{33} thi^{31} phu^{33} 一个村
村　一　个

sɤ^{31} thi^{31} sɤ^{31} 一颗牙
牙　一　颗

lɛ̱^{33} thi^{31} lɛ̱^{33} 一条街
街　一　条

ɣa^{33} thi^{31} ɣa^{33} 一张网
网　一　张

ji^{55} thi^{31} ji^{55} 一条命
命　一　条

lɔ^{31} thi^{31} lɔ^{31} 一条船
舟　一　条

（2）部分反响型量词

部分反响型量词是指量词取名词的部分语音。反响的语音多由名词词根构成。阿卡话名词多为双音节或多音节词，名词词根通常置于最后一个音节，因此反响型量词通常是名词的最后一个音节。如：

lɔ^{33}dzɔm^{55} thi^{31} dzɔm^{55} 一座桥
桥　一　座

tshɔ^{55}phu^{33} thi^{31} phu^{33} 一个寨子
寨　一　寨

ma^{55}dɔm^{31} thi^{31} dɔm^{31} 一个棺材
棺材　一　个

lɔ^{31}bjɔm^{55} thi^{31} bjɔm^{55} 一座坟墓
坟墓　一　座

mi^{55}xɔŋ^{31} thi^{31} xɔŋ^{31} 一个地方
地方　一　个

ja̱^{33}phjɔ^{55} thi^{31} phjɔ^{55} 一把扫帚
扫帚　一　把

a^{55}pa̱^{31} thi^{31} pa̱^{31} 一片叶子
叶子　一　片

a^{55}bɔ^{55} thi^{31} bɔ^{55} 一棵树
树　一　棵

a^{55}si^{31} thi^{31} si^{31} 一个水果
水果　一　个

xum^{31}ma^{31} thi^{31} ma^{31} 一个碗
碗　一　个

a^{55}bje̱^{31} thi^{31} bje̱^{31} 一个竹笋
竹笋　一　个

da^{55}khɔ^{31} thi^{31} khɔ^{31} 一根木料
木料　一　根

反响型量词的使用，不需要凸显事物特征，更符合语言经济原则。同时，在认知上增强了事物的个体性，加强了事物的分界性和可数性。

反响型量词在演变过程中，一部分后来泛化成为类别量词、性状量词。如类别量词“bɔ^{55} 棵、蓬”源于“a^{33}bɔ^{55} thi^{31} bɔ^{55} 一棵树”中的反响型量词 bɔ^{55}，后来发展到可用于其他同词根的树木类名词上，如：

i^{55}nu^{31}a^{55}bɔ^{31} thi^{31} bɔ^{55} 一棵杨柳
杨柳　一　棵

lɔ^{33}bjɔm^{55}a^{33}bɔ^{55} thi^{31} bɔ^{55} 一棵攀枝花树
攀枝花树　一　棵

mi^{31}ɕu^{31}a^{33}bɔ^{55} thi^{31} bɔ^{55} 一棵松树
松树　一　棵

ɕu^{31}li^{55}a^{55}bɔ^{55} thi^{31} bɔ^{55} 一棵万年青树
万年青树　一　棵

2. 类别量词

类别量词用于同一类事物的称量。这类量词较少，但出现频率高。

（1）"ɣa^{31} 个"用于"人"类的名词上，如：

tshɔ^{55}xa^{31} thi^{31} ɣa^{31} 一个人
人　一　个

za^{31} thi^{31} ɣa^{31} 一个孩子
孩子　一　个

a^{31}bjɔŋ^{31} thi^{31} ɣa^{31} 一个哑巴
哑巴　一　个

mɛ^{33}bɛ̱^{31} thi^{31} ɣa^{31} 一个瞎子
瞎子　一　个

（2）"bɔ^{55} 棵"用于植物类的事物名词上，如：

a^{55}bɔ^{55} thi^{31} bɔ^{55} 一棵树
树　一　棵

mi^{31}ɕu^{31}a^{33}bɔ^{55} thi^{31} bɔ^{55} 一棵松树
松树　一　棵

ɣo^{33}jø^{31} thi^{31} bɔ^{55} 一棵稻草
稻草　一　棵

lɔ^{33}bjɔm^{55}a^{33}bɔ^{55} thi^{31}bɔ^{55} 一棵攀枝花树
攀枝花树　一　棵

a^{55}du^{33} thi^{31} bɔ^{55} 一棵玉米
玉米　一　棵

sɛ^{33}phu^{55} thi^{31} bɔ^{55} 一棵蒜
蒜　一　棵

ja^{55}mo̱^{31} thi^{31} bɔ^{55} 一棵草
草　一　根

phɔ^{31}phi^{55} thi^{31} bɔ^{55} 一棵香茅草
香茅草　一　棵

bø^{31}ma^{33} thi^{31} bɔ^{55} 一棵芋头
芋头　一　棵

sa^{31}la^{31} thi^{31} bɔ^{55} 一棵棉花
棉花　一　棵

（3）"du̱^{33} 棵"用于藤类植物名词上，如：

mɔ^{31}tɕhø^{55} thi^{31} du̱^{33} 一棵红薯
红薯　一　棵

thɔŋ^{31}xo^{31} thi^{31} du̱^{33} 一棵冬瓜
南瓜　一　棵

ma^{55}dɛ^{33} thi^{31} du̱^{33} 一棵南瓜
南瓜　一　棵

sɛ^{31}xo^{31} thi^{31} du̱^{33} 一棵黄瓜
黄瓜　一　棵

nɯ̱^{33}tɕhø^{55} thi^{31} du̱^{33} 一棵豆荚
豆荚　一　棵

i^{55}phu^{31} thi^{31} du̱^{33} 一棵葫芦
葫芦　一　棵

mɑŋ^{31}kha^{33}ɕɯ^{55} thi^{31} du̱^{33} 一棵山药
山药　一　棵

ka̱^{33}la^{55}na^{55}nɔ̱^{31} thi^{31} du̱^{33} 一棵洋丝瓜

洋丝瓜 一 棵

（4）“mɔ^{55} 只、头、匹、条”不分外形大小，常用于家禽野兽等所有的动物名词上，如：

dʑe^{31}za^{31} thi^{31}mɔ^{55} 一只动物

动物 一 只

a^{31}ȵo^{31}thi^{31}mɔ^{55} 一头牛

牛 一 头

mɤŋ^{31} thi^{31}mɔ^{55} 一匹马

马 一 匹

a^{31}dʑu^{31} thi^{31}mɔ^{55} 两只虫

虫 一 条

a^{33}lɔ^{55} thi^{31}mɔ^{55} 一条蛇

蛇 一 条

ɣa^{33}ȵi^{31}thi^{31}mɔ^{55} 一只野鸡

野鸡 一 只

3. 性状量词

性状量词用于具有同类性质或状态等的名词上。

（1）性状量词“khaŋ^{55} 根、条、件、把、张”源于“sa^{31}khaŋ^{55} 线”的第二个音节。后逐渐扩大，用于长条状或扁片状事物名词上，成为性状量词。如：

u^{31}du^{31}sa^{33}khaŋ^{55} thi^{31} khaŋ^{55} 一根头发

头发 一 根

mɛ^{31}tɕi̱^{33} thi^{31} khaŋ^{55} 一根胡子

胡子 一 根

ga^{55}ma^{33} thi^{31} khaŋ^{55} 一条路

路 一 条

a^{31}ɣɔ̱^{31} thi^{31} khaŋ^{55} 一根针

针 一 根

phɛ^{55}xɔŋ^{31} thi^{31} khaŋ^{55} 一件上衣

上衣 一 件

la^{31}di^{33} thi^{31} khaŋ^{55} 一条裤子

裤子 一 条

sɛ^{55}phu^{33} thi^{31} khaŋ^{55} 一条席子

席子 一 条

a^{55}bɯ^{33} thi^{31} khaŋ^{55} 一条被子

被子 一 条

（2）性状量词“tɕa̱^{33} 根”源于“a^{55}tɕa̱^{33} 线”，后扩大到具有细条状的事物名词上。如：

a^{55}tɕa̱^{33} thi^{31} tɕa̱^{33} 一根绳子

绳子 一 根

xa̠^{31}kha^{55}a^{55}tɕa̠^{33} thi^{31} tɕa̠^{33}一根背篓带

背篓带　　一　根

lɔ^{55}dɤŋ^{55} thi^{31} tɕa̠^{33}一根项圈

项圈　一　根

a^{31}ȵjo^{31}da^{33}tshɯ^{55} thi^{31} tɕa̠^{33}一根牛皮鞭

牛皮鞭　　一　根

（3）性状量词 jɛ̠^{33}“朵”，取自名词a^{55}jɛ̠^{33}“花朵”，现在扩大到可以称量所有花朵状事物的名词上。例如：

a^{55}jɛ̠^{33} thi^{31} jɛ̠^{33}一朵花

花　一　朵

lɔ^{33}bjɔm^{55}a^{55}jɛ̠^{33} thi^{31} jɛ̠^{33}一朵玫瑰花

攀枝花　　一　朵

sa^{31}la^{31} thi^{31} jɛ̠^{33}一朵棉花

棉花　一　朵

ŋa^{33}du^{33}a^{55}jɛ̠^{33} thi^{31} jɛ̠^{33}一朵芭蕉花

芭蕉花　　一　朵

（4）性状量词“si^{31} 颗、个”，源于“a^{55}si^{31} 果子”，后逐渐扩大到称量其他具有圆形外观的事物名词上。如：

sɛ^{31}ɣɔŋ^{31} thi^{31} si^{31}一个桃子

桃子　一　个

si^{31}lø^{55} thi^{31} si^{31}一个橘子

橘子　一　个

a^{31}phɛ^{55}ma^{55}gɔ^{31} thi^{31} si^{31}一个梨子

梨子　　一　个

dɛ^{33}na^{31} thi^{31} si^{31}一个西瓜

西瓜　一　个

kha^{33}tɛ̠^{33} thi^{31} si^{31}一个菠萝

菠萝　一　个

nɯ^{33}ma^{33} thi^{31} si^{31}一颗心

心　一　颗

go^{55}o̠^{31}a^{55}si^{31} thi^{31} si^{31}一个芒果

芒果　　一　个

ɣɔ^{31}si^{31} thi^{31} si^{31}一个肾

肾　一　个

（二）集体量词

1. 集体量词指称量固定成双成对的人或物，可分为定量集体量词和不定量集体量词。常用“gu^{33} 双、对”表示。如：

ju^{33}da^{55} thi^{31}gu^{33}一双筷子

筷子　一　双

na^{31}bɔ^{31}tɕa̠^{33}si^{31} thi^{31}gu^{33}一对耳环

耳环　　一　对

ȵi̠^{31}dze^{55}ja^{31} thi^{31}gu^{33}一对夫妻

夫妻　　一　对

sa^{31}nɔ̠^{33} thi^{31}gu^{33}一双鞋

鞋　一　双

lɑŋ^{31} thi^{31} thi^{31}gu^{33}一对兔子

兔子　一　对

ja^{33}mi^{55}xɔ^{31}xø^{31} thi^{31}gu^{33} 一对鸽子

鸽子 一 对

2. 不定量集体量词较少。常用的“a^{55}tsɯ^{33} 点”，“thi^{31}dʑe^{31} 一些”，“thi^{31}ma^{31} 群”，“thi^{31}bjɔm^{55} 堆、蓬”，“thi^{31}dzum^{31} 把”等。如：

i^{55}tɕu^{31} a^{55}tsɯ^{33} 一点水	sa^{31}dɤ^{31} a^{55}tsɯ^{33} 一点盐
水 一点	盐 一点
tshɔ^{55}xa^{31} thi^{31}dʑe^{31} 一些人	mjɔ^{31} thi^{31}dʑe^{31} 一些东西
人 一些	东西 一些
tsɯ^{31}mje^{31} thi^{31} ma^{31}	a^{31}ȵo^{31} thi^{31} ma^{31} 一群牛
羊 一 群	牛 一 群
a^{55}du^{33} thi^{31} bjɔm^{55} 一堆玉米	tɕhɛ^{55}xɔ^{31}thi^{31} bjɔm^{55} 一堆瘪谷
玉米 一 堆	瘪谷 一 堆
ɣa^{31}phɯ^{55} thi^{31} bjɔm^{55} 一蓬竹子	ŋa^{33}bɛ^{33} thi^{31} bjɔm^{55} 一蓬芭蕉
竹子 一 蓬	芭蕉 一 蓬
ɣɔ^{31}pa^{31}xa^{31} thi^{31} dzum^{31} 一把青菜	thɔ^{55}bu^{31} thi^{31} dzum^{31} 一把臭菜
青菜 一把	臭菜 一 把

3. 还有一些借自名词、动词的临时量词充当不定量集体量词。如：

xɔ^{31}ma^{31} thi^{31} xɔ^{31} 一碗饭	tɕhɛ^{55}phju^{55} thi^{31} ɣɤ^{55} 一袋米
饭碗 一 碗	米 一 袋
tɕhɛ^{55}phju^{55} thi^{31} xɔ^{33} 一捧米	phu^{31}thɔ^{33} thi^{31} dʑu^{33} 一串葡萄
米 一 捧	葡萄 一 串
mi^{31}dza^{31} thi^{31} jɛ^{55} 一背柴	u^{31}dʑi^{55} thi^{31}dzum^{31} 一捆茅草
柴 一 背	茅草 一 捆
a^{33}dʑi^{55}u^{31} thi^{31} bɑŋ^{31} 一窝蛋	sa^{31}pha^{55} thi^{31} dzum^{31} 一卷布
蛋 一 窝	布 一 卷

4. 度量衡量词

度量衡量词分标准度量衡和非标准度量衡量词两大类。阿卡话中本族语的度量衡量词较少。如：

thi^{31} lum^{55} 一庹	thi^{31} tho^{55} 一拃
一 庹	一 拃
thi^{31} mi^{55} 一米	thi^{31} ba^{31} 一元
一 米	一 元
thi^{31} nø^{55} 一手指	thi^{31} da^{55} 一筷子
一 手指	一 筷子

thi^{31} tu̱^{33} 一拳头
一　拳头

thi^{31} xɔ̱^{33} 一巴掌
一　巴掌

5. 时间量词

计算时间单位的量词有："na^{31}li^{31} 点钟"，"fɛn^{55}dzɔŋ^{55} 分钟"，"mi^{55} 夜"，"nɤŋ^{33} 天"，"xɛ^{31} 会儿"，"xo̱^{31} 年"，"zi^{55} 辈子"等。如：

thi^{31} na^{31}li^{31} 一小时
一　小时

thi^{31} fɛn^{55}dzɔŋ^{55} 一分钟
一　分钟

thi^{31} mi^{55} 一夜
一　夜

thi^{31} nɤŋ^{33} 一天
一　天

thi^{31} xɛ^{31} 一会儿
一　会儿

thi^{31} xo̱^{31} 一年
一　年

thi^{31} zi^{55} 一辈子
一　辈子

thi^{31} nɤŋ^{33} thi^{31} mi^{55} 一天一夜
一　天　一　夜

二、动量词

阿卡话的动量词较少。一般置于动词之前，数词之后。如：

thi^{31} po̱^{33} i^{55} 去一次
一　次　去

thi^{31} bjɔ^{55} dza^{31} 吃一顿
一　顿　吃

thi^{31} po̱^{33} khu^{55} 喊一声
一　声　喊

thi^{31} po̱^{33} tɛ̱^{33} 拍一下
一　下　拍

thi^{31} po̱^{33} bɛ̱^{33} 踢一脚
一　脚　踢

thi^{31} po̱^{33} kɔ̱^{31} 咬一口
一　口　咬

thi^{31} po̱^{33} dze^{31} 打一次
一　次　打

thi^{31} po̱^{33} bɔ^{33} 刮一次
一　次　刮

三、语法功能

名量词与数词结合成数量结构才能充当句子成分。数量结构在句中可充当定语、主语、宾语等。如：

（一）作定语，如：

ŋa^{55} thi^{31} dɔ^{31} ɛ^{55} si^{31}. 我还要说一句话。
我　一　句　说　还

a^{31}jɔ̱^{31} a^{55}do̱^{33} thi^{31} ɣa^{31} dzɔ^{55} ɤ^{33} tɛ̱^{31} a^{33}. 他只有一个哥哥。
他　哥哥　一　个　有　结助只　语助

ŋa^{55} xɔ^{31} thi^{31} ma^{31}dza^{31} e^{33}si^{31}. 我还要吃一碗饭。
我　饭　一　碗　吃　还

（二）作主语，如：

n̥i̱^{31} phja^{31} phɔ^{55} mɛ^{31}. 两家搬走了。

两 户 搬走 语助

thi^{31} lo^{33} na^{55}a^{31} ma^{31}dza^{31} dɛ̱^{33} lo̱^{31} a^{55}.

一 公斤 话助 不 吃 饱 够 语助

ja^{31} a^{55}dɤŋ^{31}bɛ^{33} ɤ^{33} xø^{55} ɣa^{31} ŋa^{31} ɤ^{33} ja^{31} ma^{33}.

孩子 最前边 结助 那 个 我 结助 孩子语助

最前面那一个是我的孩子。

（三）作宾语，如：

ja^{31}ma̱^{31} tshe^{55} ɣa^{31} dzɔ^{55}. 孩子有十个。

孩子们 十 个 有

ŋa^{55} sum^{55} ja̱^{33} jɤ^{55} la^{31} ɤ^{33}. 我买了三块。

我 三 块 买 体助 语助

a^{31}ja̱^{31} ŋa^{55}phja^{31} ŋa^{31} mɔ^{55} tshu^{33} tha^{31} ɤ^{33} . 猪我家养着五头。

猪 我家 五 头 养 已 体助

第五节 形容词

阿卡话的形容词大多有前缀，可以重叠表示程度的加深。下面将形容词的主要特点分述如下。

一、形容词前缀

形容词大多数是单音节词，有很大一部分词可以加前缀 jɔ^{33} 构成双音节形容词。如：

mɯ^{31} jɔ^{33}mɯ^{31} 好

ɕɯ̱^{31} jɔ^{33}ɕɯ̱^{31} 新

ø^{55} jɔ^{33}ø^{55} 旧

dʑum^{31} jɔ^{33}dʑum^{31} 生

dʑa̱^{33} jɔ^{33}dʑa̱^{33} 富

nɑŋ^{31} jɔ^{33}nɑŋ^{31} 软

gɯ^{33} jɔ^{33}gɯ^{33} 干

形容词一般做定语置于修饰语后，前缀不能省略。如：

tshɔ^{55}xa^{31} jɔ^{33}mɯ^{31} 好人 a^{55}jɛ̱^{33} jɔ^{33}ne^{55} 红花

人 好 花 红

phɛ^{55}xɑŋ^{31} jɔ^{33}ɕɯ̲^{31} 新衣服	jɔm^{55} jɔ^{33}ø^{55} 旧房子
衣服　新	房子　旧
xɔ^{31} jɔ^{33}dʑum^{31} 生饭	xɔ^{31}tɕa̲^{31} jɔ^{33}nɑŋ^{31} 软稀饭
饭　生	稀饭　软

形容词与名词组合为一个词时，可以省略前缀 jɔ^{33}。如：

xɔ^{31} ɳ̊ɔ^{31} 糯米	ɣɔ^{31}pa̲^{31} phju^{55} 白菜
饭　糯	菜　白
tɕhɛ^{55} phju^{55} 白米	ɕa^{31}dzɛ^{31} ɕa^{31}na̲^{33} 痣
谷子　白	肉　黑
ɣa^{31}phɯ^{55} ɕɯ^{55} 金竹	mɛ̲^{33}nɯ̲^{33} ne^{55} 红眼
竹　黄	眼　红

二、形容词重叠

大多数形容词词根可以重叠，构成 ABB 式表示程度加深。如：

jɔ^{33}na̲^{31} 早	jɔ^{33}na̲^{31} na̲^{31} 早早的
dʑɛ^{31}nɤŋ^{31} 迟	dʑɛ^{31}nɤŋ^{31} nɤŋ^{31} 迟迟的
jɔ^{33}khɔ^{55} 快	jɔ^{33}khɔ^{55}khɔ^{55} 快快的
jɔ^{33}lɔ̲^{33} 慢	jɔ^{33}lɔ̲^{33}lɔ̲^{33} 慢慢的
a^{31}za^{55} 轻	a^{31}za^{55}za^{55} 轻轻的
jɔ^{33}ta̲^{33} 锋利	jɔ^{33}ta̲^{33} ta̲^{33} 锋利的
jɔ^{33}dum^{31} 钝	jɔ^{33}dum^{31}dum^{31} 钝钝的
ɯ^{55}ne^{55} 浑浊	ɯ^{55}ne^{55} ne^{55} 浑浊的

重叠式还出现在四音格词中，主要有 ABAC 式。如：

jɔ^{33}ɣɔ^{31}jɔ^{33}li̲^{33} 弯弯曲曲	jɔ^{33}bjɔ̲^{31}jɔ^{33}tsi̲^{33} 斑斑点点
jɔ^{33}bja̲^{31}jɔ^{33}ɳ̊y^{55} 花花绿绿	a^{31}dzɔ^{31}a^{55}gɔŋ^{33} 笨头笨脑
jɔ^{33}pja̲^{33} jɔ^{33}sa̲^{33} 乱七八糟	thɛ^{31}lɔ^{33}tsha^{55}lɔ^{33} 急急忙忙
jɔ^{33}bja̲^{31}jɔ^{33}tshɛ^{31} 花里胡哨	

三、形容词使动态

有些形容词和动词一样也能构成使动式。其语法手段主要是在形容词词根前加“bi̲^{31} 使、让、给”等表示使动。如：

mɯ^{31}	bi̲^{31} mɯ^{31} 整好
ɕɯ̲^{31}	bi̲^{31} ɕɯ̲^{31} 翻新
ø^{55}	bi̲^{31} ø^{55} 弄旧
dʑum^{31}	bi̲^{31}dʑum^{31} 弄生

dʑa̠^{33} bi̠^{31}dʑa̠^{33} 变富

nɑŋ^{31} bi̠^{31}nɑŋ^{31} 变软

gɯ^{33} bi̠^{31}gɯ^{33} 变干

四、形容词否定形式

形容词的否定形式是在形容词前加否定副词“ma^{31}不”，可以省略前缀jɔ^{33}。如：

mɯ^{31} ma^{31} mɯ^{31} 不好

ɕɯ̠^{31} ma^{31} ɕɯ̠^{31} 不新

ø^{55} ma^{31} ø^{55} 不旧

dʑum^{31} ma^{31} dʑum^{31} 不生

dʑa̠^{33} ma^{31} dʑa̠^{33} 不富

nɑŋ^{31} ma^{31} nɑŋ^{31} 不软

gɯ^{33} ma^{31} gɯ^{33} 不干

否定副词“ma^{31} 不”加在重叠形容词词根之间，可以表示疑问，前缀jɔ^{33}省略。如：

jɔ^{33}na̠^{31} 早 na̠^{31} ma^{31} na̠^{31} 早不早？

dʑɛ^{31}nɤŋ^{31} 迟 nɤŋ^{31} ma^{31} nɤŋ^{31} 迟不迟？

jɔ^{33}khɔ^{55} 快 khɔ^{55} ma^{31} khɔ^{55} 快不快？

jɔ^{33}lɔ̠^{33} 慢 lɔ̠^{33} ma^{31} lɔ̠^{33} 慢不慢？

a^{31}za^{55} 轻 za^{55} ma^{31}za^{55} 轻不轻？

jɔ^{33}ta̠^{33} 锋利 ta̠^{33} ma^{31}ta̠^{33} 锋利不锋利？

jɔ^{33}dum^{31} 钝 dum^{31} ma^{31}dum^{31} 钝不钝？

ɯ^{55}ne^{55} 浑浊 ne^{55} ma^{31}ne^{55} 浑浊不浑浊？

第六节 动 词

动词是阿卡话中数量较多的一类词。大多数动词为单音节词。主要有以下特点。

一、动词的态

阿卡话动词有自动态和使动态之分。自动态是动词的动作行为是主动者发出的，不受外力产生的；使动态是动词的动作行为不是主动者发出的，而是受外力引起的。阿卡话使动态的语法形式主要是分析式。一是在自动词前加动词“bi̠^{31} 让、给”；二是在自动词前加la^{33}，表示“弄，使”的使动义。

（一）在自动词前加动词“bi̱^{31}让、给”，表示主体促使客体共同参与动作，或主体允许或让客体参与动作。如：

自动	使动
dum^{33}穿	bi̱^{31} dum^{33}给穿，使穿
xo̱^{33}戴	bi̱^{31} xo̱^{33}给戴
xɔ^{33}看	bi̱^{31} xɔ^{33}给看
pa̱^{31}戴	bi̱^{31} pa̱^{31}使戴
ba̱^{31}扛	bi̱^{31} ba̱^{31}使扛
dɔ^{55}喝	bi̱^{31} dɔ^{55}给喂
dzɛ^{33}扔	bi̱^{31} dzɛ^{33}使扔

（二）在自动词前加动词“la^{33}弄，使”来表示主体施以动作让客体状态发生变化。如：

自动	使动
phja^{31}破	la^{33} phja^{31}弄破
ŋø^{55}哭	la^{33} ŋø^{55}弄哭
nø^{31}醒	la^{33} nø^{31}弄醒
dɤ̱^{33}断	la^{33} dɤ̱^{33}弄断
ɕi^{55}死	la^{33} ɕi^{55}弄死
mi̱^{33}灭	la^{33} mi̱^{33}弄灭
ju̱^{31}睡	la^{33} ju̱^{31}弄睡

二、趋向动词

阿卡话的趋向动词很少。如：

la^{55}来，表示自下而上的动作趋向

ø^{33}来，表示自上而下的动作趋向

i^{55}去，表示自上而下的动作趋向

le^{33}去，表示自下而上的动作趋向

三、动词的否定形式

动词的否定副词有“ma^{31}不、没”和“tha^{31}别、不要”。如：

ma^{31} um^{55}不做	ma^{31} nɯ^{55}不坐
不　做	不　坐
ma^{31} jɛ̱^{31}不醉	ma^{31} si^{31}ȵa^{33}不知道
不　醉	不　知道

ma^{31} kha^{33} 不种
不 种
ma^{31}gɤ̱^{31} 不要
不 要
ma^{31} na^{31} 不休息
不 休息
ma^{31} gɤ̱^{31}mɔ̱^{31} 不喜欢
不 喜欢
tha^{31} nø^{31} 别想
别 想
tha^{31} bi̱^{31} 别给
别 给
tha^{31} ju̱^{31} 别睡
别 睡

ma^{31} pja̱^{33} 不摘
不 摘
ma^{31} dʑa̱^{33} 不有
不 有
ma^{31} nø^{31} 不想
不 想
ma^{31} lɛ̱^{33} 不脱
不 脱
tha^{31} tshø^{31} 别跑
别 跑
tha^{31} i^{55} 别去
别 去
tha^{31} bɤ^{31} 别摸
别 摸

四、动词的疑问形式

动词后加否定词 ma^{31}，重叠动词表疑问形式。如：
ŋɤ^{55} ma^{31} ŋɤ^{55} 是不是？
是 不 是
la^{55} ma^{31} la^{55} 来不来？
来 不 来
i^{55} ma^{31} i^{55} 去不去？
去 不 去
u^{31}jɛ^{55} jɛ^{55} ma^{31} jɛ^{55} 下不下雨？
雨 下 不 下

五、系动词

阿卡话的系动词有“ŋɤ^{55} 是”。它常用于否定句和疑问句中，肯定判断中常省略。如：

nɔ^{55} la^{31}bɯ^{31}，ŋa^{55} a^{31}kha^{31}. 你是汉族，我是阿卡人。
你 汉族 我 阿卡人
a^{31}jɔ̱^{31} na^{53} a^{31}khu^{55} mɛ^{33} sɤŋ^{31}bo̱^{31}dzɔ^{33}ja^{31} ma^{31} ŋɤ^{55}.
他 话助 老师 语助 学生 不 是
他是老师不是学生。

a^{31}jɔ̱^{31} ŋa^{33} ja^{31} ma^{31} ŋɤ^{55}. 他不是我的儿子。

他 我 儿子 不 是

ŋa^{33} xɤ^{33} phu^{33} tshɔ^{55}xa^{31} ma^{31} ŋɤ^{55}. 我不是这个村子的人。

我 这 寨子 人 不 是

六、存在动词

阿卡话表示存在概念的动词比较丰富，表示对人和动物的拥有，或人和动物的存在。主要有“dzɔ^{55}，dʑa̱^{33}，dɤŋ^{31}，u^{55} 有、在”等。如：

ŋa^{55} a^{55}jɤ̱^{31} thi^{31} ɣa^{31} dzɔ^{55}. 我有一个姐姐。

我 姐姐 一 个 在

ŋa^{55} phja^{31} tshɔ^{55} xa^{31} ko̱^{31} ɣa^{31} dzɔ^{55}. 我家有六个人。

我 家 人 六 个 在

ja^{55}mo̱^{31} la̱^{31}xø^{55} a^{33}lɔ^{55} thi^{31} mɔ^{55} dzɔ^{55}. 草地里有条蛇。

草地 里 蛇 一 条 在

ŋa^{55} sa^{31}nɔ̱^{33} thi^{31}gu^{33} dʑa̱^{33}. 我有一双鞋。

我 鞋 一 双 有

ga^{55}ma^{33} ɤŋ^{55} a^{31}khɯ^{31} thi^{31} mɔ^{55} dʑa̱^{33}. 路上有一只狗。

路 方助 狗 一 只 有

mɯ^{55}tsa^{31} la̱^{31}xø^{55} i^{55}tsu̱^{31} dɤŋ^{31}. 瓶子里有水。

瓶子 里 水 有

xum^{31}ma^{31} la̱^{31}xø^{55} xɔ^{31} dɤŋ^{31}. 碗里有饭。

碗 里 饭 有

lɔ^{55}ba^{31} xɤ^{33} gɔ̱^{33} ŋa^{31}sa^{31} u^{55}. 这河里有鱼。

河 这 条 鱼 有

ŋa^{55} phju^{55} u^{55} ɤ^{33}. 我身上带有钱。

我 钱 有 体助

七、语法功能

动词在句中主要做谓语。其次是做定语、主语、宾语等。如：

（一）做谓语

a^{31}jɔ̱^{31} xɔ^{31} um^{55}. 他做饭

他 饭 做

phu^{33} xɤ^{33} phu^{33} a^{31}n̥o^{31} thi^{31} ja^{55} mɔ^{55} dzɛ^{31}ȵi^{33} ɣɤ^{55} ŋa^{33}.

村子 这 村 水牛 一 百 条 多 买 语助

这寨子买了一百多头水牛。

a^{31}jɔ̠^{31} a^{31}ȵo^{31}ma^{33} bɛ^{33} po̠^{33} i^{55} ŋa^{33}. 他找母牛去了。
他 牛母 受助 找 去 语助

（二）做定语

a^{31}jɔ̠^{31} ɛ^{55} ɤ^{33} tsha^{31} mɛ^{33}. 他说的对。
他 说 结助 对 语助

si^{31}ȵa^{33} ɤ^{33} tshɔ^{55}xa^{31} a^{31}la̠^{31} ba̠^{31} di^{55} ɔ^{31}. 知道的人举手。
知道 结助 人 手 抬 起 语助

ŋa^{55} ba̠^{31} ɤ^{33} dɔ^{31}tɔ̠^{33}lu̠^{31} jɔ^{33}khɔŋ^{33}. 他们抬的全是重的。
他们 抬 结助 全部 重

（三）做主语

di^{31} o^{31} ga^{55}kɔ̠^{33} ma^{31} dzi^{55} a^{33}. 打解决不了问题。
打 话助 问题 不 解决 语助

xɔ^{31} dza^{31} a^{33}jɛ^{55} jɔ^{33}xɯ^{31}. 吃饭很重要。
饭 吃 很 大

dɔ^{31}tsha^{55} tsha^{55} ŋa^{55} jɔ^{33}ga^{31}. 唱歌是我最喜欢的。
歌 唱 我 最喜欢

（四）做宾语

a^{31}jɔ̠^{31} dzi^{55}ba^{31} ma^{31} dɔ^{55}. 他不喝酒。
他 酒 不 喝

ŋa^{55} i^{55}di^{31} ma^{31} di^{31} ȵa^{33} o^{33}. 我不会游泳。
我 游泳 不 游 会 语助

a^{31}jɔ̠^{31} mi^{31}bɤ̠^{33} bɤ̠^{33} phɯ^{31} ɤ^{33}. 他敢打枪。
他 枪 打 敢 体助

第七节 副 词

副词表示动作、行为或性质、状态在程度、范围、时间、频率、语气等方面的不同状况。主要根据意义及其结合功能，阿卡话的副词可分为程度副词、时间副词、范围副词、否定副词等四类。

一、程度副词

程度副词的作用主要是修饰形容词，表示性质状态的程度；或是修饰动词，表示动作行为的程度。

常用的程度副词有 jɔ^{33} 很，a^{31}zɔ^{55} 非常、极，放在形容词前修饰形容词，表示性质、状态的程度。

jɔ^{33} mja^{31} 很多
很　多

jɔ^{33} ŋɤ^{55} 很对
很 对

jɔ^{33} ta̱^{31} 锋利
很　锋利

jɔ^{33} tɕø^{33}ȵi^{33} 干净
很　干净

a^{31}zɔ^{55} tsɔ̱^{33} 更坏
更　　坏

a^{31}zɔ^{55} na̱^{31} 更早
比较 早

jɔ^{33} mɯ^{31} 很好
很　好

a^{31}zɔ^{55} mja^{31} 更多
更　　多

jɔ^{33} bɛ̱^{31}la̱^{31} 很臭
很 臭

jɔ^{33} tsha^{31} 很合适
很 合适

二、时间副词

时间副词有：ȵum^{55}xɔ^{33} 刚刚，o^{31}sø^{33} 刚才，jɔ^{33}dzɔ^{55}na^{33}lu̱^{33} 常常，xø^{55}ŋɛ^{33}ba^{33} 以前，ŋjɛ^{33}nɛ^{33} 已经，tɔ̱^{33}lɛ^{55} 马上，pha^{55} 再，等等，在动词前修饰动词，表示动作行为的时间或频率。如：

a^{31}jɔ̱^{31} ȵjum^{55}xɔ^{33} o^{31} le^{33} ɔ^{31}. 他刚刚回去了。
他　　刚刚　　　回 去 语助

ŋa^{55} o^{31}sø^{33} a^{31}ŋjo^{31} bo^{33}. 我刚才放牛。
我　刚才　水牛　放

a^{33}dɯ^{55}ma̱^{31} jɔ^{33}dzɔ^{55}na^{31}lu̱^{33} lɔ^{55}ba^{31} ŋa^{31}sa^{31} kha^{33} i^{55} ɤ^{33}.
我们　　　常常　　　河里　鱼　　钓　去 体助
我们常到河里钓鱼。

xø^{55}ŋɛ^{33}ba^{33} a^{31}jɔ̱^{31} i^{55} xɔ^{33} mɛ^{31}. 以前他去过了。
以前　　　他　　去 体助 语助

a^{31}jɔ̱^{31} ŋjɛ^{33}nɛ^{33} o^{31} la^{55} ɤ^{33}. 他已经回来了。
他　　已经　　回 来 体助

a^{31}jɔ̱^{33}ma̱^{31} tɔ̱^{33}lɛ^{55} ja^{55}sa^{31} le^{33} nɛ^{33} sa^{31} thɛ^{33} bɤ̱^{33} le^{55}.
他们　　　马上　森林　去 连助 猎物 追　打　语助
他们马上去森林打猎。

xɤ^{33}thu^{33} pha^{55} a^{55}du^{33} ma^{31} dza^{31}. 这里不经常吃玉米。
这里　　再　玉米　不　吃

三、范围副词

范围副词有：tsɔ̱^{33}ta̱^{33} 都，xɔ̱^{31} 也，等用来修饰动词或形容词，表示动作、行为或性质的发源地、条件、程度、范围。如：

tsɔ̱^{33}ta̱^{33} i^{55} do̱^{33} mɛ^{31}. 都出去了。

都　　去 出　体助

tsɔ̱^{33}ta̱^{33} tha^{31} i^{55}. 都别去。

都　　别　去

a^{31}jɔ̱^{31} xɔ̱^{31} jɔ^{33}tsa^{55} ŋa^{33}. 她也很漂亮。

她　　也 漂亮　　语助

nɔ^{55} ma^{31} dza^{31}，ŋa^{55} xɔ̱^{31} ma^{31} dza^{31}. 你不吃，我也不吃。

你　不　　吃　　我　也　不　吃

四、否定副词

否定副词有："ma^{31} 不、没"，"tha^{31} 别"，用来修饰动词和形容词，表示对行为、状态进行否定，如：

ma^{31} mɯ^{33} 不好　　　　ma^{31} tshø^{55} 不甜

不　好　　　　　　不　甜

tha^{31} bji̱^{31} 别给　　　　tha^{31} tshø^{31} 别跑

别　　给　　　　　　别　跑

ma^{31} khɯ^{55} 不好吃　　　　tha^{31} ju^{55} 别拿

不　好吃　　　　　　别　拿

a^{31}jɔ̱^{31} ma^{31} pha^{55} tshɤŋ^{33} la^{31}？他不再走了吗？

他　　不　　再　走　　语助

nɔ^{55}jɔ^{33} na̱^{31} tha^{31} o^{31} la^{55} ɔ^{31}. 你不要早回来。

你　　早　别　回 来 语助

a^{31}jɔ̱^{31} ma^{31} la^{55}　si^{31}. 他还没有来。

他　　没　来　　还

gɯ^{55}o̱^{31} ma^{31} ɔ^{31} la^{55}. 芒果没熟。

芒果　　没　熟 体助

nɔ^{55} ma^{31} ŋɤ^{55} ma^{31}ŋɤ^{55} tha^{31}ɛ^{55}.　你不要乱说。

你　不　是　不　是　别　说

nɔ^{33}ma̱^{31} a^{31}jɔ^{31} tha^{31} ɛ^{55}nɛ^{31}. 你们别告诉他。

你们　　他　　别　告诉

第八节　连　词

连词是起连接作用的词，可以连接词、词组或者句子。连词的语法特征主要有：连接功能；表示语法意义和语法关系；不能充当句子成分；不能单独用来回答问题；也能重叠使用。阿卡话连词表示的语法关系有并列、偏正两大类。常见的连词的用法如下：

一、lɛ^{55}和

用于连接两个并列的成分，包括词与词、词组与词组。放在被连接的成分之间。不能用来连接句子，如：

nɔ^{55} lɛ^{55} a^{31}jɔ̱^{31} 你和他
你 和 他
xɔ^{31}dze^{33} lɛ^{55} nɯ^{55}gɔ^{31} 桌子和凳子
桌子 和 凳子
a^{31}da^{33} lɛ^{55} a^{31}ma^{33} 父亲和母亲
父亲 和 母亲
sa^{33}ba^{31}ŋa^{33}bɛ̱^{33} lɛ^{55} ka^{33}tɕha^{31} 香蕉和荔枝
香蕉 和 荔枝

二、nɛ^{33}……之后

用于连接两个动词，表示两个动作先后发生。放在两个动词之间，如：

a^{31}jɔ̱^{31} ɛ^{55} ɣa^{31} ɔ^{55} nɛ^{33} o^{31} i^{55} mɛ^{31}. 说完后他就回去了。
他 说 完 体助 之后 回 去 语助
a^{31}jɔ̱^{31} 1o^{31} i^{55} nɛ^{33} pha^{55} la^{55} mɛ^{31}. 他回去之后又来了。
他 回 去 之后 再 来 语助
nɔ^{55} khɔ^{55}ma^{33} thu^{55} nɛ^{33} ga^{55} um^{55} i^{55}. 你快起来去干活。
你 赶紧 起来 之后 事 做 去
a^{33}dɯ^{55}ma̱^{31} xɔ^{31} dza^{31} dɛ̱^{33} ɔ^{55} nɛ^{33} pha^{55} dʑa^{33}tɔ̱^{31} ma^{55}.
咱们 饭 吃 饱 体助 后 再 聊 语助
咱们吃饱饭后再聊吧。

三、xɔ̱^{31}……xɔ̱^{31} 又……又……

用于连接形容词或动词，表示并列关系，如：

ɤɔ^{31}ɲ̥ø^{55} jɔ^{33}mja^{31} xɔ̱^{31} jɔ^{55}mja^{31} jɔ^{33}khɯ^{55} xɔ̱^{31} jɔ^{33}khɯ^{55}.
菜 多 又 多 好吃 又 好吃
菜又多又好吃。
a^{31}jɔ̱^{31} jɔ^{33}ɔ̱^{33} xɔ̱^{31} ɔ̱^{33} jɔ^{33}tshu^{55} xɔ̱^{31}tshu^{55}. 他又矮又胖。
他 矮 也 矮 胖 也 胖

ja^{31} xɤ^{33} ɣa^{31} nɤŋ^{33} na^{33}lu̱^{31} ŋø^{55} xɔ̱^{31} ŋø^{55} ɣɯ^{55} xɔ̱^{31} ɣɯ^{55}.

小孩 这 个 天 一样 哭 又 哭 笑 又 笑

这个小孩每天又哭又笑。

sɛ^{31}ɣɔŋ^{31} xɤ^{33}dɤ^{31} jɔ^{33}xɯ^{31} xɔ̱^{31} jɔ^{33}xɯ^{31} jɔ^{33}khɯ^{55} xɔ̱^{31} jɔ^{33}khɯ^{55}.

桃子 这些 大 也 大 好吃 也 好吃

这些桃子又大，又很好吃。

四、xɔ̱^{31}不仅……也，tɛ̱^{31}ŋɤ^{55}……xɔ̱^{31}仅……也，不仅……而且，表示递进关系。如：

a^{31}jɔ̱^{31} na^{55}xa^{31} xɔ̱^{31} ma^{31} na^{55}xa^{31}，a^{31}ma^{33} nɛ^{33}ɛ^{33} pha^{55}tshɛ^{33}a^{55}si^{31}.

他 听 也 不 听 妈妈 语助 炒 还

他不仅不听，还和妈妈吵。

a^{31}jɔ̱^{31} ɛ^{55} ɤ^{33} tɛ̱^{31}ŋɤ^{55} ɛ^{55}ŋja^{31} ɤ^{33} ma^{31}ŋɤ^{55} a^{33}，um^{55} xɔ̱^{31} jɔ^{33}ɲa^{33} a^{55}.

他 说 结助 不仅 会 结助 不仅 语助 做 也 会 语助

他不仅会说，也会做。

a^{31}jɔ̱^{31} mɔ^{55}do^{33} jɔ^{33}mɯ^{31} ɤ^{33} tɛ̱^{31}ŋɤ^{55} nɯ̱^{33}ma^{33} xɔ̱^{31} jɔ^{33}mɯ^{31} a^{55}.

她 身体 好 结助 不仅 心 也 好 语助

她不但身体好，心也好。

ka^{33}tɕha^{31} xɤ^{33}dɤ^{31} jɔ^{33}xɯ^{31} tɛ̱^{31}ŋɤ^{55} jɔ^{33}khɯ^{55} xɔ̱^{31} jɔ^{33}khɯ^{55}.

荔枝 这些 大 不仅 好吃 也 很好吃

这些荔枝不仅大而且好吃。

五、xɔ̱^{31}……xɔ̱^{31}一边……一边

表示并列关系。主要用在动词前连接两个动词或动宾词组，表示一个动作行为与另一个动作行为同时进行，如：

ɯ^{55} xɔ̱^{31} ɯ^{55} tsha^{55} xɔ̱^{31} tsha^{55}. 一边笑一边唱

笑 一边 笑 唱 一边 唱

ŋø^{55} xɔ̱^{31} ŋø^{55} ɛ^{55} xɔ̱^{31} ɛ^{55}. 一边哭一边说。

哭 也 哭 说 也 说

a^{31}jɔ̱^{31} xɔ̱^{31} xɔ̱^{31} dza^{31} dɔ^{31} ɛ^{55} xɔ̱^{31} ɛ^{55}. 他一边吃饭一边说话。

他 饭 也 吃 话 说 也 说

a^{31}jɔ̱^{31} na^{31}ga^{31} xɔ̱^{31} ɛ^{55} ga^{55}ma^{33} xɔ̱^{31} tshɔŋ^{33}.

他 电话 也 说 路 也 走

他一边打电话一边往前走。

第九节　助　词

助词是起语法作用的虚词。根据语法意义和语法作用的异同，可将阿卡话的助词分为结构助词和语气助词两大类。

一、结构助词

结构助词在句子中主要用来帮助句法成分组成各种关系。阿卡话结构助词都是单音节，而且具有多功能性。如：bɛ^{33}既能作宾语助词又能作方位助词和时间助词；bɛ^{33}既能作施事助词，又能作工具助词，下面分述如下。

（一）bɛ^{33}

可用来作受事、方位和时间助词。

1. 受事助词

bɛ^{33}置于宾语之后，动作之前，表示动作行为的受事标记助词。但受事助词 bɛ^{33} 并非在所有的宾语后都可以加，只有在施事者与受事者分辨不清时，或强调受事者时才使用它。

（1）须加助词 bɛ^{33}，否则受事容易与施事混淆时，如：

a^{31}da^{33} bɛ^{33} khu^{55} 叫爸爸　　tshɔ^{55}xa^{31} bɛ^{33} di^{31} 打人

爸爸　受助叫　　人　受助 打

a^{31}bɔ^{55} bɛ^{33}　ɤ^{31} 背爷爷　　nɔ^{31} ɤŋ^{55}　po̱^{33}lu̱^{31} 找你

爷爷　受助 背　　你　受助 找

nɔ^{55} ŋa^{31} bɛ^{33} la^{31}bɯ^{31}dɔ^{31} mɛ^{31} nɛ^{31}　la^{31}. 你教我汉话吧。

你　我　受助 汉话　　教　语助　语助

a^{31}jɔ̱^{31} xɔ̱^{31} na^{31} bɛ^{33} khu^{55} ɤ^{33}　n̥i̱^{31} po̱^{33} mɛ^{55}. 他也叫我两次。

他　也　我　受助 叫　体助 两　次　语助

a^{31}jɔ̱^{31} ŋa^{31} bɛ^{33} ma^{31} ɛ^{55} nɛ^{31} la̱^{31} a^{33}　si^{31}. 他还没有告诉我。

他　我　受助没　说 给　来 语助 还

xa^{31}lo̱^{33} a^{31}khɯ^{55} bɛ^{33}　po̱^{33}na^{55} ɤ^{33}. 石头砸伤了脚。

石头　脚　受助　翻伤　体助

（2）当主语和宾语的施事和受事关系明确时，受事助词可省略。但添加受助ɤŋ^{55}时，强调承受者，如：

a^{55}mi^{55} xo^{33}tsa̱^{31}　thɛ^{33}. 猫追老鼠。

猫　老鼠　捉

a^{33}dzi^{55} a^{55}du^{33}　to̱^{33}. 鸟啄玉米。

鸟　玉米　啄

a^{33}lɔ^{55} xa^{31}pha^{31} ɤŋ^{55} dza^{31}. 蛇吃青蛙。

蛇 青蛙 受助 吃

xa^{31}dzɛ^{55} xa^{31}dza^{55} ɤŋ^{55} tshi^{33}. 老鹰抓了小谷雀。

老鹰 小谷雀 受助 抓

（3）当施事和受事关系很明确，或人物名词做主语、无生命的名词做宾语时，可省略受事助词。如：

ja^{31} tshi^{31} 抱小孩

孩子 抱

tshɔ^{55}xa^{31} dzɔ^{55} 有人

人 有

sa^{33}pjɛ^{31} pjɛ^{33} 编辫子

辫子 编

xɔ^{31}dze^{33} dze^{31} bu^{55} 擦桌子

桌子 擦 干净

sa^{31}pha^{55} thɛ^{31} 裁衣

衣服 裁

xɔ^{31} um^{55} 做饭

饭 做

mji^{31}dza^{31} tsɤ^{31} 砍柴

柴 劈

xɔ^{31}tshɛ^{55} dza^{31} 吃生饭。

生饭 吃

2. 方位助词

方位助词ɤŋ^{55}置于方位名词后，表示动作发生的处所和方位。如：

ŋa^{55} mi^{55}tsha^{31} ɤŋ^{55} nɯ^{55} ɤ^{33}. 我坐在地上。

我 地 方助 坐 体助

a^{31}jɔ^{31} phu^{33} ɤŋ^{55} dzɔ^{55} a^{33}. 他在家乡。

他 村寨 方助 在 语助

a^{31}jɔ^{31} i^{33}khɤŋ^{55} ɤŋ^{55} dzɔ^{55}. 他在家

他 家 方助 在

ŋa^{55} gɔ^{31}dzɔ^{31} ɤŋ^{55} tshi^{55}xa^{31} thi^{31} mɔ^{55} bɤ^{33} ɕi^{55}a^{33}.

他 山 方助 麂子 一 只 打 死 语助

他在山上打到一只麂子。

3. 时间助词

时间助词ɤŋ^{55}放在时间名词后，表示动作发生的时间，如：

si^{31} la^{31} ɤŋ^{55} i^{55}. 七点去。

七 点 时助 去

ŋa^{31}la^{31} ɤŋ^{55} nɛ^{33} o^{31} i^{55} mɛ^{31}. 五点钟回去了。

五点 时助 话助 回 去 体助

nɔ^{55} a^{31}gɯ^{33}xo^{31} ɤŋ^{55} dɛ^{31} le^{33} e^{33}? 你哪年出生的？

你 哪年 时助 生 结助 语助

ɣø^{31} la^{31} ɤŋ^{55} xɔ^{31} dza^{31}. 九点吃饭。

九 点 时助 饭 吃

（二）nɛ^{33}

nɛ^{33}可作施事和工具助词。

1. 施事助词

nɛ^{33}跟在动作的发出者之后，表示前面的名词、代词是动作的发出者，如：

a^{31}jɔ^{31} nɛ^{33}　um^{55}ɤ^{33} ga^{55}ko^{31} tsha^{31} mɛ^{33}. 他做的事对。
他　施助　做的　事情　对　语助

tshɔ^{55}xa^{31}　nɛ^{33}　bji^{33} di^{31} mɛ^{33}. 被人打了。
人　施助　被　打　语助

um^{31}jɛ^{55} nɛ^{33}　jɛ^{55}a^{31} dzi^{55} mɛ^{33}. 被雨淋湿了。
雨　施助　淋　完　语助

a^{31}jɔ̱^{31} u^{31}du^{31} xa^{31}lo̱^{33} nɛ^{33}　la^{33}pa̱^{33} ɤ^{33}　mɛ^{33}. 他被石头砸破了头。
他　头　石头　施助　砸破　体助　语助

2. 工具助词

nɛ^{33}置于名词之后，表示该名词是动作、行为所凭借的工具，如：

a^{31}khɯ^{55} nɛ^{33} bɛ̱^{33} 用脚踢　　tshi^{33}da^{55} nɛ^{33} tshi^{33} 用筷子夹
脚　工助　踢　　筷子　工助　夹

a^{31}la̱^{31} nɛ^{33}　tɛ̱^{33} 用手拍　　sɤ^{31}ɣa^{31} nɛ^{33}　dzɛ^{31} 用纸擦
手　工助　拍　　纸　工助　擦

a^{31}ɣɔ̱^{31}sa^{31}khɤŋ^{55} nɛ^{33}　gu̱^{31} 用针线缝
针　线　工助　缝

ka̱^{31}tsɛ̱^{33} nɛ^{33} la^{55}o̱^{33} tɔ̱^{31}phɤŋ^{33} 用钥匙开门
钥匙　工助　门　打开

（三）ɤ^{33}

ɤ^{33}可做结构助词、人称代词的格助词。

1. 结构助词

ɤ^{33}放在名词、代词之后，表示领属关系，相当于汉语的结构助词“的”，如：

a^{31}kha^{31} ɤ^{33}　dɔ^{31} 阿卡的话
阿卡　结助　话

ŋa^{33}ma̱^{31} ɤ^{33}　mi^{55}tsha^{31} 我们的土地
我们　结助　土地

ŋa^{55} ŋa^{31}ma̱^{31} ɤ^{33}　phu^{33} ɤŋ^{55}　ga^{31}. 我爱我的家乡。
我　我们　结助　家乡　受助　爱

ja^{31}ma̱^{31} ɤ^{33} jɔm^{55} 孩子们的家
孩子们 结助 家

2. 人称代词的格助词

ɤ^{33} 放在人称代词后表示所属关系，如：

ŋa^{31} ɤ^{33} a^{55}xo̱^{31} 我的年龄
我 结助 年龄

nɔ^{31} ɤ^{33} a^{55}jɤ̱^{31} 你的姐姐
我 结助 姐姐

nɔ^{33}ma̱^{31} ɤ^{33} i^{55} 你们的生命
你们 结助 生命

a^{31}jɔ̱^{33}ma̱^{31} ɤ^{33} si^{31}lø^{55}ja^{55} 他们的橘园
他们 结助 橘园

nɔ^{33}n̥a̱^{31} ɤ^{33} jum^{55} 你俩的房子
你俩 结助 房子

a^{31}jɔ̱^{33}n̥a̱^{31} ɤ^{33} ja^{31} 他俩的孩子
他俩 结助 孩子

人称代词修饰亲属称谓名词时，第一、第二人称单数可以直接与名词的词根结合，省去名词的 a^{31} 前缀。第三人称后不能省略名词的 a^{31} 前缀。如：

ŋa^{31} da^{33} 我爸
我 爸

ŋa^{31} ma^{33} 我妈
我 妈

nɔ^{31} da^{33} 你爸
你 爸

nɔ^{31} ma^{33} 你妈
你 妈

a^{31}jɔ̱^{31} a^{31}da^{33} 他爸爸
他 爸爸

a^{31}jɔ̱^{31} a^{31}ma^{33} 他妈妈
他 妈妈

3. 短语结构作修饰语时均在名词之前，结构助词 ɤ^{33} 不能省略，如：

i^{33}khɤŋ^{55} lo̱^{31} ɤ^{33} a^{31}khɯ^{31}. 看守家的狗
家 看 结助 狗

lo^{33} kha^{55} ɤ^{33} tshɔ^{55}xa^{31}. 开车的人
车 开 结助 人

a^{31}ma^{33} nɛ^{33} ɛ^{55} ɤ^{33} dɔ^{31}. 妈妈说的话
妈妈 施助 说 结助 话

a^{31}jɔ̱^{31} nɛ^{33} tsha^{55} ɤ^{33} dɔ^{31}tsha^{55}. 他唱的歌
他 施助 唱 结助 歌

二、语气助词

语气助词一般用于句末，表示不同的语气、停顿。语气助词的特点是附着性强，只能附着在句子或词语之后，表达一定的语法意义。根据所表示语气的不同，语气助词可分为以下三类。

（一）陈述语气助词

表示陈述语气的助词是语气助词中数量最多的一类，常见的有以下几种：

1. ɤ^{33}

ɤ^{33} 是阿卡话中使用频率较高的陈述类语气词，多用于表示判断语气，也用于表示疑问语气，如：

ŋa^{55} ɡa^{55}ma^{33} tshɤŋ^{33} tshɤŋ^{33} la^{55} ɤ^{33}. 我是走路来的。

我 路 走 走 来 体助

ŋa^{55} a^{55}du^{33} dza^{31} mɔ̱^{31} ɤ^{33}. 我爱吃玉米的。

我 玉米 吃 爱 体助

a^{31}kha^{31} mi^{31}tshø^{31} jɔ^{55} mɯ^{31} ɤ^{33}. 阿卡衣服好看的。

阿卡 衣服 很 好 体助

nɔ^{55} a^{31}dẕe^{31} la^{55} ɤ^{33}？你怎么来了？

你 怎么 来 语助

nɔ^{33}ɳa̱^{31} a^{31}su^{55} ɣa^{31} xɯ^{31} dze^{31} ɤ^{33}？你俩谁大一些？

你俩 谁 大 多 体助

2. ma^{31}

ma^{31} 有 ma^{31}、ma^{33} 两种变体。这些变体功能相同，多用于动词谓语句末尾，以增强肯定语气，如：

ŋa^{55} dza^{31} dɛ̱^{33} ma^{31}. 我吃饱了。

我 吃 饱 语助

ŋa^{55} sum^{31} po̱^{33} xɔ^{33} dzɤ^{55} ma^{31}. 我看过三次了。

我 三 次 看 过 语助

xø^{55}dɤ^{31} na^{55}a^{31} tshi^{31} bu^{55} ma^{33}. 那些是洗好了的。

那些 话助 洗 干净 语助

i^{31}nɤŋ^{33} i^{55} ɤ^{33} ɣa^{31} na^{55}a^{31} ŋa^{55} ma^{33}. 今天去的是我。

今天 去 结助 个 话助 我 语助

3. ŋa^{33}，mɛ^{33}

mɛ^{33} 多用于动词谓语句的末尾，以增强事件的肯定语气，也可用于对事件或现象的判断说明。如：

a^{31}khɯ^{31} ma^{31}ma^{31} tɛ̱^{31}ta̱^{33} sa^{55}ɡu̱^{33} i^{55} nɛ^{33} tshø^{31} ŋa^{33}.

狗 鞭炮 声音 吓 走 连助 跑 语助

狗被鞭炮声吓跑了。

sɛ^{31}ɤɔŋ^{31} a^{31}jɔ̱^{31} nɛ^{33} dza^{31} ŋa^{33} . 桃子被他吃了。

桃子 他 施助 吃 语助

ŋa^{55} a^{31}jɔ̱^{31} ɤŋ^{55} la^{33} ŋø^{55} mɛ^{33}．我把他弄哭了。

我 他 宾助 弄 哭 语助

a^{31}jɔ̱^{31} ɤ^{33} phɛ^{55}xɤŋ^{31} pa̱^{33} i^{55} mɛ^{33}．他的衣服破了。

他 结助 衣服 破 去 语助

4. a^{33}

a^{33}多用于表示肯定或疑问语气，如：

ŋa^{31} ɤ^{33} phɛ^{55}xɤŋ^{31} jɔ^{33}phju^{55} a^{33}. 我的衣服很白。

我 结助 衣服 白 语助

nɔ^{31} ɤ^{33} u^{31}dzɤŋ^{31} jɔ^{33}mɤŋ^{55} a^{33}. 你的包头巾太长。

你 结助 包头巾 长 语助

a^{31}jɔ̱^{31} a^{55}mjɤŋ^{33} la^{55} xɔ^{33} a^{33}？他什么时候来过这里？

他 何时 来 过 语助

xø^{55} ɣa^{31} a^{31}ga^{55} ɤ^{33} tshɔ^{55}xa^{31} a^{33}？那人是哪儿的？

那 个 哪里 结助 人 语助

a^{31}dze^{31} ɛ^{55} a^{33}？说什么啊？

什么 说 语助

xɤ^{31}ma^{31} la^{31}xø^{55} a^{31}dze^{31} u^{55} a^{33}？碗里有什么东西？

碗 里 什么 有 语助

（二）疑问语气助词

阿卡话的疑问语气词有单音节的，也有双音节的。

1. la^{31}多用于正反疑问句末或选择疑问句里，如：

nɔ^{55} i^{55} ma^{31} i^{55} la^{31}？你去不去？

你 去 不 去 语助

a^{31}jɔ̱^{31} i^{55} ma^{31} i^{55} la^{31}？他去不去？

他 去 不 去 语助

ŋa^{55} i^{55} ma^{31} i^{55} la^{31}？我去不去？

我 去 不 去 语助

a^{31}ŋji^{55} i^{55} ma^{31} i^{55} la^{31}？妹妹去不去？

妹妹 去 不 去 语助

2. le^{33}多用于特指疑问句句末，如：

nɔ^{55} a^{31}ga^{55} i^{55} le^{33}？你去哪里？

你 哪里 去 语助

nɔ^{55}n̥a̱^{31} a^{31}dʑe^{31} um^{55} le^{33}？你俩做什么？

你俩 什么 做 语助

nɔ^{33}ma̱^{31} a^{31}su^{55} ɣa^{31} le^{33}？你们是谁？

你们　谁　个　语助

a^{55}jɤ̱^{31} a^{31}ga^{55} i^{55} le^{33}？姐姐去哪里了？

姐姐　哪里　去　语助

3. lɔ^{55}用于第二和第三人称代词做主语时的疑问句句末，如：

nɔ^{33}ȵa̱^{31} a^{31}ga^{55} i^{55} lɔ^{55}？你俩要去哪里？

你　俩　哪里　去　语助

nɔ^{55} a^{31}ga^{55} i^{55} lɔ^{55}？你去哪里？

你　哪里　去　语助

nɔ^{33}ma̱^{31} a^{55}mja̱^{33} na^{31}li^{31} i^{55} lɔ^{55}？你们什么时候去？

你们　什么　时候　去　语助

（三）祈使语气助词

1. ɔ^{31}

ɔ^{31}使用频率较高，多表示请求、商谈、劝解等语气，如：

mɛ̱^{31} la^{55} na^{55} a^{31}，nɔ^{33}ma̱^{31} xɔ^{31} um^{55} dza^{31} ɔ^{31}！

饿　体助　结助　话　你们　饭　煮　吃　语助

饿了的话，你们煮饭吃吧！

nɔ^{55} gɯ̱^{31} na^{55} a^{31}，ŋa^{55} dzɔ^{55} ga^{55}ju^{55} la^{55} ɔ^{31}.

你　要　结助　话　我　在　地方　来拿　语助

你要的话，来我这里拿。

tha^{31} sa̱^{31}dɔ^{55}，dza^{31} ɔ^{31}！别客气，请吃啊。

别　客气　吃　语助

nɔ^{55} u^{31}sɔ^{31}phɔ^{33} la^{55} ɔ^{31}. 请你早上来吧。

你　早上　来　语助

2. la^{31}ɔ^{31}

la^{31}ɔ^{31}表示请求、命令、叮嘱等语气，如：

ŋa^{31} ɤŋ^{55} bji^{33} um^{55}la^{31} ɔ^{31}！让我做吧！

我　受助　让　做　语助

ŋa^{31} ɤŋ^{55} phju^{55}bi̱^{31} xɔ̱^{31} la^{31} ɔ^{31}！请还我钱吧！

我　受助　钱　给　还　语助

ŋa^{31} bɛ^{33} a^{31}ɣɔ̱^{31} xø^{55}khɔ^{31}xɛ^{55} mji^{55} la^{31}ɔ^{31}！请把那根针递给我吧！

我　受助　针　那　根　递　给　语助

tha^{31} ŋɛ^{55}ŋa^{33} ɔ^{31}！别忘记哦！

别　忘记　语助

3. de^{31}

表示命令、劝说、叮嘱等语气，如：

nɔ^{55} xø^{55}ga^{55} tha^{31} i^{55} de^{31}！你不要去那里。

你 那里 别 去 语助

nɔ^{55} um^{55} dzi^{55}ɔ^{55} nɛ^{33} i^{33}khɤŋ^{55} ɣo̲^{31} i^{55} de^{31}！你做完后回家吧！

你 做 完 后 家 回 去 语助

nɔ^{55} u^{31}xo̲^{33} xo̲^{33} de^{31}！你戴帽子吧。

你 帽子 戴 语助

nɔ^{55} sa^{31}dzi^{55} jɤ^{55} nɛ^{33} ɔ̲^{31} la^{55} de^{31}！你买肉回来吧。

你 肉 买 连 回 来 语助

第十节 叹 词

叹词是表示感叹、呼唤或应答的词。语义上，叹词不表示概念意义，只表示情感意义或呼唤应答。语法上，叹词的独立性强，句法位置灵活；既不充当句子成分，也不跟其他句子成分发生关系。语音上，叹词可以根据语用目的的需要，结合句子的语调自由变读，有表示惊喜、赞叹、意外、惊叹、哀叹、痛楚、遗憾、后悔、鄙视等语气。如：

a^{51} xɤ^{33}ga^{55} a^{33}na^{31}ȵi^{33} dʑɔ^{55}sa^{55} a^{31}！啊！这儿那么舒服呀！

啊 这里 那么 舒服 语助

a^{51} a^{31}jɔ̲^{31} um^{55} ɤ^{33} jɔ^{33}khɔ^{55}！啊！她做事真快！

啊 她 做 结助 快

o^{51} nɔ^{55} la^{55} ɤ^{33} a^{33}jam^{31} jɔ^{55}dɯ^{55} tsha^{31}le^{55} ŋa^{33}！喔！你来得正好！

喔 你 来 结助 时间 很 正好 语助

a^{51}lɔ^{51} a^{31}jɔ̲^{31} la^{55} ŋa^{33}！啊罗，他来啦。

啊罗 他 来 语助

a^{31}ui^{51} a^{55}lɔ^{55}i^{55}na̲^{33}！啊喂！大黑蛇！

啊喂 大黑蛇

ui^{51} um^{31}jɛ^{55} a^{31}dʑo̲^{33}ɣɛ^{33} jɛ^{33} a^{31}！喂！怎么下雨了？

喂 雨 怎么 下 语助

a^{55}lo^{31} ŋa^{31} ɤ^{33} a^{31}khɯ^{55}ɕa^{31}phja^{31} la^{33} na^{55} ŋa^{55}！

哎哟 我 结助 大腿 弄 疼 语助

哎哟，我的大腿弄疼了。

a^{55}lo^{31} a^{31}jɔ̲^{31} ɣɔ^{31}ɕa^{55}ga^{31} ŋa^{55}！唉，他太可怜了！

唉 他 可怜 语助

o^{51}　ŋɛ^{55} ȵa^{33} a^{31}！啊，全忘了！

喔　忘　完　语助

ɤŋ^{31} tshɔ^{33}tshi^{55}！哼！小气鬼。

哼　小气

pe^{55} a^{31}tshɔ^{31} ɤŋ^{55}　dɔ^{31} dø^{55} ɛ^{55} ȵa^{33}．呸，又说人家坏话！

呸　人家　受助　话　坏　说　会

xɛ^{31} ŋa^{31} ȵum^{55} nɛ^{33}　la^{55} ma^{33}. 哎，我马上来。

哎　我　马上　结助　来　语助

xɛ^{31} nɔ^{55}　khɔ^{55}ma^{33} um^{55} o^{31}. 嘿，你快做。

嘿　你　快　做　语助

第四章　短语

阿卡话短语有并列、修饰、支配、述补短语等四类。其结构关系描述如下：

第一节　并列短语

一、并列短语的类型

常见的阿卡话短语有以下几种类型：名词并列、代词并列、动词并列、形容词并列、数量词并列等。

（一）名词并列

两个名词并列，并列成分之间一般不用连词。如：

a^{31}phi^{31} a^{31}phø^{31} 爷爷奶奶
奶奶　爷爷

ɔ^{31}ɕɔ^{31} u^{31}tɕi̱^{31} 早晚
早晨　晚上

a^{31}da^{33} a^{31}ma^{33} 父母
父亲　母亲

nɯ^{55}gɔ^{31} xɔ^{31}dze^{33}桌子板凳
凳子　桌子

a^{33}tɕha^{55}phɔ^{33} a^{33}ma^{55}phɔ^{33} 左右
左边　右边

nɯ^{33}ɕɔ^{31} sa^{55}phɛ^{31}nɤŋ^{33} 明后天
明天　后天

如果并列成分之间结合不紧时，需要连词“xɔ^{55}和”连接。如：

um^{31} xɔ^{55} mi^{55} 天地
天　和　地

ba^{33}la^{33} xɔ^{55} a^{31}gɯ^{55}
月亮　和　星星

la^{55}ɣo̱^{33} xɔ^{55} tsuan^{55}tsɿ^{31} 门和窗
门　和　窗

a^{33}mi^{55} xɔ^{55} a^{31}khɯ^{31} 猫和狗
猫　和　狗

（二）代词并列。人称代词并列，用连词 lɛ^{33}“和”连接；指示代词并列，用连词 xɔ^{55}“和”连接。如：

ŋa^{55} lɛ^{33} nɔ^{55} 我和你
我　和　你

ŋa^{33}ma̱^{31} lɛ^{33} nɔ^{33}ma̱^{31} 我们和你们
我们 和 你们
xɤ^{33}dɤ^{31} xɔ^{55} xø^{55}dɤ^{31} 这些和那些
这些 和 那些
xɤ^{33}ga^{55} xɔ^{55} xø^{55}ga^{55} 这里那里
这里 和 那里
xɤ^{33}dʑe^{31} xɔ^{55} xø^{55}ldʑe^{31} 这样那样
这样 和 那样

（三）动词并列。动词并列时需加结构助词 ɤ^{33}，使动词名词化，然后并列成分之间用连词 xɔ^{55}“和”连接。如：

dza^{31} ɤ^{33} xɔ^{55} dɔ^{55} ɤ^{33} 吃的喝的 pɯ̱^{33} ɤ^{33} xɔ^{55} tɕa̱^{31} ɤ^{33} 烧的煮的
吃 结助 和 喝 结助 烧 结助 和 煮 结助
sa̱^{31} ɤ^{33} xɔ^{55} lu^{55} ɤ^{33} 蒸的和炒的 gu^{55} ɤ^{33} xɔ^{55} tshɔ^{31} ɤ^{33}
蒸 结助 和 炒 结助 唱 结助 和 跳 结助

（四）形容词并列。形容词大多要带前缀 jɔ^{33}，构成名词化。如：

jɔ^{33}xɯ^{31} jɔ^{33}za^{31} 大小 jɔ^{33}tɕhø^{55} jɔ^{33}tɕhɛ^{55} 酸甜
大 小 甜 酸
jɔ^{33}go^{55} jɔ^{33}ɔ̱^{33} 高矮 jɔ^{33}ge^{55} jɔ^{33}su̱^{31} 宽窄
高 矮 宽 窄
jɔ^{33}mɔŋ^{55} jɔ^{33}ȵu^{55} 长短 jɔ^{33}mja^{31} jɔ^{33}the^{31} 多少
长 短 多 少
jɔ^{33}thu^{55} jɔ^{33}ba^{31} ba^{31} 厚薄 jɔ^{33}lɑŋ^{33} jɔ^{33}khu^{31} 圆扁
厚 薄 圆 扁
jɔ^{33}na̱^{33} jɔ^{33}phju^{55} 黑白 jɔ^{33}khɔŋ^{33} jɔ^{33}phja^{55} 轻重
黑 白 重 轻

形容词并列还可以用“…xɔ^{55} 又 xɔ^{55} 又…”表示，构成“形容词+ xɔ^{55} 和+形容词，形容词+ xɔ^{55} 和+形容词”句式，形成两个并列的形容词相互照应。如：

jɔ^{33}xɯ^{31} xɔ^{55} jɔ^{33}xɯ^{31} jɔ^{33}go^{55} xɔ^{55} jɔ^{33}go^{55} 又高又大
大 又 大 高 又 高
sɔ^{55}xɤ̱^{31}ni^{33} xɔ^{55} sɔ^{55}xɤ̱^{31}ni^{33} jɔ^{33}tɕhø^{55} xɔ^{55} jɔ^{33}tɕhø^{55} 又香又甜
香 又 香 甜 又 甜
jɔ^{33}xa^{31} xɔ^{55} jɔ^{33}xa^{31} jɔ^{33}phɛ^{55} xɔ^{55} jɔ^{33}phɛ^{55} 又苦又涩
苦 又 苦 涩 又 涩

jɔ^{33}dʑɔ̱^{31} xɔ^{55} jɔ^{33}dʑɔ̱^{31} bɛ̱^{31}la̱^{31} xɔ^{55} bɛ̱^{31}la̱^{31} 又脏又臭
脏 又 脏 臭 和 臭

jɔ^{33}tɕhø^{55} xɔ^{55} jɔ^{33}tɕhø^{55} jɔ^{33}tɕhɛ^{55} xɔ^{55} jɔ^{33}tɕhɛ^{55} 又酸又甜
甜 又 甜 酸 又 酸

jɔ^{33}ta̱^{33} xɔ^{55} jɔ^{33}ta̱^{33} jɔ^{33}xa^{31} xɔ^{55} jɔ^{33}xa^{31} 又咸又苦
咸 又 咸 苦 又 苦

（五）数量词并列。数量词并列一般不用连词。如：

thi^{31} ɣa^{31} ȵi̱^{31} ɣa^{31} 一两人
一 人 二 人

ȵi̱^{31} ma^{31} sum^{55} ma^{31} 两三碗
二 碗 三 碗

sum^{55} tɕa̱^{33} ø^{31} tɕa̱^{33} 三四根
三 根 四 根

ø^{31} mɔ^{55} ŋa^{31} mɔ^{55} 四五只
四 只 五 只

ɕi̱^{31} nɤŋ^{33} jɛ̱^{31} nɤŋ^{33} 七八天
七 天 八 天

ȵi̱^{31} ja^{55} sum^{55} ja^{55} 两三百
二 百 三 百

ø^{31} si^{31} ŋa^{31} si^{31} 四五个月
四 月 五 月

sum^{55} dzum^{31} ø^{31} dzum^{31} 三四把
三 把 四 把

（六）短语并列。常见的是支配短语并列，中间用连词“xɔ^{55} 和”连接。如：

tsha^{55}ko^{33} gu^{55} ɤ^{33} xɔ^{55} thɛ^{31}xu^{33} tshɔ^{31} 唱歌跳舞
歌 唱 结助 和 舞 跳

um^{31}dʑe^{31} dze^{31} xɔ^{55} u^{31}dʑe^{31} tshɔ^{31}tɛ̱^{33} tɛ̱^{31} 打雷和闪电
雷 打 和 电 闪

mjɔ^{31} phi^{33} ɤ^{33} xɔ^{55} za^{31} tɕhi^{31} ɤ^{33} 背东西的和抱小孩的
东西 背 结助 和 小孩 抱 结助

xɔm^{31}ma^{31} dʑo̱^{33} ɤ^{33} xɔ^{55} xɔ^{31}tɕɛ̱^{31} tɕa̱^{31} ɤ^{33} 洗碗的和煮饭的
碗 洗 结助 饭 饭 煮 结助

bø^{33}lø^{33} di^{33} ɤ^{33} xɔ^{55} thaŋ^{31} di^{33} ɤ^{33} 敲铓锣的和打象脚鼓的
铓锣 敲 结助 和 象脚鼓 打 结助

a^{55}pa̱^{31} bɔ^{33} ɤ^{33} xɔ^{55} dɤ^{55}xu^{31} di^{31} ɤ^{33} 吹叶子的和拉二胡的
叶子 吹 结助 和 二胡 拉 结助

二、并列成分的顺序

阿卡话的并列成分，其先后顺序受语音和语义的制约。从语音读音规则看，一般第二音节的元音舌位必须高于第四音节的元音舌位。如：a^{31}phi^{31} 奶奶，a^{31}phø^{31} 爷爷。在阿卡话中，如果“爷爷奶奶”并列时，第二音节的元音是 i，第四音节的元音是 ø，在舌位上i 比 ø 高。因此，“爷爷奶奶”并列是，习惯上 a^{31}phi^{31} 奶奶在 a^{31}phø3 爷爷之前，如：

a^{31}phi^{31} a^{31}phø^{31} 奶奶爷爷
奶奶　爷爷

mji^{31}bɤ^{33} mji^{31}tshɛ^{55} 刀枪
枪　刀

a^{31}khɯ^{31} a^{31}ɣa^{31} 狗猪
狗　猪

a^{33}mi^{55} a^{31}khɯ^{31} 猫狗
猫　狗

a^{31}khɯ^{55} a^{31}la^{31} 手脚
脚　手

jɔ^{33}xɯ^{31} jɔ^{33}go^{55} 高大
大　高

jɔ^{33}tɕhɛ^{55} jɔ^{33}tɕhɛ^{55} 甜酸
甜　酸

jɔ^{33}phju^{55} jɔ^{33}na^{33} 黑白
白　黑

u^{31}tɕi^{31} nɑŋ^{33}ɣɔŋ^{55} 日夜
黑夜　白天

bɔ^{33}u^{55} bɔ^{33}ma^{33} 肠胃
肠　胃

但有些并列结构不受语音的限制，而受语义的制约，按语义的角色排序。一般遵循角色重要的排前，次要的排后。如：

a^{31}jɤ^{31} mɛ^{55}num^{55} 兄弟姐妹
姐姐　弟妹

u^{31}sɔ^{31} u^{31}tsi^{31} 早晚
早上　晚上

a^{31}phø^{31} a^{31}phi^{31} 祖宗
曾祖父　曾祖母

jɔ^{33}mja^{31} jɔ^{33}tsɯ^{33} 多少
多　少

pɛ^{33}xɤŋ^{31} la^{31}di^{33} 衣裤
上衣　裤子

ba^{33}la^{33} a^{31}gɯ^{55} 星月
月亮　星星

sa^{31}dɤ^{31} sa^{31}phji^{55} 盐巴辣椒
盐　辣椒

a^{31}li^{33} a^{31}bu^{55} 男女
男人　女人

a^{31}da^{33} a^{31}ma^{33} 父母
父亲　母亲

a^{55}do^{33} a^{31}ŋji^{55} 哥弟
哥哥　弟弟

有的既不受元音舌位的限制，也不受语义角色重要性的限制。如：

xum^{31}ma^{31} dʑu^{33}da^{55} 碗筷
碗　筷

a^{31}do^{33} a^{31}jɤ^{31} 哥姐
哥哥　姐姐

sa^{31}tshɤŋ^{31} pja^{31}khɯ^{55} 肝胆
肝　胆

xɯ^{31} ȵi^{55} 大小
大　小

a^{31}bu^{55} a^{31}li^{33} 少男少女
女人　男人

la^{31}tsha^{55} la^{31}ma^{33} 小指拇指
小指　拇指

dza^{31}lɛ^{55} lɛ^{55} um^{31}jɛ^{55} 风雨
风　和　雨

phju^{55} xɔ^{55} sɯ^{55} 金银
银子　和　金子

um^{31} xɔ^{55} mi^{55}tsha^{31} 天地
天　和　地

na^{55}ma^{33}do̠^{33}xɛ^{31} xɔ^{55} na^{55}ma^{33}ga^{33}xɛ^{31} 东西方
东方 和 西方

总之，阿卡话并列短语一般只能在同类词中并列，有的需要连词，有的可以省略连词。用不用连词，看具体的词。此外，词的前后顺序受语音和语义的制约。但有的比较松散，无强制性限制。

第二节 修饰短语

阿卡话修饰短语由修饰语和中心语成分构成。中心语有名词、动词、形容词、数量词等；修饰语由名词、动词、形容词、数量词、副词等充当。按中心语的词性，可分为名词中心语修饰短语、动词中心语饰短语、形容词中心语修饰短语和数量词中心语修饰短语四类。

一、名词中心语修饰短语

名词、代词、动词、数量词等作修饰语时，置于中心语之前；形容词作修饰语时，置于中心语后。如：

（一）名词修饰名词

名词修饰中心语时，名词和中心语需用结构助词“ɤ^{33} 的”。如：

ø^{31}lɤŋ^{31} ɤ^{33} xɔ^{31} phjum^{31} 铁锅盖子
铁 锅 结助 盖子

phju^{55} ɤ^{33} la̠^{31}du^{31} 金手镯
银 结助 手镯

ma^{33}sa^{31} ɤ^{33} nɯ^{55}gɔ^{31}
竹子 结助 椅子

sɯ^{55} ɤ^{33} la̠^{31}bɛ^{31} 金戒指
金 结助 戒指

a^{33}bɔ^{55} ɤ^{33} jum^{55} 木房子
树 结助 房子

mi^{33}tshɛ^{55} ɤ^{33} tɔ̠^{33}xɔ^{33} 刀鞘
刀 结助 鞘

tsɯ̠^{31}nɯ̠^{33}xo̠^{31} ɤ^{33} sa^{31}la^{31} 今年的棉花
今年 结助 棉花

a^{31}kha^{31} ɤ^{33} a^{31}phø^{31} 阿卡的节日
阿卡 结助 节日

a^{31}da^{33} ɤ^{33} mɔ^{31}tɕhɔ^{31} 爸爸的朋友
爸爸 结助 朋友

za^{31} ɤ^{33} phɛ^{55}xaŋ^{31} 小孩的衣服
小孩 结助 衣服

（二）代词修饰名词

代词有人称代词、指示代词、疑问代词等可修饰名词。

1. 人称代词修饰名词时，置于中心语之前。修饰语和中心语之间常用结构助词“ɤ^{33}的”。如：

ŋa^{31} ɤ^{33}　a^{31}da^{33}我的爸爸
我　结助　爸爸

nɔ^{31} ɤ^{33}　a^{31}ma^{33}
我　结助　妈妈

ŋa^{31} ɤ^{33}　tshɔ^{31}我的朋友
我　结助　朋友

ŋa^{33}ma^{31} ɤ^{33}　ja^{31}我们的孩子
我　结助　孩子

nɔ^{33}ma̱^{31} ɤ^{33}　phu^{33}你们的村子
你们　结助　村

a^{31}jɔ^{33}ma̱^{31}　ɤ^{33}　de^{33}ma^{33}他们的水田
他们　结助　水田

人称代词修饰亲属称谓时，可以省略结构助词“ɤ^{33}的”和亲属称谓的前缀 a^{31}。但如果是第三人称修饰亲属称谓时，亲属称谓的前缀 a^{31}不能省略，如：

ŋa^{31} da^{33}我爸
我　爸

ŋa^{31} ma^{33}我妈
我　妈

nɔ^{33} da^{33}你爸
你　爸

a^{31}jɔ^{33} a^{31}ma^{33}他妈
他　妈

a^{31}jɔ^{33} a^{31}da^{33}他爸
他　爸

a^{31}jɔ^{33} a^{55}do̱^{33}他哥哥
他　哥哥

2. 指示代词修饰单数名词时，置于名词之后，其语序为：名词+指示代词+量词。如：

a^{31}li^{33} xɤ^{33} ɣa^{31}这个男人
男人　这　个

a^{31}khɯ^{31} xø^{55} mɔ^{55}那只狗
狗　那　只

a^{33}mi^{55} xø^{55} mɔ^{55}那只猫
猫　那　只

lɔ^{55}ba^{31} xø^{55} ba^{31}那条河
河　那　条

ja^{31}　xɤ^{33} ɣa^{31}这个孩子
孩子　这　个

phɛ^{55}kxɤŋ^{31} xø^{55} kxɤŋ^{31}
衣服　那　件

指示代词复数“xɤ^{33}dɤ^{31}这些”、“xø^{55} dɤ^{31}那些”修饰名词时，置于名词之后。其语序为“名词+指示代词”。如：

sɛ^{31}ɤɔŋ^{31} xɤ^{33}dɤ^{31}这些桃子
桃子　这些

mjɔ^{31} xø^{55}dɤ^{31}那些东西
东西　那些

bɔ^{31}kɤ̱^{33} xɤ^{33}dɤ^{31}这些箱子
箱子　这些

the^{55}bja̱^{31} xø^{55}dɤ^{31}那些木板
木板　那些

lɛ^{33}kɛ^{55}si^{31} xɤ^{33}dɤ^{31}这些砖
砖　这些

da⁵⁵khɔ³¹dɔm³¹ma³³ xø⁵⁵dɤ³¹ 那些木头
木头 那些
jɔm⁵⁵ xɤ³³dɤ³¹ 这些房子 ja̱³³phjɔ⁵⁵ xø⁵⁵dɤ³¹ 那些扫帚
房子 这些 扫帚 那些

指示代词修饰数量词时在名词之后，数量词之前。语序为“名词+指示代词+数词+量词”。如：

sɛ³¹ɤɔŋ³¹ xɤ³³ thi³¹ si³¹ 这一个桃子
桃子 这 一 个
mi³³tshɛ⁵⁵ xø⁵⁵ thi³¹ khɤŋ⁵⁵ 那一把刀
刀 那 一 把
a³³dzi⁵⁵ xɤ³³ ŋji̱³¹ mɔ⁵⁵ 那两只鸟
鸟 这 两 只
i⁵⁵bɔŋ³¹ xø⁵⁵ ŋa³¹ bɔŋ³¹ 那五筒竹筒
竹筒 那 五 筒
sa̱³¹bɔŋ³¹ xɤ³³ thi³¹ bɔŋ³¹ 这一个甑子
甑子 这 一 甑
xɔ³¹ma³¹ xø⁵⁵ ŋa³¹ xɔ³¹ 那五个碗
碗 那 五 个
jɔm⁵⁵ xɤ³³ sum³¹ jɔm⁵⁵ 这些房子
房子 这 三 间
ja̱³³phjɔ⁵⁵ xø⁵⁵ tshe⁵⁵ phjɔ⁵⁵ 那十把扫帚
扫帚 那 十 把

3. 疑问代词修饰名词，通常在疑问代词和名词之间加结构助词“ɤ³³ 的”。如：

a³¹su⁵⁵ ɤ³³ i⁵⁵khɔŋ⁵⁵ 谁的家 a³¹ga⁵⁵ ɤ³³ tshɔ⁵⁵xa³¹ 哪里的人
谁 结助 家 哪里 结助 人
a³¹su⁵⁵ ɤ³³ phɛ⁵⁵xaŋ³¹ 谁的衣服
谁 结助 衣服
a³¹ga⁵⁵ ɤ³³ a³¹tshu³³ 哪里的嫂子
哪里 结助 嫂子

（三）形容词修饰名词时，形容词置于名词之后。如：

a⁵⁵jɛ̱³³ jɔ³³ne⁵⁵ 红花 a³³bɔ⁵⁵ jɔ³³xɯ³¹ 大树
花 红 树 大
xɔ³¹ma³¹ jɔ³³xɯ³¹ 大碗 jɔm⁵⁵ jɔ³³za³¹ 小房子
碗 大 房子 小

lɔ^{55}gɔ̱^{33} jɔ^{33} xɯ^{31} 大河
河　　大

gɔ^{31}dʑɔ^{31}gɔ^{31}du^{55} jɔ^{33}go^{55} 高山
山　　　　　高

a^{55}jɛ̱^{33} jɔ^{33}ne^{55} 红花
花　　红

ja^{55}mo̱^{31} jɔ^{33}ȵø^{55} 绿草
草　　绿

um^{31} jɔ^{33}phɯ^{55} 蓝天
天　蓝

a^{33}dzi^{55} jɔ^{33}na̱^{33} 黑鸟
鸟　　黑

形容词置于名词之后，最后一个音节重叠表示程度加深。如：

a^{55}si^{31} jɔ^{33}tshɛ^{55} 酸果子
果子 酸

a^{55}si^{31} jɔ^{33}tshɛ^{55} tshɛ^{55} 果子酸酸的
果子 酸　　酸

dɛ^{33}na^{31} jɔ^{33}tɕhø^{55} 甜西瓜
西瓜　甜

dɛ^{33}na^{31} jɔ^{33}tɕhø^{55} tɕhø^{55} 西瓜甜甜的
西瓜　甜　　　甜

lɔ^{55}bɔ^{31} jɔ^{33}sa̱^{31} 热茶
茶　　热

lɔ^{55}bɔ^{31} jɔ^{33}sa̱^{31} sa̱^{31} 茶热热的
茶　　热　　热

i^{55}tɕu̱^{31} jɔ^{33}ga̱^{33} 冷水
水　　冷

i^{55}tɕu̱^{31} jɔ^{33}ga̱^{33} ga̱^{33} 水冷冷的
水　　冷　　冷

a^{31}gɯ^{55} jɔ^{33}bja^{33} 亮星星
星　　亮

a^{31}gɯ^{55} jɔ^{33}bja^{33} bja^{33} 星星亮的
星　　亮　　亮

dʑy^{31}thɔm^{31} jɔ^{33}phju^{55} 白雾
雾　　　白

dʑy^{31}thɔm^{31} jɔ^{33}phju^{55} phju^{55} 雾白白的
雾　　　白

um^{31} jɔ^{33}na̱^{33} 天黑
天　黑

um^{31} jɔ^{33}na̱^{33} na̱^{33} 天黑黑的
天　黑　　黑

（四）数量词组修饰名词时，通常置于名词之后，语序为“名词+数词+量词”。如：

tshɔ^{55}xa^{31} thi^{31} ɣa^{31} 一个人
人　　一　个

lɔ^{33}dzum^{55} thi^{31} dzum^{55} 一座桥
桥　　一　座

ɣa^{33}tɕi̱^{33} ȵi̱^{31} mɔ^{55} 两只鸡
鸡　　两　只

a^{33}dzi^{55} sum^{55} mɔ^{55} 三只鸟
鸟　　三　只

a^{55}pa̱^{31} ȵi̱^{31} pa̱^{31} 两片叶子
叶子 两　片

a^{55}si^{31}a^{55}lu^{33} ŋa^{31} si^{31} 五个水果
水果　五 个

二、动词中心语修饰短语

动词作中心语，修饰成分有名词、代词、形容词、副词、动词、数量词等。修饰成分通常位于动词之前。

（一）名词作动词的修饰语时，表示动作行为的处所、时间、工具等。如：

la^{31}ȵi^{55}phɔ^{33} dɔ̱^{31} 外面等
外面　　等

lɔ^{33}ba^{53} nɯ^{55} 老板坐
老板　坐

mi^{33}kha^{31}ko̱^{33}phɔ^{33} bɛ^{33} dzɔ^{55} 在缅甸
缅甸　　方助　在

lɔ^{33}ɣo^{33}phɔ^{33} bɛ^{33} dzɔ^{55} 在老挝
老挝　　方助　在

i^{31}nɤŋ^{33} i^{55} 今天走
今天　走

nɯ^{33}ɕɔ^{31} la^{55} 明天来
明天　来

如果凭借工具表示动作行为，在名词后加工具助词 nɛ^{33}“工助”。如：

kan^{33}pi^{31} nɛ^{33} bo̱^{31} 用笔写
钢笔　用　写

mi^{33}tɕhɛ^{55} nɛ^{33} xɛ̱^{31} 用刀砍
刀　用　砍

a^{31}la̱^{31} nɛ^{33} tsu̱^{33} 用手抓
手　用　抓

a^{31}khɯ^{55} nɛ^{33} bɛ̱^{33} 用脚踢
脚　用　踢

dɔm^{31}ma^{33} nɛ^{33} thi^{31} 用木头打
木头　用　打

tshɛ^{31}ma^{33} nɛ^{33} du^{31} 用锄头挖
锄头　用　挖

（二）代词修饰动词，如：

a^{31}dʑe^{31} um^{55} 怎么做
怎么　做

a^{31}dʑe^{31} ɛ^{55} 怎么说
怎么　说

a^{31}dʑe^{31} bo̱^{31} 怎么写
怎么　写

a^{55}mja̱^{33}na^{31}li^{31} i^{55} 何时去
何时　去

a^{31}ga^{55} ɤŋ^{55} nɛ^{33} la^{55} 从哪里来
哪里　方助　从　来

a^{31}ga^{55} ɤŋ^{55} nɛ^{33} i^{55} 从哪里来
哪里　方助　从　去

（三）形容词修饰动词时，形容词一般重叠后一个音节，加结构助词lɛ^{33}、ɛ^{55}、ni^{33}“结助”，动词置后。如：

jɔ^{33}mɯ^{31}mɯ^{31} ɛ^{31} um^{55} 好好地做
好好　结助　做

jɔ^{33}khɔ^{55}khɔ^{55} ɛ^{31} xɯ^{31}la^{55}
快快　结助　长

jɔ^{33}na̱^{31}na̱^{31} ɛ^{31} la^{55} 早早地来
早早　结助　来

a^{31}za^{55}za^{55} ɛ^{55} ko̱^{33}
轻轻　结助　敲

dɛ̱^{33}dɛ̱^{33} ɛ^{55} dza^{31} 饱饱地吃
饱饱　结助　吃

jɔ^{33}lɔ̱^{33}lɔ̱^{33} ɛ^{55} dɔ^{55} 慢慢地吃
慢慢　结助　喝

jɔ^{33}su̠^{31}su̠^{31} ɛ^{55} pa̠^{31}tɔ̠^{31}
紧紧 结助 绑

jɔ^{33}ge^{55}ge^{55} ɛ^{55} pa̠^{31}tɔ̠^{31}
松松 结助 拴

（四）副词修饰动词。程度、时间、范围、否定、语气等副词修饰动词，表示行为动作的程度、频率、范围、否定、语气等。如：

jɔ^{33} gɤ̠^{31}mɔ̠^{31} nø^{31} ɤ^{33} 很喜欢
很 喜欢 想 结助

jɔ^{33} dza^{31} mɛ^{31} nø^{31} ɤ^{33} 很想吃
很 吃 饿 想 结助

jɔ^{31}nɤŋ^{33}na^{33}lu̠^{31} nø^{31} ɤ^{33} 天天想
天天 想 结助

jɔ^{31}dzɔ^{55}na^{33}lu̠^{31} jɛ̠^{31} ɤ^{33} 常常醉
常常 醉 结助

dzɯ^{55}dzɯ^{55}xɔ^{33}ɤ^{33} o^{31}la^{55} ɤ^{33} 刚刚回来
刚刚 回来 结助

ȵum^{55}nɛ^{33} i^{55} ma^{33} 现在就走
现在 走 语助

ȵum^{55}nɛ^{33} dza^{31} 马上吃
马上 吃

i̠^{31}ȵɯ^{55}nɛ^{33} um^{55} 立刻办
立刻 办

否定副词修饰动词，其位置一般在动词之前。常见的否定副词有“ma^{31}不、没”，“tha^{31}别”。在实际使用中，“ma^{31}不、没”的使用范围比“tha^{31}别”广，如：

ma^{31} si^{31}ȵa^{33} ma^{55} 不懂
不 懂 语助

ma^{31} kha^{33} 不种
不 种

ma^{31} tsɤ̠^{33} 不摘
不 摘

ma^{31} um^{55} 不做
不 做

ma^{31} jɛ̠^{31} 不醉
不 醉

ma^{31} tɕa̠^{31} 不煮
不 煮

ma^{31} ŋɤ^{55} 不是
不 是

ma^{31} na^{55}xa^{31} 不听
不 听

tha^{31} xɔ^{33} 别看
别 看

tha^{31} di^{31} 别打
别 打

（五）数量词修饰动词。数量词置于动词之前。语序为“数词+量词+动词”。如：

thi^{31} to̠^{31} tɕhɔŋ^{33} 走一步
一 步 走

thi^{31} po̠^{33} i^{55} 去一次
一 次 去

ȵi^{31} bjɔ^{55} dza^{31} 吃二顿
二 顿 吃

sum^{55} po̠^{33} khu^{55} 喊三声
三 次 喊

thi^{31} po̠^{33} kɔ̠^{31} 咬一口
一 次 咬

ȵi^{31} po̠^{33} bɛ̠^{33} 踢两脚
二 次 踢

三、形容词中心语修饰短语

修饰形容词的词主要是副词、代词、数量词。

（一）副词修饰形容词，位置在动词之前。语序为“副词+动词+形容词”。如：

jɔ^{55} xɔ^{33} mɯ^{31} 很好看
很 看 好

jɔ^{55} na^{55}xa^{31} mɯ^{31} 很好听
很 听 好

jɔ^{55} dza^{31} khɯ^{33} 很好吃
很 吃 好

jɔ^{55} dɔ^{55} khɯ^{33} 很好喝
很 喝 好

否定副词“ma^{31} 不、没”修饰形容词时，前缀 jɔ^{55} 可以省略。如：

ma^{31} tɕhɛ^{55} 不酸
不 酸

ma^{31} tɕhø^{55} 不甜
不 甜

ma^{31} xa^{31} 不苦
不 苦

ma^{31} phi^{55} 不辣
不 辣

ma^{31} phɛ^{55} 不涩
不 涩

ma^{31} ɕa^{55} 不腥
不 腥

ma^{31} xɯ^{31} 不大
不 大

ma^{31} mɔŋ^{55} 不长
不 长

ma^{31} kha^{31} 不远
不 远

ma^{31} na̠^{31} 不深
不 深

（二）代词修饰形容词。用指示代词 “a^{33}na^{31}ma^{33}na^{31} 这么、那么” 置于形容词之前，表示形容词程度的加深。如：

a^{33}na^{31}ma^{33}na^{31} phɛ^{55} 这么涩
这么 涩

a^{33}na^{31}ma^{33}na^{31} xa^{31} 这么苦
那么 苦

a^{33}na^{31}ma^{33}na^{31} phi^{55} 这么辣
这么 辣

a^{33}na^{31}ma^{33}na^{31} ɕa^{55} 这么腥
那么 腥

a^{33}na^{31}ma^{33}na^{31} tɕhɛ^{55} 这么酸
这么 酸

a^{33}na^{31}ma^{33}na^{31} ba^{31} 这么薄
那么 薄

a^{33}na^{31}ma^{33}na^{31} na̠^{31} 这么深
这么 深

a^{33}na^{31}ma^{33}na^{31} mɔŋ^{55} 这么长
那么 长

（三）数量词修饰形容词。形容词置于数量词之后，形容词的前缀省略。语序为“数词+量词+形容词”。如：

thi^{31} gɔŋ^{55}dʑi^{55} khɔŋ^{33} 一公斤重
一 公斤 重

thi^{31} tho^{55} mɔŋ^{55} 一拃长
一 拃 长

thi^{31} ɣa^{31} na^{31} 一人深
一 人 深

thi^{31} lum^{55} ge^{55} 一庹宽
一 庹 宽

ȵi^{31} mi^{55} go^{55} 二人高
二 米 高

thi^{31} to^{31} ge^{55} 一步宽
一 步 宽

四、量词中心语修饰短语

修饰量词的词主要有数词、名词和代词。名量词和数词、名词结合时，语序为“名词+数词+量词”。当数词为“一”时，不可省略数词。如：

a^{33}dʑi^{55} thi^{31} mɔ^{55} 一只鸟
鸟 一 只

xa^{31}dze^{55} ȵi^{31}mɔ^{55} 两只老鹰
老鹰 二 只

xo^{33}phi^{31} sum^{31} mɔ^{55} 三只竹鼠
竹鼠 三 只

thɑŋ^{31}khɯ^{31} thi^{31}mɔ^{55} 一只穿山甲
穿山甲 一 只

a^{33}bɔ^{55} ȵi^{31} bɔ^{55} 两棵树
树 二 棵

xa^{31}lo^{33} thi^{31} bjum^{55} 一堆石头
石头 一 堆

xɔ^{31} thi^{31} xɔm^{31} 一碗饭
饭 一 碗

xɔ^{31}thɔŋ^{31} thi^{31} ja^{33} 一块粑粑
粑粑 一 块

a^{55}jɛ^{31} thi^{31} jɛ^{33} 一朵花
花 一 朵

a^{55}pa^{31} thi^{31} pha^{31} 一片树叶
树叶 一 片

名词和数词、量词、指示代词结合时，语序为“名词+指示代词+数词+量词”。如：

a^{31}ȵo^{31} xɤ^{33} mɔ^{55} 这头水牛
水牛 这 头

mɤŋ^{31}pha^{31} xø^{55} mɔ^{55} 那匹公马
公马 那 匹

tsɯ^{31}mje^{31} xɤ^{33} sum^{55} mɔ^{55} 这三只山羊
山羊 这 三 只

lɑŋ^{31} xø^{55} ȵi^{31} mɔ^{55} 那两只兔子
兔子 那 两 只

ɣa^{33}tɕi^{33} xɤ^{33} mɔ^{55} 这只鸡
鸡 这 只

ɔ^{31}ɣa^{33} xø^{55} ȵi^{31} mɔ^{55} 那两只鸭子
鸭子 那 两 只

ja^{33}ma^{33} xɤ^{33} ŋa^{31} mɔ^{55} 这五头大象
大象 这 五 头

ɣa^{31}the^{31} xø^{55} ko^{31} mɔ^{55} 那六头野猪
野猪 那 六 头

sɛ^{31}ɣɔŋ^{31} xɤ^{33} si^{31} 这个桃子
桃子 这 个

ka^{33}tɕha^{31}xø^{55} si^{31} 那个荔枝
荔枝 那 个

kha^{33}tɛ̱^{33} xɤ^{33} tshe^{55} mɔ^{55} 这十个菠萝
菠萝 这 十 个
ŋa^{33}bɛ̱^{33} xø^{55} si^{31} 那个芭蕉
芭蕉 那 个

第三节 支配短语

支配短语有代词作宾语、数量短语做宾语、名词性短语做宾语、名词化短语做宾语、ABB 式支配结构等几种类型。

（一）代词作宾语。人称代词作宾语时，要加上受助词 bɛ^{33}。如：

ŋa^{33}ma̱^{31} bɛ^{33} nø^{31} 想我们
我们 受助 想

a^{31}jɔ^{33}ma̱^{31} bɛ^{33} xɔ^{33} 看他们
他们 受助 看

nɔ^{55} bɛ^{33} ɣɤ^{33} 拉你
你 受助 拉

ŋa^{55} bɛ^{33} ɛ^{55} 告诉
我 受助 告诉

a^{31}jɔ̱^{31} bɛ^{33} mjɔ̱^{31} 欺骗他们
他们 受助 欺骗

a^{31}su^{55}ɣa^{31} bɛ^{33} po̱^{33} 找谁
谁 受助 寻找

（二）数量短语做宾语。如：

thi^{31} mɔ^{55} ɣɤ^{55} 买一头
一 头 买

ŋa^{31} jɛ̱^{33} tsɤ̱^{33} 摘五朵
五 朵 摘

ȵi̱^{31} mɔ^{55} tsu̱^{33} 抓两只
两 只 抓

thi^{31} dzum^{31} tsɤ̱^{33} 摘一把
一 把 摘

ȵi̱^{31} kha^{55} phji^{33} 背两捆
两 捆 背

thi^{31} po̱^{33} na^{55}xa^{31} 听一次
一 次 听

thi^{31} khɤŋ^{55} dum^{33} 穿一件
一 件 穿

thi^{31} po̱^{33} khu^{55} 喊一声
一 声 喊

（三）名词性短语做宾语。如：

phɛ^{55}xɑŋ^{31} jɔ^{33}phju^{55} dum^{33} 穿白衣服
衣服 白 穿

ɣɔ^{31}ȵø^{55} lu^{55} ɤ^{33} tshi^{55} ɣɤ^{55} 买炒菜的油油
菜 炒 结助 油 买

ɣɔ^{31}ȵø^{55} lu^{55} ɤ^{33} sa^{31}dɤ̱^{31} ɣɤ^{55} 买炒菜的盐
菜 炒 结助 盐 买

jɔ^{31}xa^{33} phju^{55} ju^{55} 拿自己的钱
自己 钱 拿

（四）名词化短语做宾语。形容词和动词一般不能直接做宾语。作宾语时，加上名词化的结构助词“ɤ^{33}的”。如：

xɔ^{31}tɕa̠^{31} ɤ^{33} dza^{31}吃稀的
稀 结助 吃

jɔ^{33}sɔ^{33} ɤ^{33} dza^{31}吃香的
香 结助 吃

jɔ^{33} phi^{55} ɤ^{33} dɔ^{55}喝辣的
辣 结助 喝

jɔ^{33}mɯ^{31} ɤ^{33} ɣɤ^{55}买好的
好 结助 抬

jɔ^{33}mɯ^{31} ɤ^{33} tha^{31}留好的
好 结助 留

ma^{31}mɯ^{31} ɤ^{33} bi^{31}扔差的
差 结助 扔

（五）ABB 式支配结构

一些双音节名词重叠后一个音节可作动词用，与名词构成支配关系。这种结构是一种特殊的支配结构。如：

u^{31}xo̠^{33} xo̠^{33}戴帽子
帽子 戴

la^{31}du̠^{31} du̠^{31}戴手镯
手镯 戴

a^{55}ma̠^{33} ma̠^{33}做梦
梦 做

dʑe^{31}ga̠^{31} ga̠^{31}做生意
生意 做

a^{55}dʑi^{55} bɔŋ^{31} bɔŋ^{31}鸟做巢
鸟 巢 做

u^{31}dʑe^{31} dʑe^{31}打雷
雷 打

u^{31}jɛ^{55} jɛ^{55}下雨
雨 下

mi^{31}bɤ̠^{33} bɤ̠^{33}打枪
枪 打

第四节 述补短语

阿卡话的述补短语由中心语和补语组成。一般补语位于中心语之后，说明动作行为的结果、趋向等。做动词补语的主要是动词、形容词等。

（一）动词做补语，补充说明动作行为的结果。如：

xɔ^{33} dzi^{55}看完
看 完

dza^{31} dzi^{55}
吃 完

di^{31} bɛ^{33}
打 赢

dɛ^{31} phɤŋ^{33}推开
推 开

di^{31} ɕi^{55}打死
打 死

di^{31} pja^{33}打散
打 散

dɛ^{31} tshɔ^{31}推倒
推 倒

na^{55}xa^{31} si^{31}听懂
听 知道

（二）形容词做补语置于动词之后。如：

dza[31] dɛ̠[33] 吃饱
吃 饱

la[33] sa[31] 弄平
弄 平

ɣo[31] num[33] 嚼碎
嚼 碎

tɕhɯ[55] ɔ̠[33] 烫伤
烫 伤

bi[55] ba̠[33] 分清
分 开

si[31] ta̠[33] 磨快
磨 快

pɯ̠[33] khu[55] 烧坏
烧 坏

dzɛ[33] xɛ̠[31] 摔断
摔 断

第五章　句法

阿卡话的句子里有陈述句、疑问句、祈使句和感叹句，下面分述如下：

第一节　陈述句

陈述句是指陈述一个事实或者说话人的看法的句型。一般用来描述一个事实，日常生活中使用的大部分句子都是陈述句。陈述句分为肯定的陈述句和否定的陈述句，简称为肯定句和否定句。陈述句中，第一位可以是主语、状语或宾语，动词排在第二位。无论句子如何变化，动词或助动词总是排在第二位。主语的位置总是在动词的前边。当助动词或情态动词出现时，助动词或情态动词排在第三位，而动作动词则排在第二位。

一、肯定句

ŋa^{55} dza^{31} dɛ̱^{33} ma^{33}. 我吃饱了。
我　吃　饱　体助

ŋa^{55} a^{31}kha^{31} ma^{31} ŋɤ^{55} a^{33}. 我是阿卡人。
我　阿卡　人　是　语助

a^{31}jɔ̱^{31} u^{31}xo̱^{33} jɔ^{33}ne^{55} xo̱^{33} nu̱^{31} ŋa^{33}. 他戴着红帽子。
他　帽子　红　戴　体助 语助

ka̱^{33}phjɔ^{55} bɛ^{33} mi^{31}tɕhɛ^{55} thi^{31} khaŋ^{55} ɕɤ^{33}tɕhɤ^{31} tha^{31} ŋa^{33}.
墙　上　刀　一　把　挂　着　语助
墙上挂着一把刀。

ŋa^{55} jɔ^{33}ne^{55} gɤ̱^{31} ɛ^{33} a^{31}jɔ̱^{31} jɔ^{33}nø^{55} gɤ̱^{31} a^{33}. 我要红的，他要绿的。
我 红的　要　语助 他　绿的　要 语助

a^{31}jɔ̱^{31} pha^{55}na^{55} xɔ^{31}nɛ^{33} dɛ^{33}ma^{33} pha^{55} tshɛ^{31} i^{55} ŋa^{33}.
他　病　还　田　还　犁　去 肯助
他病了还去犁田。

a^{31}jɔ̱^{31} ŋø^{55} ŋa^{33}. 他哭了。
他 哭 体助
thi^{31} ȵum^{55} bɛ^{33} jɛ̱^{31} ɣa^{31} dʑɔ^{55} ŋa^{33}. 一家八个人。
一 家 话词 八 个 有 语助
a^{33}bɔ^{55} xɤ^{33} bɔ^{55} na^{55}a^{31} mi^{31}ɕu^{31} a^{33}bɔ^{55} ŋa^{33}. 这棵树是松树。
树 这 棵 话助 松 树 语助
ŋa^{33}ma̱^{31} nɔ^{33}ma̱^{31} bɛ^{33} tshɔ^{33}ba^{33} nɛ^{33} ma^{55}. 我们帮助你们。
我们 你们 宾助 帮助 语助 语助

二、否定句

在被修饰的词前加ma^{31}，表示否定，如：
i^{31}nɑŋ^{33} um^{31} ma^{31} mɯ^{31} ŋa^{33}. 今天天气不好。
今天 天气 不 好 语助
a^{31}jɔ̱^{31} ma^{31} mɯ^{31} ŋa^{33}. 你好，他不好。
他 不 好 语助
a^{31}jɔ̱^{31} i^{55}khɑŋ^{55} ma^{31} dʑɔ^{55} a^{33}. 我想他不在家。
他 家 不 在 语助
u^{31}jɛ^{55} jɛ^{55} na^{55}a^{31}，ŋa^{55} ma^{31} i^{55} do̱^{33} a^{55}. 下雨的话，我就不出来。
雨 下 的话 我 不 去 出 语助
ŋa^{55} xɔ^{31} ma^{31} dza^{31} a^{33}ɕi^{31}. 我还没吃饭。
我 饭 没 吃 还
nɔ^{55} a^{33}bo̱^{31} ma^{31} bo̱^{31} ȵa^{33} ŋa^{33}. 你不会写。
你 文字 不 写 会 语助
ŋa^{55} dʑa^{33} a^{55}nɛ^{33}，a^{31}jɔ̱^{31} ma^{31} dʑa^{33} ŋa^{33} ɕi^{31}. 我有了，他还没有。
我 有 体助 他 没 有 语助 还
ŋa^{33}ma̱^{31} a^{31}ȵo^{31} xɔ^{31}mja^{33}i^{33} ma^{31} dʑɔ^{55} le^{33}. 我们没有很多牛。
我们 水牛 多 没 有 语助
a^{31}jɔ̱^{31}ma̱^{31} jɔ^{31}ɣa^{31}na^{33}lu̱^{33} thi^{31}kɔ̱^{33} lo̱^{31}ɛ^{33} ma^{31} i^{55} dʑi^{55} mɛ^{33}.
他们 全部 一起 语助 没 去 完 体助
他们没有全部去。
ŋa^{55} a^{31}kha^{55}ȵi^{33}ɕɔ^{55}phɛ^{31} thi^{31} po̱^{33} xɔ̱^{31} ma^{31} i^{55} a^{55}.
我 以后 一 次 也 不 去 体助
我以后一次也不去了。

第二节 祈使句

祈使句是一种用来表达请求、命令或劝告的句子。它通常以句末用句号或者感叹号表示结束。祈使句可分为肯定句和否定句两类。

一、肯定句

a^{31}jɔ̱^{31} ȵi^{31} ɣa^{31} nɛ^{33} bi^{33} um^{55} ɔ^{31}. 让他俩做。
他 两 个 施助 让 做 祈助

nɔ^{55} u^{31}ɕɔ^{31}phɔ^{33} la^{55} ɔ^{31}！请你早上来吧！
你 早上 来 祈助

xa^{55} ɕi^{31} ȵa^{33} dɤ^{31} a^{33}la̱^{31} tshɔ^{31} do̱^{33} la^{31} ɔ^{31}！懂的人举手！
所有 知道 能 们 手 举 出 来 语助

nɔ^{55} ma^{31} i^{55} a^{33} lo^{55}！你不要去呀！
你 不 去 语助 语助

a^{31}ga^{55} i^{55} le^{31}， nɔ^{55} jɔ^{33}mɯ^{31}mɯ^{31} ɛ^{33} ɛ^{55} ɔ^{31}！你去哪儿，好好说吧！
哪儿 去 语助 你 好好 结助 说 祈助

nɔ^{33}ma̱^{31} jɔ^{31}ɣa^{31}na^{33}lo̱^{31} ɣa̱^{31}phɯ^{55} ba̱^{31} i^{55} ɔ^{31}. 你们都去抬竹子吧！
你们 大家都 竹子 抬 去 祈助

nɔ^{33}ma̱^{31} jɔ^{31}ɣa^{31}na^{33}lo̱^{31} la^{55} ɔ^{31}！你们都来吧！
你们 全部都 来 祈助

a^{55}ja^{31} kɤ̱^{55} la^{55} ŋa^{33}，nɔ^{55} jɔ^{33}khɔ^{55}ma^{33} ɛ^{33} dza^{31} ɔ^{31}！
时间 到 来 体助 你 赶快 结助 吃 祈助
时间到了，你快吃吧！

a^{31}jɔ̱^{31} nɛ^{33} dɛ^{33}ma^{33} tshɛ^{31} dʑi^{55} mɛ^{33}. 他把田犁完了。
他 施助 田 犁 完 体助

xɔ^{31} dza^{31} dɛ̱^{33} ɔ^{55}nɛ^{33} i^{55} ɔ^{31}. 吃完饭再走。
饭 吃 饱 再 走 语助

二、否定句

否定祈使句一般在动词前加 tha^{31}，如：

thɤ^{33}lo̱^{31} ɛ^{33} tha^{31} um^{55} lɔ^{31}！别那么搞嘛！
那么 语助 别 做 语助

nɔ^{55} mɔ^{55} xɔ^{33} na^{55}a^{31}，tha^{31} pha^{55} xɔ^{33} i^{55}！你见过了，别去看！
你 见到 过 的话 别 再 看 去

naŋ^{55}ma^{33} ga^{33} ɑŋ^{55} ŋa^{33} kɤ̱^{33}a^{53}，nɔ^{55} tha^{31} i^{55} ɔ^{31}.

太阳 落 下 体助 体助 你 别 去 祈助

太阳下山了，你不要去。

a^{31}jɔ̱^{31} bɛ^{33} bi^{33} tha^{31} i^{55} ɔ^{31}. 让他去吧！

他 让 给 别 去 祈助

nɔ^{55} thi^{31} po̱^{33} tha^{31} ɛ^{55} xɔ^{33} ɕe^{55}！你一遍也别再说了！

你 一 遍 别 说 再 还

a^{55}lɔ̱^{33}lɔ̱^{33} ɛ^{33} tɕhɑŋ^{33} ɔ^{31}， tha^{31} tɕɛ̱^{33}. 慢慢走，别跑！

慢慢 地 走 祈助 别 跑

dɛ^{33}ma^{33} tha^{31} tshɛ^{31} ɔ^{31}！别田犁！

田 别 犁 祈助

nɔ^{55} xum^{31}ma^{31} tha^{31} dʑo̱^{33} i^{55} ɔ^{31}. 你别去洗碗了！

你 碗 别 洗 去 祈助

tha^{31} ɣɤ^{55} ɔ^{31}. 让姐姐买。

别 买 祈助

第三节 疑问句

疑问句是指一种用来询问信息或确认事实的语句，可用来询问事实、现状、意见、想法等。疑问句通常有一个疑问词，如“谁”“什么”“哪里”“为什么”等，句末用问号结尾。疑问句分为一般疑问句、特殊疑问句、选择疑问句和反问疑问句。

一、一般疑问句

阿卡话的一般疑问句可以作肯定或否定回答，如：

nɔ^{55} xɔ^{31} dza^{31} ɣa^{31} ma^{33} lo^{55}？你吃过了吗？

你 饭 吃 过 体助 疑助

nɔ^{55} xɔ^{31} ma^{31} i^{55} la^{31}？ŋa^{55} i^{55} ma^{33}. 你不去，我去？

你 也 不 去 语助 我 去 语助

nɔ^{55} a^{31}jɔ̱^{31} ɑŋ^{55} mɛ^{31} i^{55} ɔ^{31}？你去帮他吗？

你 他 宾助 教 去 语助

nɔ^{55} xɔ^{31} a^{31}kha^{31}za^{31} ŋɤ^{55} ma^{33} lɔ^{55}？你也是阿卡人吗？

你 也 阿卡人 是 语助 语助

a^{31}jɔ̱^{31} i^{31}nɑŋ^{33} i^{55}khɑŋ^{55} ma^{31} dʑɔ^{55} a^{33} lɔ^{55}？今天他不在家吗？

他 今天 家 不 在 体助 语助

二、特殊疑问句

阿卡话的特殊疑问句一般有特殊疑问词，如：

nɔ^{55} a^{31}dʑe^{31} ɛ^{55} le^{33}？你说什么？

你　什么　说　语助

tshɔ^{55}xa^{31} xø^{55} ɣa^{31} a^{31}su^{55} ɣa^{31} a^{55}ŋa^{33}？那人是谁呀？

人　那　个　谁　个　语助

tshɔ^{55}xa^{31} xø^{55} ɣa^{31} a^{31}gɯ^{33}ga^{55} ɤ^{33} ŋɤ^{55} ŋa^{31}？那人是哪儿的？

人　那　个　哪里　结助　是　语助

i^{55}khɑŋ^{55} a^{31}su^{55}ɣa^{31} dʑɔ^{55} a^{33}？谁在家里？

家　里　谁　语助

a^{31}mjɑŋ^{33} xɯ^{31} la^{55} ɤ^{33} nu^{55}？何时才长大呢？

何时　大　来　结助　语助

xɤ^{33} a^{31}dʑe^{31} ŋɤ^{55} ŋa^{31}？这是什么呀？

这　什么　是　语助

thi^{31} dʑe^{31} ma^{31} ɣɛ^{33} a^{33}. 怎么了？

一　样　没　有　语助

a^{31}dʑe^{31} ɛ^{55} le^{33}？ŋa^{55} ma^{31} ga^{31}du̱^{31} a^{33}ɕi^{31}. 说什么啊？我还没听懂

什么　说　语助　我　没　听懂　还

三、选择疑问句

选择疑问句是指在提出的选项中选择其中一项，如：

nɔ^{55} i^{55} ma^{31} i^{55} a^{55} la^{31}？你去不去？

你　去　不　去　语助　语助

nɔ^{55} i^{55} ma^{33} la^{31}，ma^{55} i^{55} a^{55} la^{31}？你去，还是不去？

你　去　还是　不　去　语助　语助

a^{31}mɯ^{33} i^{55} a^{33} la^{31}，mɔ^{55} a^{31}tshu^{33} i^{55} a^{33} la^{31}？

姨妈　去　语助　语助　还是　嫂嫂　去　语助　语助

是姨妈去，还是嫂嫂去？

tsha^{31} ɤ^{33} lɛ^{55} bɑŋ^{31} ɤ^{33} lɛ^{55}，ŋa^{55} xɔ^{31} ma^{31} ɕi^{31} ȵa^{33}.

对　结助　话助　错　结助　话助　我　也　不　知道　语助

是对呢，还是错呢？我也不知道。

ŋa^{55} mɛ^{31} ɤ^{33} la^{31}，ma^{31}ŋɤ^{55}na^{55}a^{31} nɔ^{55} mɛ^{31} ɤ^{33} la^{31}？

我　教　话助　语助　还是　你　教　话助　语助

我教，还是你教？

a^{31}jɔ^{31}ma^{31} ɤ^{33} a^{55}jø^{31} lo^{31} ŋa^{33} ma^{31} lo^{31} le^{55} ŋa^{33} lɔ^{31}？

他们 结助 种子 够 体助 不 够 语助 体助 语助

他们的种子够还是不够？

tsha^{55}go^{33} dʑe^{31}xu^{33} tsha^{55} ɤ^{33} la^{31}，nɔ^{55}ɔ^{31} a^{55}bo^{31} dʑe^{31}xu^{33} bo^{31}

唱歌 先 唱 结助 语助 还是 字 先 写

ɤ^{33} la^{31}？

结助 语助

先唱歌呢？还是先写字？

四、反问疑问句

反问疑问句是指对前面的事件进一步确认，如：

a^{31}jɔ^{31} ma^{31}dʑɔ^{55} a^{33}，ŋɤ^{55} mɛ^{33} lo^{55}？他不在，是吗？

他 不 在 语助 是 语助 语助

ŋa^{31} ɤ^{33} phɛ^{55}xaŋ^{31} jɔ^{33}mɯ^{31} ŋa^{33}la^{31} lo^{55}？我的衣服漂亮，是吗？

我 结助 衣服 漂亮 语助 语助

a^{31}jɔ^{31} ɤ^{33} a^{31}ȵi^{55} i^{55}khaŋ^{55} dʑɔ^{55} a^{33} si^{31} la^{31} lo^{55}？

他 结助 弟弟 家 在 语助 还 语助 语助

他的弟弟还在家，是吗？

nɔ^{31} ɤ^{33} la^{31}di^{33} lɛ^{31}tshi^{31} ɣa^{31} ma^{33} lɔ^{55} lo^{55}？

你 结助 裤子 搓洗 完 体助 语助 语助

你的裤子洗完了，是吗？

a^{31}jɔ^{31} na^{55}gɔ^{55} na^{55} ɤ^{33} tha^{31}ji^{55} mɛ^{31} lo^{55}. 他的病好了，是吗？

他 病 病 结助 好 语助 语助

i^{31}nɯ^{33} dɔ^{31}tɔ^{33}lu^{31} lɛ^{33}dʑɛ^{33} lu^{31} mɛ^{33}，ŋɤ^{55} mɛ^{33} lo^{55}？

今天 大家 努力 够 好 是 语助语助

今天大家全都是努力的，是吗？

tsɯ^{31}nɯ^{33}xo^{31} ɤ^{33} tshɛ^{55} mi^{55}nɯ^{33}xo^{31} ɛ^{55} na^{55}a^{31} mɯ^{31}dzɛ^{31} ŋa^{33}，

今年 结助 谷子 去年 结助 话助 更好 语助

ŋɤ^{55} a^{33}lo^{55}？

是 语助

今年的谷子比去年的好，是吗？

第四节 感叹句

感叹句是指带有浓厚感情的句子，可表示快乐、惊讶、悲哀、厌恶、恐惧等情感。感叹句一般有感叹词构成。阿卡话中常见的感叹句有以下几种类型。

一、惊喜赞叹

a^{51}！ xɤ^{33}ga^{55} a^{33}na^{31} dʑɔ^{55}sa^{55} a^{31}！

啊　这里　那么　舒服　语助

啊！这儿那么舒服呀！

o^{51}！ a^{31}dzi^{55} xɤ^{33} mɔ^{55} ɤ^{33}ta̲^{33}sa^{55}a^{33} na^{55}xa^{31} mɯ^{31}！

喔　鸟　这　只　结助 声音　听　好

喔！这只鸟的叫声好听啊！

a^{51}lɔ^{51}！ nɔ^{55} la^{55} ɤ^{33} a^{33}jam^{31} jɔ^{55}dɯ^{55} tsha^{31}le^{55} ŋa^{33}！

哈　你 来 结助 时 间　很　正好　语助

哈！你来得正好！

a^{51}lɔ^{31}！ a^{31}jɔ̲^{31} um^{55} ɤ^{33} jɔ^{33}khɔ^{55}！

啊！　她　做　结助 快

啊！她做得真快！

二、意外惊叹

a^{31}ui^{51}！ xo^{33}tsa̲^{31}！

啊　老鼠

啊！老鼠！

ui^{51}！ um^{31}jɛ^{55} a^{31}dʑo̲^{33}ɣɛ^{33} jɛ^{55} a^{31}？

哦　雨　怎么　下　语助

哦！怎么下雨了？

o^{51}！ a^{55}jɛ̲^{33} xɤ^{33}dɤ^{31} jɔ^{33}mɯ^{31}！

哦 花　这种 漂亮

哦！这种花漂亮？

a^{55}lo^{31}！ xɤ^{33} nɔ^{31} ɤ^{33} a^{31}bu^{55} la^{33}！

哎呀　这 你　结助 女儿 语助

哎呀！原来是你女儿呀？

三、哀叹或痛楚的叹词

a^{55}lo^{31}a^{31}jɔ̲^{31} xɔ^{31}sa^{31}ga^{33}la^{55}phɛ^{55} ŋa^{55}！

唉　他　可怜　语助

唉，他太可怜了！

a^{55}lo^{31}，ŋa^{31} ɤ^{33} a^{31}khɯ^{55} la^{33} na^{55} ȵa^{33}.
哎哟 我 结助 腿 弄 痛 语助
哎哟，我的腿扭伤了。
o^{51}，a^{31}jɔ̱3 1a^{33}la̱^{31} ɤŋ^{55} tha^{31} pha^{55} ɣɤ^{33}.
噢 他 手 受助 别 再 拉
哎哟！别再拉他的手！

四、遗憾后悔

o^{51}，ɣɔ^{31}ȵø^{55} jɔ^{55} khɯ^{55} la^{33} kha^{33} mɛ^{31}.
唉， 菜 很 好吃 弄 掉落 语助
唉，多好吃的菜弄掉落地了！
a^{55}lo^{31}，gɯ^{55}o̱^{31} tsɔ^{31} i^{55} dzi^{55} ŋa^{55}.
哎呀 芒果 坏 去 完 语助
哎呀！ 芒果都坏了！
a^{31}ui^{51}，sa^{31}dɤ^{31}tshø^{55} ma^{31} pha^{55} u^{55} ŋa^{55}.
唉 糖 不 再 有 语助
唉，糖没有了。

五、鄙视感叹

ɤŋ^{31}，tshɔ^{33}tshi^{55}！
哼 小气
哼！小气鬼
pe^{55}，a^{31}tshɔ^{31} ɤŋ^{55} dɔ^{31} dø^{55} ɛ^{55} ȵa^{33}.
呸 人家 受助 话 坏 说 会
呸，又说人家坏话！
ɤŋ^{55}，a^{31}jɔ̱^{31} pha^{55} tshɤŋ^{33}.
哼 他 再 走
哼，他又溜了！

六、呼唤应答

a^{31}bɔ^{55}！
阿 波
爷爷！

ɣŋ^{35}！ ŋa^{55} xɣ^{33}ga^{55} dzɔ^{55}.
嗯　　我　这里　　在
嗯！我在这儿。

ɣ^{53}，ŋa^{55} ȵum^{55} nɛ^{33}l　a^{55}　ma^{33}.
哎　　我　马上　结助 来　语助
哎，我马上来。

ui^{55}，ga^{55}　um^{55} ɣ^{33}　　a^{55}jam^{31} kɣ̠^{33} la^{55} ŋa^{55}！
嗨　　事情　做　结助　时间　到　来　语助
嗨，该做事了！

ɛ^{55}，nɔ^{55} khɔ^{55}ma^{33} um^{55}　o^{31}.
嘿　你　快　　　做　　语助
嘿，你快做事吧。

第六章　借词

受语言接触影响，阿卡话词汇系统中，除本族固有词外，还吸收了一大批汉语、傣语、缅甸语、英语等词汇。其构词既有整体借用、部分借用、多语合璧、仿汉新造等形式。

第一节　整体借用

整体借用是指借用汉语、傣语、缅甸语、英语时，将汉语、傣语、缅甸语、英语等的语音、语义、词素一起借入阿卡语中。这类借词主要是现代社会发展中的新概念、新事物和政治文化词。

一、整借汉语

（一）政治、经济、文化、生产、生活等新事物、新概念借用汉语。如：

lɔ^{33}pan^{53} 老板
tshɯ^{31}tsɯ^{53} 直尺
tsha^{31}phi^{31}tsha^{31} 橡皮擦
sui^{33}ȵi^{31} 水泥
khuɛ^{24}tɕi^{24} 会计
fu^{31}wu^{24}jɛ^{31} 服务员
la^{55}la^{55}tui^{55} 啦啦队
jɛn^{33}jɛ^{31} 演员
mu^{31}tɕa^{24} 木匠
jin^{31}xaŋ^{31} 银行
li^{55}ɕi^{31} bi̠^{31}，a^{55}li^{31}bi̠^{31} 交利息
sui^{24} saŋ^{24} 上税
tsɔŋ^{55}tsɯ^{31}kha^{53} 充值卡
phjɔ^{24} 票
mei^{33}fa^{31}tin^{24} 美容美发店
xu^{24}sɯ^{24} 护士
pin^{55}kuan^{53} 宾馆
lau^{33}pan^{33}ȵa̠^{31} 老板娘
ɕo^{31}sɛŋ^{55}tsɛŋ^{24} 学生证
ɕɛn^{24}dzaŋ^{53} 县长
jɤ^{31}tjɛn^{24}jɛn^{31} 邮递员
sɯ^{55}tɕi^{33} 司机
ɕaŋ^{55}dzaŋ^{53} 乡长
saŋ^{55}pjau^{55} 商标
li^{55}ɕi^{31} 利息
sui^{24} 税
xai^{55}kuan^{33} 海关
tshɤ^{33}pha^{31}xau^{24} 车牌
tɕa^{24}tsau^{24} 驾照
tshan^{55}kuan^{53} 餐馆

xua^{24} 画　　tin^{55}nɔ^{33} 电脑

tɕin^{24}jɔŋ^{24}kha^{53} 信用卡　　tɕhɛn^{33}tsɤŋ^{24} 签证

xu^{24}tsau^{33} 护照　　wa^{55}pa^{33} 网吧

kha^{33}fei^{33}tin^{24} 咖啡店即　　xɔ^{33}ma^{55} 号码

gɔ^{31}dʑa^{55} 国家　　ji^{55}sɤŋ^{55} 医生

lɔ^{33}mi^{55} 老缅

（二）学校教师、学历、职称、科目等借用汉语。如：

jɤ^{24}ɤ^{31}jɛ^{31} 幼儿园　　ɕɔ^{55}ɕo^{31} 小学

tsɔŋ^{55}ɕo^{31} 中学　　tsɔŋ^{33}tsuan^{33} 中专

da^{24}tsuan^{33} 大专　　ta^{24}ɕo^{31} 大学

tɕau^{24}sɤ^{33} 教授　　ta^{24}ɕo^{31}ɕɔ^{24} tsaŋ^{53} 大学校长

tshɛŋ^{31}tɕi^{24} 成绩　　tsɔŋ^{55}ɕo^{31}ɕɔ^{24}tsaŋ^{53} 中学校长

thi^{33}ju^{31} 体育　　wu^{31}li^{31} 物理

xua^{24}ɕo^{31} 化学　　li^{24}sɯ^{31} 历史

su^{24}ɕo^{31} 数学　　ti^{24}li^{53} 地理

ji^{24}su^{31} 艺术　　tɕi^{31}kɤ^{31}，ɣa^{33} 及格

ɕau^{24}dzaŋ^{53} 校长　　tsha^{31}phi^{31}tsha^{31} 橡皮擦

ɕo^{31}sɛŋ^{55}tsɛŋ^{24} 学生证　　tshu^{33}ji^{31} 初一

tshu^{33}ə^{24} 初二　　kɔ^{33}ə^{24} 高二

kɔ^{33}san^{33} 高三

（三）电器、交通工具、燃料等词，借用汉语。如：

tjɛn^{24}fɔŋ^{55}saŋ^{24} 电风扇　　lu^{31}ɕaŋ^{55} 电视

pin^{33}ɕaŋ^{33} 电冰箱　　tɕhi^{55}tshɤ^{33} 汽车

tin^{55}thi^{55} 电梯　　tin^{24}bjɔ^{33} 电表

tshui^{55}fɔŋ^{55}tɕi^{55} 电吹风　　zɤ^{31}sui^{55}tɕhi^{24} 热水器

tɕɤ^{24}xo^{33}tshɤ^{55} 救火车　　ta^{24}kha^{55}tshɤ^{33} 大卡车

khɔŋ^{55}thjɔ^{31} 空调　　jau^{31}khɔŋ^{55}tɕhi^{24} 遥控器

ɕi^{31}tshɛn^{31}tɕhi^{24} 吸尘器　　ɕi^{55}ji^{33}tɕi^{55} 洗衣机

ta^{33}tshɤ^{33} 自行车　　tshɛ^{31}jɤ^{31} 柴油

tɕhi^{55}jɤ^{31} 汽油　　tsha^{31}tso^{24} 插座

tan^{33}tshɤ^{33} 单车　　tshuan^{31} 船

（四）外来饮食借用汉语。如：

tɕɔ^{33}tsɯ^{53} 饺子　　xo^{55}ko^{33} 火锅

man^{31}thɤ^{33} 馒头　　tɤ^{24}tɕaŋ^{55} 豆浆

pɔ^{55}tsɯ^{53} 包子　　tɕi^{55}za^{31} 自然

mei^{31}kui^{24} 玫瑰　　da^{24}lau^{33}pan^{53} 大商人

jɤ^{31}tjɔ^{31} 油条　　ko^{33}tɕaŋ^{24} 果酱

khɤ^{33}kho^{33}khɤ^{33}lɤ^{31} 可可　　pin^{33}tɕhi^{33}liŋ^{31} 冰激凌

min^{55}pɔ^{33} 面包

（五）数量词、序数等一般借用汉语。如：

kɔŋ^{55}tɕin^{33} 公斤　　tso̠^{31} 角

mi^{55} 米　　ti^{24}ji^{31}miŋ^{31} 第一名

ti^{24}ə^{24}miŋ^{31} 第二名　　ti^{24}san^{33}miŋ^{31} 第三名

ti^{24}sɯ^{24}miŋ^{31} 第四名　　ti^{24}ji^{31}ko^{24}ji^{31}mu^{31} 第一个节目

ti^{24}ə^{24}ko^{24}ji^{31}mu^{31} 第二个节目

（六）有些动词直接借用汉语。如：

ji^{55} 寄　　tɕhi^{55}fu^{24} 欺负

tshɤn^{31}zɤn^{24} 承认

二、整借缅语

云南边境阿卡人地区，与缅甸北部地区接壤，日常生活中受到缅甸语影响，有的词直接借用缅甸语。如：

jo^{55}ɕiŋ^{31} 电影　　na^{33}li̠^{31} 手表

sa̠^{33}bɛ^{31} 肥皂　　sa̠^{31}la̠^{31} 师傅

xa^{55}ɕɛ^{33} 村长　　da^{55} 年级

mu^{31}tso̠^{31} 幼儿园　　a^{31}lɛ^{31}da^{55} 中学

tɛ^{55}ka^{33}do^{31} 大专、大学　　sa̠^{31}la̠^{31} 老师

tɛ^{55}ka^{33}do^{31} se^{31}ja^{31} 大学老师　　a^{31}lɛ^{31}da^{55} se^{31}ja^{31} 中学老师

ji^{31}khɛ^{33}-ti^{55}ta̠^{31} 电冰箱　　ji^{33}khɛ^{33}mo^{53} 冰激凌

bɑŋ^{31}mo^{53} 面包　　tha^{31}mi^{55}sa^{31} 餐馆

tsa^{31}kui^{53} 油条　　phai^{53}si^{24} 涂改液

mɤ^{31} 国家、市

三、整借傣语

阿卡人居住的区域，周边有傣族村民包围，日常生活中与傣族的接触多，受傣语影响大，有的词直接借用傣语。如：

mɯ^{55}ja^{33} 医生　　ma^{31}ja^{55} 士兵

na^{31}pa̠^{33} 味精　　na^{31}si^{55} 油漆

四、整借英语

阿卡人居住的边境一线，有很多村寨与缅甸接壤。缅甸过去被英国殖民，语言文化受英国的影响大，语言中借入了一些英语。这些英语大多是现代文化词。因此，在与缅甸阿卡人频繁接触交流的过程中，二次借入阿卡话中。如：

lɔ^{31}li^{31} 汽车	lɔ^{31}li^{31}tsa̠^{31} 火车
bɑŋ^{31} 银行	xɔ^{31}tɛ̠^{31} 宾馆
la^{31}si^{31} 驾照	lɔ^{31}li^{33} na^{31}ba̠^{31} 车牌
khɤ^{33}kho^{33}khɤ^{33}lɤ^{31} 可口可乐	tɕhɔ^{31}khɤ^{31}li^{55} 巧克力
pi^{31}ja^{31} 啤酒	kha^{31}la^{33}o^{55}khei^{33} 卡拉 OK
mɛ^{33}n̥i^{55} 分钟	kha^{33}fei^{33} 咖啡
kɛn^{33}tɤ^{31}tɕi^{55} 肯德基	mɛ^{33}taŋ^{55}lɔ^{31} 麦当劳

第二节　部分借用

阿卡话的词汇系统中，借词主要来源于汉语，部分来源于傣语，极少部分经过二次借用来源于缅语和英语。

一、本族语+汉语

中国阿卡人南迁后呈大杂居、小聚居分布。长期以来，他们在汉文化、经济生活的影响下，学习汉文化来发展自己。所以，阿卡话词汇中借入了一些汉语借词，形成本民族语+汉语或汉语+本民族语，以适应新的语言环境。如：

thi^{31} kɔŋ^{55}tɕin^{33} 一公斤（本+汉）	jɛ^{55}tsɯ^{33} a^{55}bɔ^{55} 椰树（汉+本）
一　公斤	椰汁　　树
ju^{55}xa^{33} ji^{55} 寄信（本+汉）	lɔ^{33}mi^{55} dɔ^{31}（汉+本）缅甸话
信　　寄	老缅　　话
sa̠^{33} ɣɤ^{33}（汉+本）刮痧	
痧　刮	

二、本族语+傣语

长期以来，阿卡人与周围的傣族人有密切接触。因此，阿卡话词汇中借入了一些傣语借词，形成本民族语+傣语或傣语+本民族语的词，以适应新的语言环境。如：

thi^{31}da^{55} 小学一年级（本+傣）
一　级

ŋa^{31}da^{55} 小学五年级（本+傣）
五　级

na^{31}si^{55} jɔ^{33}na̱^{33} 黑油漆（傣+本）
油漆　　黑色

na^{31}si^{55} jɔ^{33}ba^{33} 白油漆（傣+本）
油漆　白色

三、本族语+缅语

长期以来，阿卡人与缅甸阿卡人接触密切。因此，阿卡话词汇中借入了一些缅语词，交往中形成本民族语+缅语或缅语+本民族语的词。如：

jɔ^{33}ga̱^{33}ga̱^{33} ɤ^{33}　ja^{31} 冷季（本+缅）
冷　　　　结助 季

jɔ^{33}sa̱^{31} sa̱^{31} ɤ^{33}　ja^{31} 热季（本+缅）
热　　　　结助 季

na^{31}li^{31} thi^{31} la̱^{31} 一小时（缅+本）
钟　　一　时

na^{31}li^{31} ȵi^{31} la̱^{31} 两点钟（缅+本）
钟　　二　时

ma^{33} dɔ^{31} 缅甸语（缅+本）
缅　话

四、本族语+英语

长期以来，阿卡人与缅甸阿卡人接触密切。因此，阿卡话词汇中借入了一些英语词，交往中通过二次借用形成本民族语+英语或英语+本民族语的词。如：

na^{31}ba^{33} ti̱^{31} 第一名（英+本）
第　　一

na^{31}ba^{33} ȵi̱^{31} 第二名（英+本）
第　　二

pi^{31}ja^{31} dɔ^{55} 喝啤酒（英+本）
啤酒　喝

ȵi^{31} mɛ^{33}ȵi^{55} 两分钟（本+英）
两　分钟

从表面上看，上述构词方式似乎看不出汉语、傣语、缅语、英语的借用痕迹。但从构词理据分析，构词方式始终以汉语、傣语、缅语、英语语义为基础，用阿卡话说明、解释新事物、新概念，使抽象概念具体化，以达到通俗易懂的目的。

这是一种多语合璧现象。多语合璧是指阿卡话词汇由汉语、傣语、缅语、英语等词的词素组合而成。阿卡话在吸收外来词素时，有的输入部分语音、语义、词素，即一部分是阿卡话语音、语义或词素；另一部分是外来语语音、语义或词素，然后共同构成新词汇。在借用语言时，通过重组结构，使其符合本民族表达习惯。

第三节　母汉并用

母汉并用是指母语阿卡话和汉语词汇同时使用的现象。虽然阿卡话里有的借用了汉语，但本族词也继续使用，在词汇中形成补充。如：

ja^{55}m̩^{55}za^{31}（本）　　nɔn^{31}min^{31}（汉）农民

a^{31}xa̱^{33}za^{31}（本）　　fu^{31}vu^{24}juan^{31}（汉）服务员

na^{31}ga^{31}（本）　　sɤ^{33}tɕi^{55}（汉）手机

baŋ^{31}kɤ^{33}（本）　　ɕaŋ^{55}tsɯ^{31}（汉）箱子

xɛ^{55}（本）　　tso̱^{31}（汉）角

jɔ^{33}ne^{55}jɔ^{33}n̥ø^{55}do̱^{31}（本）　　xɔŋ^{31}lu^{31}tɛŋ^{55}（汉）红绿灯

xɔ^{33}tɤ̱^{33}（本）　　xɤ^{31}tsɯ^{33}（汉）盒子

bɔ^{31}u^{55} dzɔ^{31}（本）　　ɕaŋ^{33}tshaŋ^{31}（汉）一种香肠

dʑa^{33}mɛ^{31}ɤ^{33}（本）　　kuaŋ^{55}kau^{33}（汉）广告

综上所述，借词进入阿卡话中是历史的必然，是符合语言发展规律的。中华人民共和国成立后的阿卡人，与汉族发生了广泛、深入的接触，由于实际生活的需要，阿卡话自然也会受到汉语广泛、深入的影响。特别是小学义务教育。汉语是国家通用语，又有文字，词汇比阿卡话丰富。阿卡话在汉语的影响下，必然会从汉语里吸收自己所缺失的词汇。此外，阿卡人与周边傣族、缅族杂居，日常生活中频繁的接触，难免使一些他们一直在使用的词汇进入阿卡话中，对阿卡话词汇的丰富与发展起了重要的作用。

第七章　特殊句式

阿卡话的句式可分为基本句式和特殊句式两种。基本句式是指最基本、最简单、最固定的句子结构形式，如“主语+谓语”“主语+宾语+谓语”等。但为了表达各种复杂的意义，阿卡话在日常生活中，还有以下几种常见的特殊句式。

第一节　被动句

阿卡话里没有像汉语那样明显表示“被动句”的形态标记或虚词标记，但阿卡话中有表述被动意义的句子，相当于“施受句”，或“施动句”。这种被动句[①]，其被动意义主要靠主语和宾语之间的施受关系来表现。以下从语法结构和语法意义来分析其特点。

一、被动句的语法特点

阿卡话的被动句的基本句式是：受事宾语＋施事主语＋nɛ^{33}施事助词＋bi^{33}让＋动词，如：

a^{31}jɔ̱^{33}ma̱^{31} ŋa^{33}ma̱^{31} nɛ^{33} bi^{33} la̱^{33} gu̱^{33} ɤ^{33} mɛ^{31}.
他们 我们 施助 让 使 吓 体助 语助
他们被我们吓坏了。

a^{31}jɔ̱^{31} a^{31}ȵi^{55} nɛ^{33} bi^{33} la̱^{33} ŋø^{55} a^{33}. 她被弟弟气哭了。
她 弟弟 施助 让 使 哭 语助

xo^{33}tsa̱^{31} a^{55}mi^{55} nɛ^{33} bi^{33} kɔ̱^{31} si^{55} a^{33}. 老鼠被猫咬死了。
老鼠 猫 施助 让 咬 死 语助

a^{55}du^{33} a^{33}dzu^{31} nɛ^{33} bi^{33} dza^{31} dzi^{55} mɛ^{33} la^{31}.
玉米 虫子 施助 让 吃 完 体助 语助
玉米都被虫子吃光了吗。

---

① 汉语的被动句在阿卡话里是施事和受事句，简称施受句。施事者即是动作的实施者，也可称为施动句。句中有施事和受事标记助词。

上述第一个例子中，“a^{31}jɔ̠^{33}ma̠^{31} 他们”是句子的宾语前置，其语义角色是受事。“ŋa^{33}ma̠^{31} 我们”是句子的主语，其语义角色是施事，“nɛ^{33} 施事助词”紧跟后面，表示施事。使役动词“bi^{33} 让”，在句法结构上与后面的动词“gu̠^{33} 吓”发生关系，构成使动结构。其他句子，其句式基本保持一致。

如果施事和受事关系都明确的情况下，可以省略使役动词“bi^{33} 让”。省略句式有以下几种。

（一）受事宾语＋施事主语＋nɛ^{33} 施助＋动词

如果 nɛ^{33} 标记主语的施事身份，宾语和主语的施受关系已经明确，可省略使役动词“bi^{33} 让”。但省略后，句子的被动意义不及加上“bi^{33} 让”那么明显，如：

kha^{33}tɛ̠^{33} a^{31}jɔ̠^{31} nɛ^{33} dza^{31} ŋa^{33}. 菠萝被他吃了。
菠萝　他　施助　吃　体助

tɕhɛ^{55} a^{31}ȵo^{31} nɛ^{33} dza^{31} ŋa^{33}. 谷子被牛吃了。
谷子　牛　施助　吃　体助

xo^{33}tsa̠^{31} a^{55}mi^{55} nɛ^{33} kɔ̠^{31} sɛ̠^{31} a^{33}. 老鼠，猫咬死了。
老鼠　猫　施助　咬　杀　语助

ja^{55}sa^{31} na^{55}a^{31} a^{31}kha^{31} ja^{31} nɛ^{33} mja^{31} dzi^{55} mɛ^{33}.
荒地　话助　阿卡　人　施助　开垦　完　语助
荒地，阿卡人开垦完了。

a^{55}du^{33} na^{55}a^{31} a^{31}dzu^{31} nɛ^{33} dza^{31} dzi^{55} mɛ^{33} la^{31}?
玉米　话助　虫子　施助　吃　完　体助　语助
玉米，虫子吃光了吗？

（二）受事宾语＋bi^{33} 让＋动词

当施事无法指明或无需指明时，可省略施事和施助 nɛ^{33}。句子的被动意义借助使役动词“bi^{33} 让”来体现，如：

a^{31}jɔ̠^{33}ma̠^{31} bi^{33} mjɔ̠^{31} mɛ^{31}. 他们被骗了。
他们　让　骗　语助

a^{55}mi^{55} ja^{31} bi^{33} thɛ^{33} bjɔ̠^{33} mɛ^{31}. 小猫被赶跑了。
猫　小　让　赶　跑　语助

xɔ^{31}thɤŋ^{33} bi^{33} dza^{31} dzi^{55} mɛ^{31}. 粑粑被吃完了。
粑粑　让　吃　完　语助

a^{31}ɣa̠^{31} sum^{31} mɔ^{55} bi^{33} sɛ̠^{31} mɛ^{33}. 猪被杀了三头。
猪　三　头　让　杀　语助

（三）受事宾语＋动词

当无须指明施事，受事宾语是非生命体时，施事和施助“nɛ^{33}”“bi^{33}

让”均可省略，如：

xɔ^{31}thɤŋ^{33} dza^{31} dzi^{55} mɛ^{31}. 粑粑（被）吃完了。

粑粑 吃 掉 语助

lɛ^{55}tsi̠^{33} xø^{31} ɤ^{33} a^{55}tsɯ̠^{33}tɛ̠^{31} ma^{31} ŋɤ^{55}. 荔枝（被）偷了不少。

荔枝 偷 结助 一点 不 是

la^{55}o̠^{33} dɛ^{31} pja̠^{33} mɛ^{33}. 门推坏了。

门 推 坏 语助

phɛ^{55}xɔŋ^{31} bɔ^{33} ga^{33}kha^{33} mɛ^{33}. 衣服（被）吹掉了。

衣服 吹 掉 语助

（四）施事主语＋nɛ^{33}施助＋bi^{33}＋动词，这种句式可省略受事宾语，如：

a^{31}jɔ̠^{31} nɛ^{33} bi^{33} dza^{31} mɛ^{33}. 被他吃掉了。

他 施助 让 吃 语助

dza3lɛ^{55} nɛ^{33} bji^{33} bɔ^{33} lɔ̠^{33}. 被风吹倒了。

风 施助 让 吹 倒

ja^{31} nɛ^{33} bji^{33} jɤŋ^{31} dzi^{55} ɤ^{31}. 被小孩用完了。

小孩 施助 让 用 完 语助

tsɯ̠^{31} mje̠^{31} nɛ^{33} bji^{33} dza^{31}mɛ^{33}. 被山羊吃掉了。

山羊 施助 让 吃 语助

二、被动句的语义特征

（一）表被动意义

阿卡话的被动意义主要体现为主语和宾语的施受关系。其基本格式为“受事宾语＋施事主语＋nɛ^{33}施事助词＋bi^{33}让＋动词”结构，还有上述提到的三种省略形式。其施受关系的隐现程度不同、被动意义明显程度也不同，如：

ka̠^{33}phjɔ^{55} xo^{33}tsa̠^{31} nɛ^{33} jɔ^{33}bø^{33} thi^{31} bø^{33} bi^{33} kɔ̠^{31} bø^{33}.

墙 老鼠 施助 洞 一 个 让 咬 通

墙被老鼠咬了一个洞。

kha^{33}phjɔ^{55} xo^{33}tsa̠^{31} nɛ^{33} jɔ^{33}bø^{33} thi^{31} bø^{33} kɔ̠^{31} bø^{33}.

墙 老鼠 施助 洞 一 个 咬 通

墙被老鼠咬了一个洞。

从上例可以看出，两句施事和受事都出现，句中除了借nɛ^{33}指明施事关系外，还用“bi^{33}让”强调宾语的受事性和事件的遭受性，被动意义最明显。

kha^{33}phjɔ^{55} jɔ^{33}bø^{33} thi^{31} bø^{33} bi^{33} kɔ̠^{31} bø^{33}. 墙被咬了一个洞。

墙 洞 一 个 让 咬 通

上句省略了施事者，但借助“bji^{33}让”明确主语的受事性。

kha^{33}phjɔ^{55} jɔ^{33}bø^{33} thi^{31} bø^{33} kɔ̱^{31} bø^{33}. 墙咬了一个洞。
墙　　洞　　一　个　咬　通

而上句省略了施事者和“bi^{33}让”前置宾语的受事性通过宾语自身无生命性、无施动性等语义特点体现出来，被动意义减弱。

（二）表完结意义

阿卡话被动句表完结意义与受事格充当前置宾语有关。因为受事者居于句首，本身具有认知上的“凸显”性和较强的话题性。而且受事意义得以实现必然说明动作已经完成。因此，在被动表述中，句子的谓语动词后必须带上结果补语或表示动作完成的体助词，使被动隐含完结意义的形式化、显性化，如：

ja^{55} xɤ^{33} khɔ^{31} sum^{31} po̱^{33} bi^{33} du^{31}. 这块地被挖三次。
地　这　块　三　次　让　挖

a^{31}n̥o^{31} xɤ^{33} mɔ^{55} bi^{33} ɤŋ^{31}dza^{31} mɛ^{33}. 这头水牛被卖了。
水牛　这　头　让　卖　　语助

bø^{31}ma^{33} a^{31}jɔ̱^{31} nɛ^{33} dza^{31} mɛ^{33}. 芋头被他吃了。
芋头　他　施助　吃　语助

a^{31}jɔ̱^{31} ŋa^{55} nɛ^{33} bi^{33} la̱^{33} ŋø^{55} ɤ^{33} mɛ^{33}. 他被我弄哭了
他　我　施助　让　弄　哭　体助　语助

a^{31}jɔ̱^{31} nɛ^{33} phɛ^{55}xɤŋ^{31} la̱^{33} phja^{31} mɛ^{33}. 他把衣服弄破了。
他　施助　衣服　弄　破　语助

a^{31}jɔ̱^{31} ɤ^{33} phju^{55} a^{31}tshɔ^{31} nɛ^{33} ju^{55} pha^{55} dzɤ^{55} mɛ^{33}.
她　结助　钱　别人　施助　拿　借　过　语助
她的钱别人被借走了。

da^{31}jɤŋ^{33} ja^{31} nɛ^{33} xɤ^{33} ga^{55} ku^{33} bi^{33} sɤ^{31} la̱^{31} a^{33}.
客人　小孩　施助　这里　方助　让　领来　语助
客人被小孩领到这里来了。

第二节　连动句

连动句指具有连动结构的句子。连动结构指在一个单句中，谓语是几个连用动词，这几个连用的动词所表示的动作必须是由同一个主语发出的。从语义上看，几个连续的动作，不但是有先后时间顺序或逻辑顺序，而且是相关的动作行为。阿卡话属OV型语言，动词都聚合在主语、宾语之后，动词连用构成连动结构。

一、连动结构的类别

阿卡话的连动结构可以分为如下三类：几个相关的实义动词连用；第一个动词为实义动词，第二个动词为趋向动词；第一个动词为实义动词，第二个为能愿动词。

（一）实义动词连用

几个相关的实义动词连用，按动作的时序排列。这种情形分为三种：一是两个动词之间用连接词 nɛ^{33} 连接，二是省略连接词。

1. 两个动词之间用连接助词 nɛ^{33} 连接，如：

nɔ^{55} sa^{55}nø^{31} ɣa^{31} o^{55} nɛ^{33} ɛ^{55}. 你想好后再说。

你 想 好 体助 连 说

nɔ^{55} tshɛ^{55}phju^{55} ȵɛ̱^{31}bu^{55} nɛ^{33} xɔ^{31}um^{55} um^{55}. 你淘米后再煮饭吧。

你 米 淘洗 连 饭 煮 煮

a^{31}jɔ̱^{31} thu^{55} nɛ^{33} ja^{31} tshi^{31}. 他起身抱孩子。

他 起身 连 孩子 抱

a^{31}jɔ̱^{31} xɔ^{31} um^{55} nɛ^{33} ŋa^{33}ma̱^{31} bi^{33} dza^{31}. 他做饭给我们吃。

他 饭 做 连 我们 给 吃

2. 两个或三个动词之间不用连接助词连接，如：

mɛ̱^{33} la^{55} na^{55} a^{31}nɔ^{33}ma̱^{31} xɔ^{31} um^{55} dza^{31} ɔ^{31}.

饿 来 话助 你们 饭 煮 吃 语助

饿的话，你们煮饭吃吧！

a^{31}jɔ̱^{31} a^{55}du^{33} pɯ̱^{33} dza^{31} lu̱^{31} a^{33}. 他在烧玉米吃。

他 玉米 烧 吃 体助 语助

a^{31}jɔ̱^{31} lɛ^{55}tsi̱^{33} thi^{33} si^{31} pja̱^{33} dza^{31} mɔ̱^{31} a^{55}. 他要摘一个荔枝吃。

他 荔枝 一 颗 摘 吃 想 语助

xɤ^{33}ga^{55} a^{33}bɔ^{55} thi^{31} bɔ^{55} thu^{55}tsɛ̱^{33} tha^{31} nɛ^{33} ga^{33} ŋa^{55}.

这里 树 一 棵 砍 体助 连词 倒 语助

这里有棵被砍倒的树。

（二）省略连接词

1. 第一个动词为实义动词，第二个动词为趋向动词，二者之间省略连接词连接，如：

nɔ^{55} a^{31}jɔ̱^{31} khu^{55} la^{33}. 你把他叫来。

你 他 叫 来

ŋa^{55} tshɛ^{31}ma^{33} la^{33}sa^{33} i^{55}. 我去修理锄头。

我 锄头 修理 去

a^{31}jɔ̱^{31} a^{31}ȵo^{31}ma^{33} ɤŋ^{55} po̱^{33} i^{55} mɛ^{33}. 他去找母牛了。

他　母牛　受助 找　去 语助

a^{31}jɔ̱^{31}ma̱^{31} a^{31}jɔ̱^{31} ɤŋ^{55} tshɔ^{33}ba^{33} i^{55} mɛ^{33}. 他们去帮助他了。

他们　他　受助 帮　去 语助

2. 第一个动词为实义动词，第二个为能愿动词，二者之间省略连接词连接，如：

ɛ^{55} mɔ̱^{31} xɔ̱^{31} ma^{31} ɛ^{55} phɯ^{31}. 想说又不敢说。

说 想　又　不　说 敢

ŋa^{55} i^{55} mɔ̱^{31}. 我想去。

我 去 想

ja^{55}ma^{33} xɛ^{55} la^{33} ja^{55} ɤ^{33}. 拿簸箕来簸吧！

簸箕　拿 来 簸 体助

a^{31}jɔ̱^{31} jum^{55} tso^{33}ga^{55} tshɔ^{33}ba^{33} i^{55} a^{33}. 他去帮盖房子了。

他　房子 盖　帮　去 语助

ŋa^{55} i^{55} mɔ̱^{31} mi^{55} a^{33}. 我愿意去。

我 去 想　语助 语助

a^{31}jɔ̱^{31} sa^{31}phi^{55} dza^{31} phɯ^{31} la^{55} mɛ^{31}. 他敢吃辣椒了。

他　辣椒　吃　敢　体助 语助

二、连动句的否定形式

阿卡话的动词可受否定副词的修饰。否定副词主要有“ma^{31} 不、没”。连动结构否定时，否定词均位于连动结构之前，如：

a^{31}ȵi^{55} a^{31}kha^{31} mi^{31}tshø^{31} ma^{31} gu̱^{31} ȵa^{33}. 妹妹不会缝阿卡衣服。

妹妹　阿卡　衣服　不　缝 会

a^{31}jɔ̱^{31} a^{33}lɔ^{55} ma^{31} ȵɛ̱^{31} phɯ^{31} a^{33}. 他不敢抓蛇。

他　蛇　不　抓　敢　语助

a^{31}jɔ̱^{31} ma^{31} i^{55} mɔ̱^{31} mɛ^{33}. 他不愿意去。

他　不　去 愿意 语助

a^{31}jɔ̱^{31} ma^{31} ɛ^{55} phɯ^{31}. 他不敢说。

他　不　说 敢

a^{31}jɔ̱^{31} ma^{31} la^{55} phɯ^{31}. 他不敢来。

他　不　来 敢

a^{31}jɔ̱^{31} ma^{31} nø^{31} phɯ^{31}. 他不敢想。

他　不　想　敢

第三节 差比句

差比句是一种用语义关系范畴来定性的句子类型，表示两个对象在某一属性上的程度差异。这种语义关系在不同的语言、方言中存在不同的表达方法。阿卡话差比句有其固有的句式，其基本句式一般是：主语+状语+谓语。从整体看，阿卡话的差比句主要有肯定式和否定式。

一、肯定式

阿卡话的差比句肯定式有三种句子结构类型：A+B+na̱^{33} ma^{31} tshe^{55}+形容词；A+jɔ^{33}+形容词+B+na̱^{33}+ma^{31} tshe^{55}+形容词；A+B+na̱^{33} ma^{31} tshe^{55}+动词+副词。

（一）A+B+na̱^{33} ma^{31} tshe^{55}+形容词

i^{31}nɤŋ^{33} mi^{55}nɤŋ^{33} na̱^{33} ma^{31} tshe^{55} tsha^{55} ȵa^{33}. 今天比昨天热。
今天 昨天 一样 不 仅 热 语助

a^{31}ȵi^{55} a^{55}do̱^{33} na̱^{33} ma^{31} tshe^{55} bjɔŋ^{33}. 弟弟比哥哥勤快。
弟弟 哥哥 一样 不 仅 勤快

a^{31}jɔ̱^{31} ŋa^{33} na̱^{33} ma^{31} tshe^{55} xɯ^{31}. 他比我大。
他 我 一样 不 仅 大

phɛ^{55}xɔŋ^{31} xɤ^{33} khɤŋ^{55} xø^{55} khɤŋ^{55} na̱^{33} ma^{31} tshe^{55} jɔ^{33}xa̱^{33}.
衣服 这 件 那 件 一样 不 仅 贵
这件衣服比那件贵。

（二）A+ jɔ^{33}+形容词+B+na̱^{33} +ma^{31} tshe^{55}+形容词

a^{31}jɔ̱^{31} jɔ^{33}xɯ^{31} ŋa^{33} na̱^{33} ma^{31} tshe^{55} xɯ^{31}. 他比我大。
他 大 我 一样 不 仅 大

a^{31}jɔ̱^{31} jɔ^{33}tshu^{55} nɔ^{55} na̱^{33} ma^{31} tshe^{55} tshu^{55}. 他比你胖。
他 胖 你 一样 不 仅 胖

ŋa^{55} jɔ^{33}go^{55} a^{31}jɔ̱^{31} na̱^{33} ma^{31} tshe^{55} go^{55}. 我比他高。
我 高 他 一样 不 仅 高

a^{33}bɔ^{55} xɤ^{31} bɔ^{55} jɔ^{33}xɯ^{31} xø^{55} bɔ^{55} na̱^{33} ma^{31} tshe^{55} xɯ^{31}.
树 这 棵 粗 那 棵 一样 不 仅 粗
这棵树比那棵树粗。

（三）A+B+na̱^{33} ma^{31} tshe^{55}+动词+副词

a^{31}jɔ̱^{31} nɔ^{31} na̱^{33} ma^{31} tshe^{55} je^{33} khɔ^{55} ȵa^{33}. 他会比你跑得快。
他 你 一样 不 仅 跑 快 会

a^{31}jɔ̱^{31} ŋa^{55} na̱^{33} ma^{31} tshe^{55} si^{31}ȵa^{33} dzɛ^{31}. 他懂的比我多。

他　我　一样　不　仅　知道　多

a^{31}jɔ̱^{31} ŋa^{33} na̱^{33} ma^{31} tshe^{55} i^{55} mɔ̱^{31}. 她比我更想去。

她　我　一样　不　仅　去　想

a^{31}bu^{55} a^{31}li^{33} na̱^{33} ma^{31} tshe^{55} a^{31}ma^{33} ɤŋ^{55} tshɔ^{33}ba^{33}.

女孩　男孩　一样　不　仅　妈妈　受助　帮助

女孩比男孩更能帮助妈妈。

ŋa^{55} nɔ^{31} na̱^{33} ma^{31} tshe^{55} a^{31}jɔ̱^{31} ɤŋ^{55} si^{31}ȵa^{33}. 我比你更了解他。

我　你　一样　不　仅　他　受助　知道

二、否定式

根据充当比较结果项词语的性质，阿卡话否定差比句可分为以下两种形式：一种是比较结果项，由形容词性词语来充当。其格式为：A+B+na̱^{33} ma^{31}+形容词；一种是比较结果项，由动词性词语来充当。其格式为：X+Y+na̱^{33} ma^{31}+动词。

（一）A+B+na̱^{33}+ jɔ^{33}+形容词+ ma^{31}+形容词

a^{55}jɤ̱^{31} a^{31}ȵi^{55} na̱^{33} jɔ^{33}mɯ^{31} ma^{31} mɯ^{31}. 姐姐不如妹妹漂亮。

姐姐　妹妹　一样　好　不　好

a^{31}jɔ̱^{31} nɔ^{31} na̱^{33} jɔ^{33}gɤŋ^{55} ma^{31} gɤŋ^{55}. 他不如你聪明。

他　你　一样　聪明　不　聪明

gɔ^{31}dzɔ^{31} xø^{55} dzɔ^{31} xɤ^{33} dzɔ^{31} na̱^{33} jɔ^{33} go^{55} ma^{31} go^{55}.

山　那　山　这　山　一样　缀　高　不　高

那座山不比这座高。

a^{31}jɔ̱^{31} ŋa^{31} na̱^{33} jɔ^{33}tshu^{55} ma^{31} tshu^{55}. 她不比我胖。

她　我　一样　胖　不　胖

从上例可以看出，阿卡话否定差比句中的谓语形容词可以重叠形式出现，否定副词“ma^{31} 不”镶嵌于重叠形容词之间。这种形式还可用另一种方式表达：A+ jɔ^{33}+形容词+B+na̱^{33}+ ma^{31}+形容词，如：

a^{31}jɔ̱^{31} jɔ^{33}gɤŋ^{55} nɔ^{55} na̱^{33} ma^{31} gɤŋ^{55}. 他不如你聪明。

他　聪明　你　一样　不　聪明

gɔ^{31}dzɔ^{31} xø^{55} dzɔ^{31} jɔ^{33}go^{55} xɤ^{33} dzɔ^{31} na̱^{33} ma^{31} go^{55}.

山　那　山　高　这　山　一样　不　高

那座山不比这座高。

a^{31}jɔ̱^{31} jɔ^{33}tshu^{55} ŋa^{31} na̱^{33} ma^{31} tshu^{55}. 她不比我胖。

她　胖　我　一样　不　胖

nɔ^{55} jɔ^{33}go^{55} nɔ^{31} ɤ^{33} a^{31}ȵi^{55} na̱^{33} ma^{31} go^{55}. 你不比你妹妹高。
你 高 你 结助 妹妹 一样 不 高

（二）A+B+na̱^{33} ma^{31}+动词

ŋa^{55} a^{31}jɔ̱^{31} na̱^{33} ma^{31} dza^{31} ȵa^{33}. 我没有他吃得多。
我 他 一样 不 吃 能

a^{31}jɔ̱^{31} nɔ^{55} na̱^{33} ma^{31} je^{33} khɔ^{55} ȵa^{33}. 他没你跑得快。
他 你 一样 不 跑 快 能

ŋa^{55} nɔ^{55} na̱^{33} a^{31}jɔ̱^{31} ɤŋ^{55} ma^{31} si^{31}ȵa^{33}. 我不如你更了解他。
我 你 一样 他 受助 不 知道

第四节 话题句

话题句是从语用角度分出来的一类句子。话题结构可用话题助词作为标记，也可以靠句法位置来表示。从形式上看，话题句可分为标记话题句和无标记话题句。标记话题句指话题成分后有明显的标志；无标记话题句指省略了话题标志。

一、标记话题句

标记话题句指话题成分后有明显的话题标志 na^{55}a^{31}①，大致有以下几种类型。

（一）*名词话题句*

1. 一般名词做话题

a^{31}da^{33} na^{55}a^{31} bo^{33}lo^{55}. 爸爸是村长。
爸爸 话助 村长

a^{55}jɤ̱^{31} na^{55}a^{31} um^{55}mjɔ^{31} jɤ^{55} i^{55} a^{31}. 姐姐去买东西。
姐姐 话助 东西 买 去 语助

mɛ^{31}tshø^{31} na^{55}a^{31} jum^{55} ɤ^{33} la^{31}xø^{55} ju^{55}tha^{31}tha^{31} a^{33}.
衣服 话助 屋子 结助 里边 放着 语助
衣服在屋子里放着。

a^{55}nɤŋ^{33} na^{55}a^{31} thi^{31} nɤŋ^{33} sa^{55} thi^{31} nɤŋ^{33} mɯ^{31} la^{55} a^{55}.
日子 话助 一 天 又 一 天 好 起来 语助
日子越来越好。

① na^{55}a^{31} 通常读合音 na^{53}，但本书不记作合音。

2. 专有名词做话题

a^{31}li^{33} na^{55}a^{31} a^{31}kha^{31} tshɔ^{55}xa^{31}. 阿哩是阿卡人。

阿哩　话助　阿卡　　民族

mi^{31}so^{31} na^{55}a^{31} a^{31}jɔ̱^{31} ɤ^{33}　ja^{31}mi^{31}. 迷嫂是他的女儿。

迷嫂　　话助　他　　结助 女儿

a^{55}li̱^{33} na^{55}a^{31} a^{31}gɯ̱^{33} ga^{55} dzɔ^{55} a^{33}? 阿哩在哪里？

阿哩　话助　哪里　　　　在　语助

tɕɛ^{55}xum^{31}　na^{55}a^{31} mi^{31}si^{33}phɔ^{33} dʑa̱^{33} a^{33}. 景洪就在前边。

景洪　　　　话助　前边　　　　在　语助

3. 时间名词做话题

u^{31}tsi̱^{31}thɔ^{33} na^{55}a^{31} a^{31}jɔ̱^{31} la^{55} a^{33}. 傍晚他来了。

傍晚　　　　话助　他　　来 语助

i^{31}naŋ^{33} na^{55}a^{31} a^{31}jɔ̱^{31} i^{33}khɤŋ^{55} dzɔ^{55} ɤ^{33}. 今天他在家。

今天　话助　他　　家　　　在　语助

i^{31}naŋ^{33} na^{55}a^{31} nɔ^{55} bi^{33} dɛ^{31} mɛ^{33}. 今天你挨骂了。

今天　话助　你　挨　骂　体助

i^{31}naŋ^{33} na^{55}a^{31} ga^{31}la^{31}ba^{33}la^{33}ȵi̱^{31}si^{31} sum^{55} nɤŋ^{33}. 今天二月三日。

今天　话助　二月　　　　　　　　三　日

i̱^{31} ȵum^{55} na^{55}a^{31} jɔ^{33}ga̱^{33}ga^{33} ɤ^{33}　a^{55}ja^{31}. 现在是冷季呀。

现在　　话助　冷季　　　　结助　时期

4. 地点、方位名词做话题

a^{31}li^{33}phu^{33} na^{55}a^{31} a^{31}gɯ̱^{33}ga^{55} dʑa̱^{33} a^{53}? 阿里村在哪里？

阿里村　　话助　哪里　　　　在　　语助

la̱^{31}ta̱^{33}phɔ^{33} na^{55}a^{31} ma^{33}deŋ^{33} phu^{33}. 上边是曼等村。

上边　　　　话助　曼等　　　村

mi^{31}si^{33}phɔ^{33} na^{55}a^{31} a^{31}jɔ̱^{31}phja^{31} ɤ^{33}　jum^{55}. 前边是他家。

前边　　　　话助　　他家　　　　结助　房子

ga^{33}dzɛ^{55}phɔ^{33} na^{55}a^{31} lɔ^{55}ba^{31} thi^{31} gɔ̱^{33} dʑa^{33}. 旁边是一条河。

旁边　　　　　话助　河　　　一　条　有

（二）名物化结构话题句

1. 形容词的名物化结构做话题

jɔ^{33}ne^{55} na^{55}a^{31} jɔ^{33}khɯ^{55}. 红的好吃。

红的　话助　　　好吃

jɔ^{33}na̱^{33} na^{55}a^{31} ŋa^{55} ma^{31} gɤ̱^{31}. 黑的我不要。

黑　　话助　我　不　要

jɔ^{33}ɕɯ̱^{31} na^{55}a^{31} a^{31}jɔ̱^{31} ɤ^{33}. 新的是他的。

新的　话助　他　结助

jɔ^{33}xɯ^{31} na^{55}a^{31} khɯ^{55} dzɛ^{31} lɛ^{33} ma^{31} ŋɤ^{55} a^{33}. 大的不一定就好吃。

大的　话助　好　更　过　不　是　语助

2. 动词的名物化结构做话题

mɤŋ^{55} ɤ^{55} na^{55}a^{31} a^{31}dzi^{55} xɤ^{33} mɔ^{55}. 叫的是这只鸟。

叫　结助　话助　鸟　这　只

u^{31}sø^{33} gɤ̱^{31} ɤ^{33} na^{55}a^{31} a^{31}jɔ̱^{31} ɤ^{33} a^{33}. 刚才用的是他的。

刚才　用　结助　话助　他　结助　语助

i^{31}nɤŋ^{33} ji^{55} ɤ^{33} na^{55}a^{31} ŋa^{55} ma^{33}. 今天去的是我。

今天　去　结助　话助　我　语助

mɛ^{31}tshø^{31} lɛ̱^{31}tshi^{31} ɤ^{33} ɣa^{31} na^{55}a^{31} ŋa^{31} ɤ^{33} a^{55}jɤ̱^{31} ma^{33}.

衣服　洗　结助　个　话助　我　结助　姐姐　语助

洗衣服的是我的姐姐。

（三）代词话题句

1. 人称代词做话题

ŋa^{33}ma̱^{31} na^{55}a^{31} a^{55}bo̱^{31}sɔ^{55}ja^{31}. 我们是学生。

我们　话助　学生

ŋa^{55} na^{55}a^{31} xɔ^{31} um^{55} ɣa^{31} ma^{31}. 我做好饭了。

我　话助　饭　做　完　语助

a^{31}jɔ̱^{31} na^{55}a^{31} n̥i^{31} dzɔ^{33}dzɛ^{31}la^{55} a^{31} si^{31}. 他还有两个星期。

他　话助　两　星期　留　还

nɔ^{55} a^{31}kha^{31} a^{31}jɔ̱^{31}ma̱^{31} na^{55}a^{31} lɔ^{55}? 你是阿卡族，他们呢？

你　阿卡　他们　话助　语助

a^{31}jɔ̱^{31} ɤ^{33} na^{55}a^{31} dzi^{55}ba^{31}. 他的是酒。

他　结助　话助　酒

2. 指示代词做话题

xɤ^{33}dɤ^{31} dzu^{33}ta^{33}na^{33}lu̱^{31} na^{55}a^{31} a^{31}jɔ̱^{31}ma̱^{31} ɤ^{33}. 这些全是他们的。

这些　全部　话助　他们　结助

xɤ^{33}dɤ^{31} na^{55}a^{31} tsɯ̱^{31}nɤŋ^{33}xo̱^{31} ɤ^{33} lɔ^{55}bɔ^{31}. 这些是今年的茶叶。

这些　话助　今年　结助　茶叶

xø^{55}dɤ^{31} na^{55}a^{31} mi^{55}nɤŋ^{33} xɔ^{33} jɤ^{55} a^{33}. 那些都是昨天才买的。

那些　话助　昨天　刚　买　语助

xɤ^{33}dɤ^{31} na^{55}a^{31} jɔ^{33}ne^{55} xø^{55}dɤ^{31} na^{55}a^{31} jɔ^{33}phju^{55}.
这些　话助　红的　那些　话助　白的
这些是红的，那些是白的。

（四）量词短语话题句

1. 指（量）名结构做话题：

xɔ^{31} xɤ^{33} na^{55}a^{31} ŋa^{31} nɛ^{33} um^{55} ɤ^{33}. 这饭是我煮的。
饭　这　话助　我　施助　煮　结助

xø^{55} mɔ^{55} na^{55}a^{31} ŋa^{33}phja^{31} ɤ^{33}. 那一匹是我家的。
那　匹　话助　我家　结助

jɔ^{33}go^{55}go^{55} ɤ^{33} xø^{55} bɔ^{55} na^{55}a^{31} mji^{31}su^{31}a^{33}bɔ^{55}.
高高　结助 那　棵　话助　松树
那棵高高的树是松树。

nɯ^{55}gɔ^{31} xø^{55} khɤŋ^{55} na^{55}a^{31} sum^{31} khɯ^{55} tsɔ̱^{31} ɤ^{33} tɛ̱^{31}.
凳子　那　条　话助　三　腿　有　结助 仅
那条凳子只有三条腿。

ga^{55}kɔ̱^{33} xɤ^{33} kɔ̱^{33} na^{55}a^{31} nɔ^{55} jɔ^{31}xa^{33} tɛ̱^{33} um^{55} dzi^{33} ɳa^{33} mɛ^{55}.
事情　这　件　话助　你　自己　只　做　完　会　语助
这件事，你完全可以自己做。

2. 数量结构或数量名结构做话题

thi^{31} gɔŋ^{55}dʑi^{55} na^{55}a^{31} lo̱^{31} le^{55} mɛ^{33}. 一公斤就足够了。
一　公斤　话助　够　可以　语助

thi^{31} ja^{55} ba̱^{31} na^{55}a^{31} thi^{31} ja^{55} ba̱^{31}. 一百块钱就一百块钱吧。
一　百　元 话助　一　百　元

thi^{31} si^{31} na^{55}a^{31} jɔ^{33}ɕɯ̱^{31}，thi^{31} si^{31} na^{55}a^{31} jɔ^{33}ø^{55}.
一　个　话助　新的　一　个　话助　旧的
一个新的，一个旧的。

thi^{31} si^{31} na^{55}a^{31} a^{31}da^{33} gɤ̱^{31} ɤ^{33}，thi^{31} si^{31} na^{55}a^{31} a^{31}ma^{33} gɤ̱^{31} ɤ^{33}.
一　个　话助 爸爸　用　结助 一　个　话助 妈妈　用　结助
一个是爸爸用的，一个是妈妈用的。

（五）受事宾语话题句

xɔ^{31} na^{55}a^{31} ŋa^{31} nɛ^{33} um^{55} ɤ^{33}. 饭是我煮的。
饭　话助　我　施助　煮　结助

lo^{33} na^{55}a^{31} a^{31}jɔ̱^{31} nɛ^{33} kha^{55} nɛ^{31} i^{55} mɛ^{31}. 汽车他开走了。
汽车 话助　他　施助 开　给 走 体助

ga^{33}kɔ̱^{33} xɤ^{33} kɔ̱^{33} na^{55}a^{31} ŋa^{55} si^{31}ɳa^{33} ma^{31}. 这件事我知道了。
事情　这　件　话助　我　知道　体助

tshɔ55xa33 xø55 ɣa31 na55a31 jɔ31ɣa31na33lu̱31 xɔ33mɔ55 xɔ33 mɛ31.
人 那 个 话助 大家 见到 过 体助
那个人大家都见过。

（六）领属式定语话题句

a33bɔ55 xɤ33 bɔ55 na55a31 a55pa̱31 jɔ33mja31 a33. 这棵树，叶子很多。
树 这 棵 话助 叶子 多 语助

sɤŋ31bo̱31da33du55 xɤ33 du55 na55a31 ȵi̱31 phɔ33 lu̱31 bo̱31 ŋja33 a31.
铅笔 这 支 话助 两 头 都 写 会 语助
这支笔，两头都可以写。

jum55 xɤ33 jum55 na55a31 jum55sɤŋ55 tshɔ33 mjɤŋ55 a31dʑo̱33lu31ɛ33
房子 这 栋 话助 房主 名字 怎么
khu55 a31.
叫 语助
这栋房子，主人叫什么名字？

（七）定语结构做话题

a31jɔ̱31 ɤ33 a31da33 a31ma33 na55a31 a31kha31 tshɔ31xa31.
他 结助 爸爸 妈妈 话助 阿卡 人
他爸妈都是阿卡人。

nɔ31 ɤ33 phɛ55 xɤŋ31 xɤ33 khaŋ55 na55a31 jɔ33mɯ31 ŋa33.
你 结助 上衣 这 件 话助 漂亮 语助
你的这件衣服很漂亮。

ŋa33 phja31 ɤ33 a31ȵi55 na55a31 xa̱31kha55 dzɤ̱31 dzɤ̱31 ɛ33 dʑɔ55 a33.
我 家 结助 妹妹 话助 背篓 编 叠 正 在 语助
我家妹子在编背篓。

ŋa31 ɤ33 a55xo̱31 na55a31 nɔ31 ɤ33 na̱33 ma31tshe55 ȵi̱31 mja̱33 mja33 ɤ33.
我 结助 年纪 话助 你 结助 比 不仅仅 两 倍 多 体助
我的年纪是你的两倍还多。

（八）形容词话题句

jɔ33pa̱33 na55a31 ma31 pha55 gɤ̱31 ma55. 破的话就不要了。
破 话助 不 再 要 语助

jɔ33xɯ31 na55a31 dza31 ɤ33 ma31 khɯ55 a33. 大的话不好吃。
大 话助 吃 结助 不 好吃 语助

jɔ33tsha55tsha55 na55a31 tjɛn24fɔŋ33saŋ55 phɔŋ33. 热的话开风扇。
热 话助 电风扇 开

pa̱^{33} na^{55}a^{31} phɛ^{55}xɔŋ^{31} du̱^{31}. 破的话补衣服。
破　话助　衣服　　补

(九) 动词性话题句

1. 动词可以名物化后做话题，也可以直接做话题，如：

tshaŋ^{33} na^{55}a^{31} xɔ^{31} mjɤŋ^{33} ga^{31} a^{33}. 走的话很慢。
走　话助　很　慢　语助　语助

ɛ^{55} na^{55}a^{31} ma^{31} um^{55}，ma^{31} ɛ^{55} na^{55}a^{31} um^{55}.
说　话助　不　做　不　说　话助　做
说的话不做；不说的话反而做。

gu^{55} na^{55}a^{31} ma^{31} gu^{55}，tshɔ^{31} na^{55}a^{31} ma^{31} tshɔ^{31}.
唱　话助　不　唱　跳　话助　不　跳。
唱呢不唱，跳呢不跳。

ŋø^{55} na^{55}a^{31} ma^{31} ŋø^{55}，ɯ^{55} na^{55}a^{31} ma^{31} ɯ^{55}.
哭　话助　不　哭　笑　话助　不　笑。
哭呢不哭，笑呢不笑。

2. 动宾短语做话题。

um^{31}dze^{31} dze^{31} na^{55}a^{31} ŋa^{55} gu̱^{33} i^{55} ȵa^{31}. 打雷吓到我了。
雷　打　话助　我　吓　到　体助

um^{31}jɛ^{55} jɛ^{55}le^{33} na^{55}a^{31} ɛ^{55}xɔ̱^{31}ni^{33} i^{55}sɤŋ^{31}ni^{33} ma^{31} jɛ^{55} xɯ^{31}.
雨　下　话助　但是　很　不　下　大
下雨了，可是不大。

a^{55}jɛ̱^{33} jɛ̱^{33} na^{55}a^{31} ɛ^{55}xɔ̱^{31}ni^{33} a^{55}si^{31}a^{55}lu^{33} i^{55}sɤŋ^{31}ni^{33} ma^{31} si^{31}.
花　开　话助　但是　果　很　不　结
开花了，可是不结果。

mi^{55}lu̱^{33} lu̱^{33} na^{55}a^{31} ɛ^{55}xɔ̱^{31}ni^{33} i^{55}sɤŋ^{31}ni^{33} ma^{31} lu̱^{33} xa^{33}.
地　震　话助　但是　很　不　震　大
地震了，可是不大。

3. 动补短语做话题。

dza^{31} dɛ̱^{33} na^{55}a^{31} gɤ̱^{31}ȵa^{33} mɛ^{33}. 吃饱就行了。
吃饱　话助　可以　语助

lɛ̱^{31}tshi^{31} ɣa^{31} na^{55}a^{31} a^{31}ga^{55} ja^{33} lɔ̱^{31} a^{31}?
洗　好　话助　哪儿　得　晾　语助
洗好了的话，晾到哪儿呢？

二、无标记话题句

$u^{31}tɕ\underline{i}^{31}$ $a^{31}j\underline{ɔ}^{31}$ la^{55} $ɤ^{33}$. 晚上他来了。

晚上　他　来　体助

$nɯ^{33}ɕɔ^{31}$ $x\underline{ɔ}^{31}ɕ\underline{ɯ}^{31}$. 明天新年。

明天　新年

$ŋa^{55}$ i^{55} $ŋɛ^{33}$ $a^{31}j\underline{ɔ}^{31}$ $j\underline{u}^{31}$ xa^{33} $mɛ^{55}$. 我去时他已睡了。

我 去 时 他 睡 已 语助

$a^{31}khɯ^{31}$ $ts\underline{ɛ}^{31}$ $ɤ^{33}$. 狗在叫。

狗　叫　语助

总之，话题结构的标志是 $na^{55}a^{31}$（na^{53}），但话题助词不具备句法上的强制性，一般可用也可不用。加了话题助词的句子可突出话题，所以往往带有比较、强调等语用意义。因此，在具体的语言使用中，话题标志可省略，不影响话题的表达。

附　　录

附录一　词汇表

序号	汉语	孟连阿卡话	澜沧阿卡话	勐海阿卡话
1	天	m̩^{31}	um^{31}	um^{31}
2	太阳	na^{55}ma^{33}	na^{55}ma^{33}	nɯ^{55}ma^{33}
3	月亮	ba^{33}la^{33}	ba^{33}la^{33}	ba^{33}la^{33}
4	星星	a^{31}gɯ^{55}	a^{31}gɯ^{55}	a^{31}gɯ^{55}
5	云	m̩^{31}dɔm^{55}	dʑy^{31}thɔm^{31}	um^{31}dum^{55}
6	雾	dʑi^{31}thɔm^{31}	dʑy^{31}thɔm^{31}	dʑu^{31}xø^{31}
7	雷	dʑi^{31}tso̱^{31}	u^{31}dʑe^{31} dʑe^{31}	um^{31}dʑe^{31} dʑe^{31}
8	风	dʑa^{31}lɛ^{55}	dʑa^{31}lɛ^{55} bɔ^{33}	dʑa^{31}lɛ^{55} bɔ^{33}
9	雨	m̩^{31}jɛ^{55}	u^{31}jɛ^{55}	um^{31}jɛ^{55}
10	闪电	m̩^{31}mja̱^{31}	u^{31}dʑe^{31} tshɔ^{31}tɛ̱^{33} tɛ̱^{31}	um^{31}mjɔ^{31}
11	虹	a^{55}dɛ^{55}lɛ^{55}xɔŋ^{31}	a^{33}dy^{55}ly^{55}xɤŋ^{33}	a^{33}dɛ^{55}lɛ^{55}xɤŋ^{33}
12	（下）雪	ŋɛ^{55}	ŋe^{55}	tɕhy^{31}
13	霜	ŋɛ^{55}khɔŋ^{33}	tɕhɤ^{31}a^{31}	ŋe^{55}
14	冰雹	ŋɛ^{55}si^{31}	ŋe^{55}si^{31}	um^{31}jɛ^{55}si^{31}
15	露水	tɕha^{31}ga^{33}	tɕhɤ^{31}a^{31}	tɕhɤ^{31}
16	火	mi^{31}dza^{31}	mi^{31}dza^{31}	mi^{31}dza^{31}
17	火焰	mi^{31}dza^{31}mi^{31}laŋ^{55}	mi^{31}dza^{31} do̱^{31}	mi^{31}lɔŋ^{55}
18	火星	mi^{31}dza^{31}mi^{31}tɤ̱^{33}	mi^{31}dza^{31}mi^{31}tɤ̱^{33}tɤ̱^{33}	mi^{31}dzɯ^{31}mi^{31}tɤ̱^{33}tɤ̱^{33}
19	（炊）烟	mi^{31}dza^{31}u^{31}xø^{31}	mi^{31}dza^{31}u^{31}xø^{31}xø^{31}	mi^{31}xø^{31}
20	气	sa̱^{31}	sa̱^{31}	sa^{31}

续表

序号	汉语	孟连阿卡话	澜沧阿卡话	勐海阿卡话
21	地	mi^{55}tsha^{31}	mi^{55}tsha^{31}	mi^{55}tsha^{31}
22	山	gɔ^{31}dʑɔ^{31}	gɔ^{31}dʑɔ^{31}gɔ^{31}du^{55}	gɔ^{31}dʑɔ^{31}
23	（上）坡	ga^{55}da̱^{33}	ga^{55}da̱^{33}	ga^{55}da̱^{33}
24	（下）坡	ga^{55}thø^{31}	ga^{55}thø^{31}	ga^{55}thø^{31}
25	山洞	mi^{55}tsha^{31}mi^{55}bø^{33}	gɔ^{31}dʑɔ^{31}da^{55}bø^{33}	lo̱^{33}xɤŋ^{31}
26	洞	jɔ^{33}bø^{33}	da^{55}bø^{33}	ma^{55}bjø^{33}
27	河	lo^{55}ba^{31}	lɔ^{55}gɔ̱^{33}	lɔ^{55}gɔ̱^{33}
28	海	lo^{55}ma^{33}nɯ^{33}ba^{31}	lɔ^{55}gɔ̱^{33}lɔ^{55}ma^{33}	xɛ^{33}
29	池塘	lɔ^{33}du^{31}	lɑŋ^{33}，ȵu^{31}lɑŋ^{33}	ɯ^{55}tshaŋ^{55}
30	沟	i^{55}tɕu̱^{31}ga^{55}kɔ̱^{33}	dɛ^{33}ma^{33}ɯ^{55}xɛ^{31}	dɛ^{33}ma^{33}ɯ^{55}xɛ^{31}
31	井	i^{55}tɕu̱^{31}lɔ^{33}du^{31}	lɔ^{33}du^{31}	lɑŋ^{33}du^{31}
32	路	ga^{55}ma^{33}	ga^{55}ma^{33}	ga^{55}ma^{33}
33	公路	ga^{55}ma^{33}ma^{33}	lɔ^{31}li^{31}ga^{55}ma^{33}	ga^{55}ma^{33}ga^{55}dʑɔ^{31}
34	山间小路	ga^{55}ma^{33}za^{31}	ga^{55}ma^{33}ga^{55}za^{31}	ga^{55}ma^{33}ga^{55}za^{31}
35	土	mi^{55}tsha^{31}	mi^{55}tsha^{31}	mi^{55}tsha^{31}
36	山地	da^{55}ta̱^{33}ja^{55}	ja^{55}sa^{31}，ja^{55}	ja^{55}sa^{31}
37	水田	dɛ^{33}ma^{33}	dɛ^{33}ma^{33}	dɛ^{33}ma^{33}
38	田埂	dɛ^{33}ma^{33}dɛ^{33}bɔŋ^{55}	dɛ^{33}ma^{33}dɛ^{33}bɔŋ^{55}	dɛ^{33}ma^{33}dɛ^{33}bɔŋ^{55}
39	石头	xa^{31}lo̱^{33}	xa^{31}lo̱^{33}	xa^{31}lo̱^{33}
40	沙子	xa^{55}ɕɯ̱^{31}	xa^{55}ɕɯ̱^{31}	kha^{55}ɕɯ̱^{31}
41	泥巴	mi^{55}tsha^{31}mi^{55}ȵa̱^{31}	mi^{55}tsha^{31}jɔ^{33}pjɛ̱^{33}	laŋ^{33}si^{55}
42	水	i^{55}tɕu̱^{31}	i^{55}tɕu̱^{31}	ɯ^{55}tɕu̱^{31}
43	水滴	i^{55}tɕu̱^{31}i^{55}dza̱^{31}	i^{55}tɕu̱^{31}i^{55}dza̱^{31}	ɯ^{55}dzɯ̱^{31}
44	泉水	la^{55}go̱^{33}i^{55}tɕu̱^{31}	gɔ^{31}dʑɔ^{31}i^{55}tɕu̱^{31}	ɯ^{55}tɕu̱^{31}
45	森林	a^{55}bɔ^{55}tshɤŋ^{31}xa̱^{33}	a^{55}bɔ^{55}ja^{55}	ja^{55}sa^{31}
46	金子	ɕɯ^{55}	ɕɯ^{55}	ɕɯ^{55}
47	银子	phju^{55}	phju^{55}	phju^{55}
48	铜	gɯ^{31}	gɯ^{31}	gɯ^{31}

续表

序号	汉语	孟连阿卡话	澜沧阿卡话	勐海阿卡话
49	铁	ɕɔm^{55}	ɕɔm^{55}	ɕɔm^{55}
50	锈	ɕɔm^{55}khɔ^{33}	ɕɔm^{55}khɔ^{33} khɔ^{33}	ɕɔm^{55}khɔ^{33} khɔ^{33}
51	铝	gɯ^{31}ba^{31}	gɯ^{31}	su^{55}du̲^{33}
52	炭	xa^{31}ɣɤ^{31}	xa^{31}ɣɤ^{31}	xa^{31}ɣɤ^{31}
53	灶灰	xa^{31}lɛ^{55}	xa^{31}lɛ^{55}	xa^{31}lɛ^{55}ʦha^{55}
54	国家	mi^{55}xɔŋ^{31}	mi^{55}xɔŋ^{31}mi^{55}ma^{33}	mi^{55}xɔŋ^{31}
55	全世界	mi^{55}tsha^{31}xo^{55}ta̲^{33}	mi^{55}xɔŋ^{31}tshɔ^{55}tɕhɔ^{31}	mi^{55}xɔŋ^{31}xɔŋ^{31}laŋ^{55}
56	地方	mi^{55}tsha^{31}	mi^{55}xɔŋ^{31}	mɤ^{31}
57	街；集市	lɛ̲^{33}kɔ̲^{33}	lɛ̲^{33}	lɛ̲^{33}
58	村寨	phu^{33}	tshɔ^{55}phu^{33}	phu^{33}
59	家庭	i^{55}khɔŋ^{55}	jɔm^{55}，phɛ^{31}za^{31}	jɔm^{55}，ɣo̲^{31}
60	桥	lɔ^{33}dzɔm^{55}	lɔ^{33}dzɔm^{55}	lɔ^{33}dzɔm^{55}
61	棺材	mɔ^{55}dɔm^{31}	ma^{55}dɔm^{31}	ma^{55}dɔm^{31}
62	坟墓	lɔ^{31}bjɔm^{55}	lɔ^{31}bjɔm^{55}	lɔ^{31}bjɔm^{55}
63	缅甸	mjɛn^{33}tjɛn^{33}	mi^{33}kha^{31}ko̲^{33}phɔ^{33}	gɤ̲^{33}xɑŋ^{31}
64	老挝	lɔ^{33}o^{55}mi^{55}xɔŋ^{31}	lɔ^{33}ɣo^{33}phɔ^{33}	lau^{33}ɣo^{55}
65	越南	juɛ^{55}na^{33}mɤ^{31}	juɛ^{55}na^{33}phɔ^{33}	jø^{33}na^{31}
66	中国	tsɔŋ^{33}ko^{31}mi^{55}xɔŋ^{31}	mi^{33}kha^{31}xø^{55}ta̲^{33}	a^{31}tø̲^{33}mi^{55}xɔŋ^{31}
67	北京	pɤ^{31}tɕi^{55}mi^{55}tsha^{31}	pɤ^{31}tɕi^{55}mi^{55}tsha^{31}	pei^{31}tɕiŋ^{55}
68	身体	xɔ^{33}mɔ^{55}	ɣɔ^{33}mɔ^{55}	mɔ^{55}to̲^{33}
69	头	u^{31}du^{31}	u^{31}du^{31}	u^{31}du^{31}
70	头皮	u^{31}du^{31}bɔ^{33}xo̲^{33}	u^{31}du^{31}bɔ^{33}xo̲^{33}	u^{31}du^{31}bɔ^{33}xo̲^{33}
71	头发	u^{31}du^{31}tsɛ̲^{33}khaŋ^{55}	u^{31}du^{31}sa^{33}khɑŋ^{55}	u^{31}du^{31}ʦhɛ^{55}khɑŋ^{55}
72	辫子	tɕa̲^{33}pje̲^{31}	tɕa̲^{33}pje̲^{31}	tɕa̲^{33}pje̲^{31}
73	眉毛	mɛ̲^{33}nɯ̲^{33}mɛ̲^{33}ɕɛ̲^{33}	mɛ̲^{33}nɯ̲^{33}mɛ̲^{33}ɕɛ̲^{33}	mja̲^{33}ɕɛ̲^{33}
74	眼睛	mɛ^{33}nɯ^{33}	mɛ^{33}nɯ^{33}	mja^{33}nɯ̲^{33}
75	眼珠	mɛ̲^{33}nɯ̲^{33}mɛ^{33}si^{31}	mɛ̲^{33}nɯ̲^{33}mɛ^{33}si^{31}	mja̲^{33}nɯ̲^{33}si^{31}

续表

序号	汉语	孟连阿卡话	澜沧阿卡话	勐海阿卡话
76	眼皮	mɛ^{33}nɯ^{33}bɔ^{33}xo̠^{33}	mɛ^{33}nɯ^{33}mɛ^{33}xo̠^{33}	mja^{33}nɯ^{33}mja̠^{33}xo̠^{33}
77	眼泪	mɛ̠^{33}bi^{55}	mɛ̠^{33}bi^{55}	mja̠^{33}bi^{55}
78	鼻子	na^{33}mɛ̠^{55}	na^{33}mɛ^{55}	na^{33}mɛ^{55}
79	鼻孔	na^{33}mɛ^{55}bø^{33}	na^{33}mɛ^{55}na^{55}bø^{33}	na^{33}mɛ^{55}na^{55}bø^{33}
80	耳朵	na^{31}bɔ^{55}	na^{31}bɔ^{55}	na^{31}bɔ^{55}
81	耳屎	na^{31}bɔ^{55}dɔ^{31}khe^{31}	na^{31}bɔ^{55}na^{31}khe^{31}	na^{31}bɔ^{55}na^{31}tɕhe^{31}
82	脸	mɛ̠^{33}du^{31}	mɛ̠^{33}du^{31}	mja̠^{33}phjɔ^{31}
83	嘴	xa^{31}mɛ^{33}	mɛ^{31}bø^{31}	xa^{31}mɛ^{33}
84	嘴唇	mɛ^{31}lu^{31}	mɛ^{31}lu^{31}	mɛ^{31}lu^{31}
85	胡子	mɛ^{31}tɕi̠^{33}	mɛ^{31}tɕi̠^{33}	mɛ^{31}mɑŋ^{31}
86	下巴	mɛ^{31}thaŋ^{31}	mɛ^{31}thɑŋ^{31}	mɛ^{31}thɑŋ^{31}
87	脖子	khaŋ^{31}laŋ^{55}	khɔŋ^{31}lɔŋ^{55}	khɔ^{31}lɑŋ^{55}
88	肩膀	ba^{31}phu^{33}	ba̠^{31}phu^{33}	ba̠^{31}phu^{33}
89	背	naŋ^{55}xaŋ^{33}	dɑŋ^{55}tsɯ̠^{31}	xø^{55}mɔ^{55}
90	腋	la̠^{31}o̠^{33}la̠^{31}xaŋ^{31}	la̠^{31}ɣo̠^{31}la̠^{31}thɑŋ^{33}	la̠^{31}ɣo̠^{31}thɑŋ^{33}
91	胸	xaŋ^{31}	xɑŋ^{31}	xɑŋ^{31}
92	乳房	a^{31}tɕhø^{55}xaŋ^{31}	a^{31}tɕhø^{55}	a^{31}tɕhø^{55}
93	奶汁	a^{31}tɕhø^{55}	a^{31}tɕhø^{55}	a^{31}tɕhø^{55}
94	肚子	o^{31}ma^{33}	u^{31}ma^{33}	u^{31}ma^{33}
95	肚脐	bø^{33}lø^{33}	bø^{33}lø^{33}	bø^{33}lø^{33}
96	腰	da^{55}tshɯ̠^{31}	da^{55}tsɯ̠^{31}	dʑo̠^{31}
97	屁股	dɔŋ^{31}dɔŋ^{31}	dɔŋ^{31}xɔŋ^{31}	dɔ^{31}xɔm^{31}
98	腿	khɯ^{55}du^{33}	a^{31}khɯ^{55}khɯ^{55}du^{33}	a^{31}khɯ^{55}
99	大腿	ɕa^{31}phja^{31}	a^{31}khɯ^{55}ɕa^{31}phja^{31}	ɕa^{31}phja^{31}
100	脚	a^{31}khɯ^{55}	a^{31}khɯ^{55}	a^{31}khɯ^{55}
101	脚后跟	khɯ^{55}nɯ̠^{31}	khɯ^{55}nɯ̠^{31}	khɯ^{55}nɯ̠^{31}
102	胳膊	la^{31}du^{33}	a^{31}la̠^{31}la^{31}du^{33}	la̠^{31}du^{33}
103	肘	la̠^{31}tsɯ̠^{31}	a^{31}la̠^{31}la^{31}tsɯ̠^{31}	la̠^{31}tsɯ̠^{31}

续表

序号	汉语	孟连阿卡话	澜沧阿卡话	勐海阿卡话
104	手	a^{31}la̱^{31}	a^{31}la̱^{31}	a^{31}la̱^{31}
105	手腕	la̱^{31}phu^{55}	a^{31}la̱^{31}la̱^{31}lɑŋ^{55}	la̱^{31}lɑŋ^{55}
106	手指	la̱^{31}nø^{55}	la̱^{31}nø^{55}	la̱^{31}nø^{55}
107	拇指	la^{31}ma^{33}	la̱^{31}ma^{33}	la̱^{31}ma^{33}
108	食指	la^{31}nø^{55}	la^{31}nø^{55}	thø^{31}tɕhɛ^{33}
109	中指	nø^{55}mɔ^{55}	nø^{55}mɔ^{55}	nø^{55}mɑŋ^{55}nø^{55}
110	无名指	nø^{55}ȵ̥ɔm^{55}	nø^{55}ȵ̥ɔm^{55}	nø^{55}pɛ^{31}nø^{55}
111	小指	nø^{55}tɕha^{31}	tɕha^{55}tɕha^{55}	tɕhi^{55}tɕha^{33}
112	指甲	la^{31}saŋ^{31}	la̱^{31}sɑŋ^{31}	la̱^{31}sɑŋ^{31}
113	拳	la̱^{31}tu̱^{33}	la̱^{31}tu̱^{33}	la̱^{31}tu̱^{33}
114	右手	a^{55}ma^{55}	a^{55}ma^{55}	la̱^{31}ma^{55}
115	左手	a^{55}tɕha^{55}	a^{55}tɕha^{55}	la̱^{31}tɕha^{55}
116	手掌	la̱^{31}xɔ̱^{33}	la̱^{31}xɔ̱^{33}	la̱^{31}xɔ̱^{33}
117	肛门	dɔ^{31}bø^{33}	dɔ^{31}bø^{33}	dɔ^{31}bjø^{33}
118	胎盘	za^{31}dʑɔ^{33}ɣa^{55}	za^{31}-^{33}dʑɔ^{55}tɕhɔ^{31}	za^{31}dʑɔ^{55}tɕhɔ^{31}
119	皮肤	tshɔ^{55}ɣa^{31}ja^{33}ɕa^{31}	bo^{33}xo̱^{33}	bo^{33}xo̱^{33}
120	皱纹	ɕa^{31}dʑu̱^{31}	jɔ^{33}dʑu̱^{31}dʑu̱^{31}	jɔ^{33}dʑu̱^{31} dʑu̱^{31}
121	鸡皮疙瘩	jɔ^{33}zu^{55}zu^{55}	jɔ^{33}ga̱^{33}ga̱^{33}ty̱^{33}	jɔ^{33}ga̱^{33}ga̱^{33}tø̱^{33}
122	痣	ɕa^{31}na̱^{33}	ɕa^{31}dzɛ^{31}ɕa^{31}na̱^{33}	sa^{31}na̱^{33}
123	疮	mɛ^{33}na^{55}	ma^{55}tɕhy^{31}	ma^{55}na^{55}
124	疤	mɛ^{55}bjɔ̱^{31}	ma^{55}bjɔ̱^{31}	ma^{55}bjɔ̱^{31}
125	癣	ȵ̥o^{31}gɯ^{31}na^{55}	ȵ̥o^{31}gɯ^{31}na^{55}	ma^{55}na^{55}
126	狐臭	dʑe^{55}khɔŋ^{55}dʑe^{31} nɔm^{55} bɛ̱^{31}la̱^{31}	la̱^{31}khu^{55}la̱^{31}nu^{55}	la̱^{31}khuŋ^{55}nuŋ^{55}
127	疟疾	ȵ̥o^{31}phja^{31}na^{33}go^{55}	mi^{55}ji^{31}phja^{31}	mi^{55}ji^{31}
128	肉	ɕa^{31}dʑi^{55}	ɕa^{31}dʑi^{55}	ɕa^{31} dʑi^{55}
129	血	ɕi^{31}	ɕi^{31}	ɕi^{31}
130	筋	ɕa^{31}gu^{31}	ɕa^{31}gu^{31}	ɕa^{31}gu^{31}

续表

序号	汉语	孟连阿卡话	澜沧阿卡话	勐海阿卡话
131	脑髓	u^{55}ṇm^{31}	u^{55}nu̱^{31}	uŋ^{55}nuŋ^{31}
132	骨头	ɕa^{31}jø^{31}	ɕa^{31}jø^{31}	ɕa^{31}jø^{31}
133	牙齿	sɤ^{31}	sɤ^{31}	sɤ^{31}
134	舌头	mɛ^{31}la^{55}	mɛ^{31}la^{55}	mɛ^{31}la^{55}
135	喉咙	khu^{31}bjɔŋ^{31}	khɔ^{31}bjɔŋ^{31}	khɔ^{31}bjɔŋ^{31}
136	肺	ɕa^{31}pɔ̱^{31}	ɕa^{31}pɔ̱^{31}	ɕa^{31}pɔ̱^{31}
137	心脏	nɯ^{33}ma^{33}	nɯ^{33}ma^{33}	nɯ^{33}ma^{33}
138	肝	ɕa^{31}tshaŋ^{31}	sa^{31}tshɑŋ^{31}	sa^{31}tshɑŋ^{31}
139	肾	ɣɔ^{31}si^{31}	ɣɔ^{31}si^{31}	xɔ^{31}si^{31}
140	胆	phja^{31}khɯ^{55}	phja^{31}khɯ^{55}	phi^{31}khɯ^{55}
141	胃	bɔ^{33}ma^{33}	bɔ^{33}ma^{33}	bɔ^{33}ma^{33}
142	肠子	bɔ^{33}u^{55}	bɔ^{33}u^{55}	bɔ^{33}u^{55}
143	膀胱	i^{55}ɕø^{33}bɔ^{33}dɯ^{55}	i^{55}ɕø^{33}bɔ^{33}dɯ^{55}	bɔ^{33}dɯ^{55}
144	屎	dɔ^{31}khe^{31}	dɔ^{31}khe^{31} khe^{31}	dɔ^{31}tɕhe^{31} tɕhe^{31}
145	尿	i^{55}ɕø^{33}	i^{55}ɕy^{33} ɕy^{33}	ɯ^{55}ɕy^{33} ɕy^{33}
146	屁	dɔ^{31}xa^{31} phjɛ^{31}	u^{31}xa^{31} phjɛ^{31}	u^{31}xa^{31} phjɛ^{31}
147	汗	khɔ^{31}phju^{55}khɔ^{31}tsha^{55}	khɔ^{31}phju^{55} dɔ̱^{33}	khɔ^{31}phju^{55} dɔ̱^{33}
148	痰	du^{31}xa^{31}da^{55}pɛ^{33}	dɔ^{31}xa^{31}tɕa̱^{33}pɛ^{33}	du^{31}xa^{31}
149	唾液	du^{31}xa^{31}lɛ^{55}mɯ̱^{31}	du^{31}xa^{31}	du^{31}xa^{31}
150	清鼻涕	na^{31}bɛ^{55}ɯ^{55}	na^{31}bɛ^{55}na^{31}ɯ^{55}	na^{31}bɛ^{55}
151	脓	mɛ^{33}bjɔŋ^{55}	mɛ^{33}bjɔŋ^{55}	ma^{55}bjɔŋ^{55}
152	尸体	tshɔ^{55}ɕi^{55}mɔ^{55}do^{33}	tshɔ^{33}ɕi^{55}ɣɔ^{33}mɔ^{55}	tshɔ^{55}mɔ^{55}
153	年龄	a^{55}xɔ̱^{31}	a^{55}xu̱^{31}	tshɔ^{55}xɔ̱^{31}
154	人	tshɔ^{55}ɣa^{31}	tshɔ^{55}xa^{31}，tshɔ^{55}xa^{31}za^{31}	tshɔ^{55}xa^{31}
155	民族	a^{31}kha^{31}tshɔ^{55}dʑɤ^{31}	tshɔ^{55}xa^{31}，a^{31}kha$^{31-33}$za^{31}	tshɔ^{55}dʑɯ^{31}
156	汉族	la^{31}bɯ^{31}	la^{31}bɯ^{31}	la^{31}bɯ^{31}
157	平头阿卡	u^{31}dzɤŋ^{33} a^{31}kha^{31}	u^{31}dzɤŋ^{33}a^{31}kha^{31}	dʑɯ̱^{31}ø^{31}

续表

序号	汉语	孟连阿卡话	澜沧阿卡话	勐海阿卡话
158	尖头阿卡	u^{31}tɕhø^{55} a^{31}kha^{31}	u^{31}tɕhø^{55}a^{31}kha^{31}	dʑɯ̲^{31}tɕɔ̲^{33}
159	拉祜	mɤ^{31}sɤ^{31}	mɯ^{31}sɤ^{31}	mɯ̲^{31}sɤ̲^{31}
160	泰族	bi^{31}tɕhm̩^{31}	mi^{31}tɕhɔm^{31}	bi^{31}tɕhɔm^{31}
161	别人	a^{31}tɕhɔ^{31}	a^{31}tɕhɔ^{31}	a^{31}tɕhɔ^{31}
162	成年人	tshɔ^{55}xa̲^{33}	za^{31}da̲^{31}，mi^{31}da̲^{31}	tshɔ^{55}xa̲^{33}
163	中年人	无	a^{55}tɕi̲^{33} mɔ^{31}i^{55} ŋa^{33}	tshɔ^{55}xa̲^{33}
164	小孩	a^{31}li^{33}za^{31}a^{31}bu^{55}za^{31}	za^{31}	za^{31}
165	婴孩	za^{31}nɔ^{33}za^{31}	za^{31}nɤŋ^{31}za^{31}	za^{31}naŋ^{31}
166	老头	a^{31}bɔ^{55}mɔ^{31}	a^{31}phø^{31}	tshɔ^{55}mɔ^{31}
167	老太太	a^{31}phi^{31}mɔ^{31}	a^{31}phi^{31}	tshɔ^{55}mɔ^{31}
168	男人	xa^{31}dʑe^{55}za^{31}	xa^{31}dze^{55}za^{31}	za^{31}jo^{33}
169	女人	za^{31}mi^{33}za^{31}	za^{31}mi^{33}za^{31}	za^{31}mi^{31}
170	年轻男人	a^{31}li^{33}za^{31}gu^{31}	xa^{31}dze^{55}za^{31}za^{31}gu^{31}	a^{31}li^{55}za^{31}go^{31}
171	年轻女人	a^{31}bu^{55}za^{31}gu^{31}	a^{31}bu^{55}za^{31}gu^{31}	a^{31}bu^{55}za^{31}go^{31}
172	小男孩	a^{31}li^{33}za^{31}	a^{31}li^{33}za^{31}	a^{31}li^{55}za^{31}
173	小女孩	a^{31}bu^{55}za^{31}	a^{31}bu^{55}za^{31}	a^{31}bu^{55}za^{31}
174	农民	ja^{55}m̩^{55}za^{31}	ja^{55}ɔm^{55}za^{31}	ja^{55}ɔm^{55}za^{31}
175	士兵	lɔŋ^{55}za^{31}	ma^{33}ja^{55}	lu^{31}sɤ^{33}
176	老板	lau^{33}pan^{33}	phju^{55}dʑa̲^{33}tshɔ^{55}xa^{31}	phju^{55}sɑŋ^{33}za^{31}
177	老板娘	lau^{33}pan^{33}ȵa^{31}	phju^{55}dʑa̲^{33}a^{31}ma^{33}	phju^{55}dʑa̲^{33}a^{31}ma^{33}
178	医生	ji^{55}sɤ^{55}	ji^{55}sɤ^{55}	mɔ^{55}ja^{55}
179	学生	sɔŋ^{31}bo̲^{31}dzɔ^{33}za^{31}	sɤŋ^{31}bo̲^{31}dzɔ^{33}za^{31}	saŋ^{31}bo̲^{31} dzɔ^{33}za^{31}
180	老师	lɔ^{55}sɤ^{33}	lɔ^{55}sɿ^{33}	lɔ^{31}sɿ^{55}
181	会计	khuɛ^{55}tɕi^{55}	khuɛ^{55}tɕi^{24}	khuɛ^{31}tɕi^{31}
182	木匠	da^{55}khɔ^{31}dʑɑŋ^{55}za^{31}	da^{55}khɔ^{31}dʑɑŋ^{55}ȵa^{33}tshɔ^{55}xa^{31}	la̲^{31}tɕi^{31}
183	校长	ɕau^{31}tsaŋ^{55}	lɔ^{55}sɿ^{33}a^{31}jɯ̲^{31}	ɕau^{31}tsaŋ^{213}
184	和尚	phɯ^{55}ɕɯ^{55}za^{31}	phɛ^{33}ɕɯ^{55}za^{31}	phɛ^{33}ɕɯ^{55}za^{31}go^{31}

续表

序号	汉语	孟连阿卡话	澜沧阿卡话	勐海阿卡话
185	尼姑	phɯ^{55}ɕɯ^{55}ma^{33}	phɯ^{33}ɕɯ^{55}ma^{33}	无
186	贼	tshɔ^{55}xø^{31}	su^{55}xø^{31}	su^{55}xø^{31}
187	朋友	tshɔ^{55}tɕhɔ^{31}	tɕhɔ^{31}	dzu̲^{31}tɕhɔ^{31}
188	瞎子	mɛ^{33}bɛ^{31}	mɛ^{33}bɛ̲^{31}	mja̲^{31}bɛ̲^{31}
189	聋子	na^{31}bɔ^{31}	na^{31}bɔ^{31}	na^{31}bɔ^{31}
190	傻子	a^{31}dzɔ^{31}	a^{55}gɔŋ^{31}	tshɔ^{55}ga̲^{33}
191	结巴	la^{55}ŋa̲^{31} ŋa̲^{31}	la^{55}ŋa̲^{31}	laŋ^{55}ŋa̲^{31}
192	哑巴	a^{31}bjɔŋ^{31}	a^{31}bjɔŋ^{31}	a^{31}dzɔ̲^{31}
193	客人	dɔ^{31}jɔŋ^{33}	dɔ^{31}jɔŋ^{33}	da^{31}jɑŋ^{33}
194	媒人	mɤ^{31}zɛn^{31}	tshɔ^{55}kha^{31}	无
195	祖宗	a^{31}phø^{31}a^{31}phi^{31}	a^{31}phø^{31}a^{31}bɔ^{55}	a^{31}phø^{31}a^{31}bɔ^{55}
196	爷爷	a^{31}bɔ^{55}	a^{31}phø^{31}	a^{31}phø^{31}
197	奶奶	a^{31}phi^{31}	a^{31}phi^{31}	a^{31}phi^{31}
198	曾祖父	a^{31}phø^{31}a^{31}bɔ^{55}	a^{31}phø^{31}a^{31}bɔ^{55}	a^{31}bɔ^{55}
199	曾祖母	a^{31}phø^{31}a^{31}phi^{31}	a^{31}phø^{31}a^{31}phi^{31}	a^{31}bɔ^{55}
200	父母	a^{31}da^{33}a^{31}ma^{33}	a^{31}da^{33}a^{31}ma^{33}	a^{31}ma^{33}a^{31}da^{33}
201	父亲	a^{31}da^{33}	a^{31}da^{33}	a^{31}da^{33}
202	母亲	a^{31}ma^{33}	a^{31}ma^{33}	a^{31}ma^{33}
203	儿子	a^{31}li^{33}	a^{31}li^{33}	a^{31}li^{33}
204	儿媳	khɤ^{31}ma^{33}	a^{31}tshu^{33}	khɤ^{31}ma^{33}
205	大儿子	a^{31}li^{33}jɔ^{33}xɯ^{31}ɣa^{31}	a^{31}li^{33}jɔ^{33}xɯ^{31}ɣa^{31}	za^{31}jɯ̲^{33}a^{31}jø^{33}
206	二儿子	a^{31}li^{33}ɣɔ^{33}ɣɔ^{55}ɣa^{31}	a^{31}li^{33}a^{55}kha$^{31-33}$ɣa^{31}	a^{31}li^{33}a^{55}kha^{31}ɣa^{31}
207	老幺儿	a^{31}li^{33}li^{33}sa^{31}	za^{31}sa^{31}ɣa^{31}	za^{31}sa^{31}
208	女儿	a^{31}bu^{55}	a^{31}bu^{55}	a^{31}bu^{55}
209	女婿	ɣɔŋ^{55}khɤ^{33}	a^{31}ɕɑŋ^{31}	a^{31}jɔ^{33}ɕaŋ^{31}
210	孙子	ø^{31}pha^{31}	ø^{31}pha^{31}	ø^{31}pha^{31}
211	孙女	ø^{31}ma^{33}	ø^{31}pha^{31}	ø^{31}pha^{31}
212	哥哥	a^{55}do̲^{33}	a^{55}do̲^{33}	a^{55}do̲^{33}

续表

序号	汉语	孟连阿卡话	澜沧阿卡话	勐海阿卡话
213	姐姐	a^{31}jɤ̱^{31}	a^{31}jɯ̱^{31}	a^{55}do̱^{33}
214	弟、妹	a^{31}ȵi^{55}	a^{31}ȵi^{55}	a^{31}ȵi^{55}
215	兄弟	a^{31}jɤ̱^{31}a^{31}ȵi^{55}	a^{31}jɤ̱^{31}a^{31}ȵi^{55}	mɛ^{55}num^{55}
216	姐妹	mɛ^{55}nm̩^{55}	mɛ^{55}num^{55}	mɛ^{55}num^{55}
217	兄弟姐妹	a^{31}jɤ̱^{31}mɛ^{55}nm̩^{55}	a^{31}jɯ̱^{31}a^{31}ȵi^{55}	mɛ^{55}num^{55}
218	伯父	a^{31}ɯ^{31}	a^{31}ɯ^{31}	a^{31}ɯ^{31}
219	伯母	a^{31}ɯ^{31}ma^{33}	a^{31}ɯ^{31}	a^{31}ɯ^{31}
220	叔叔	a^{31}ɣɔ^{55}	a^{31}ɣɔ^{55}	a^{31}ɣɔ^{55}
221	婶母	a^{31}mɯ^{33}	a^{31}mɯ^{33}	a^{31}mɯ^{33}
222	嫂子	a^{31}tshu^{33}	a^{31}tshu^{33}	a^{31}ʦhu^{33}
223	舅父	a^{31}ɣø^{33}	a^{31}ɣø^{33}	a^{31}ɣø^{33}
224	舅母	a^{31}mɯ^{33}	a^{31}mɯ^{33}	a^{31}mɯ^{33}
225	姨母	a^{31}mɯ^{33}	a^{31}mɯ^{33}	a^{31}mɯ^{33}
226	姑父	a^{31}ɕʏŋ^{31}	a^{31}ɕɑŋ^{31}	a^{31}ɕɑŋ^{31}
227	姑母	a^{31}xo^{31}	a^{31}xo^{31}	a^{31}xo^{31}
228	岳父	jo^{31}pha^{31}	tshɔ^{55}mɔ^{31}	ʦhɔ^{55}mɔ^{31}
229	岳母	jo^{31}ma^{33}	tshɔ^{55}mɔ^{31}	ʦhɔ^{55}mɔ^{31}
230	丈夫	xa^{31}dʑi^{55}za^{31}	xa^{31}dʑi^{55}za^{31}	xa^{31}dze^{55}za^{31}
231	妻子	mi^{31}za^{31}	mi^{31}za^{31}	mi^{31}za^{31}；za^{31}mi^{31}za^{31}
232	继母	ma^{33}ȵi^{55}	ma^{33}ȵi^{55}	a^{31}ma^{33}ma^{33}ȵi^{55}
233	继父	da^{33}ȵi^{55}	da^{33}ȵi^{55}	a^{31}da^{33}da^{33}ȵi^{55}
234	寡妇	mi^{31}tɕø^{31}a^{31}ma^{33}	mi^{31}tɕhø^{31}ma^{33}	mi^{31}ʨhø^{31}ma^{33}
235	养子	tɕhi^{31}tɕhɤ^{33}za^{31}	tɕhi^{31}tɕhu^{33}za^{31}	ʨhi^{31}ʨhu^{33}
236	动物	dʑe^{31}za^{31}	dʑe^{31}za^{31}	dʑe^{31}za^{31}
237	水牛	a^{31}ȵo^{31}	a^{31}ȵo^{31}	a^{31}ȵo^{31}
238	黄牛	mɔ^{33}ne^{55}	mɔ^{33}ne^{55}	ma^{55}ne^{55}
239	公牛	a^{31}ȵo^{31}la^{31}ɕi^{55}	a^{31}ȵo$^{31-33}$la^{31}ɕi^{55}	la^{31}ɕi^{55}
240	公黄牛	mɔ^{33}ne^{55}la^{31}ɕi^{55}	mɔ^{33}ne^{55}mɔ^{33}pha^{31}	ma^{55}ne^{55}ma^{55}gɔ^{33}

续表

序号	汉语	孟连阿卡话	澜沧阿卡话	勐海阿卡话
241	母黄牛	mɔ^{33}ne^{55}ma^{33}	mɔ^{33}ne^{55}mɔ^{33}ma^{33}	ma^{55}ne^{55}ma^{33}
242	牛粪	a^{31}ȵo^{33}dɔ^{31}khe^{31}	a^{31}ȵo^{33}khe^{31}	a^{31}ȵo^{33}tɕhe^{31}
243	牛角	a^{31}ȵo^{31}u^{31}tɕhø^{55}	a^{31}ȵo^{31}u^{31}tɕhø^{55}	a^{31}ȵo^{31}u^{31}tɕhø^{55}
244	马	mɤŋ^{31}	mɤŋ^{31}	mɑŋ^{31}
245	公马	mɤŋ^{31}phø^{55}	mɤŋ^{31}pha^{31}	mɑŋ^{31}pha^{31}
246	母马	mɤŋ^{31}ma^{33}	mɤŋ^{31}ma^{33}	mɑŋ^{31}ma^{33}
247	山羊	tsɯ̱^{31}mje̱^{31}	tsɯ̱^{31}mje̱^{31}	tɕi̱^{31}mje̱^{31}
248	绵羊	a^{31}jɔ^{55}	jɔ^{55}	jɔ^{55}
249	猪	a^{31}ɣa̱^{31}	a^{31}ɣa̱^{31}	a^{31}ɣa̱^{31}
250	公猪	a^{31}ɣa̱^{31}pha^{31}	a^{31}ɣa̱^{31}mɛ^{33}bɔ^{33}	ɣa̱^{31}pha^{31}
251	母猪	a^{31}ɣa̱^{31}ma^{33}	a^{31}ɣa̱^{31}ma^{33}	ɣa̱^{31}ma^{33}
252	狗	a^{31}khɯ^{31}	a^{31}khɯ^{31}	a^{31}khɯ^{31}
253	公狗	a^{31}khɯ^{33}pha^{31}	a^{31}khɯ^{33}khɯ^{33}xu^{55}	khɯ^{31}xu^{55}
254	母狗	a^{31}khɯ^{31}ma^{33}	a^{31}khɯ^{31}khɯ^{33}ma^{33}	khɯ^{31}ma^{33}
255	猫	a^{33}mi^{55}	a^{33}mi^{55}	a^{55}mi^{55}
256	兔子	laŋ^{31}	lɑŋ^{31}	thɑŋ^{31}la^{33}
257	鸡	a^{33}tɕi̱^{33}	ɣa^{33}tɕi̱^{33}	ɣa^{33}tɕi̱^{33}
258	公鸡	a^{33}tɕi̱^{33}phø^{55}	ɣa^{33}tɕi̱^{33}phø^{55}	ɣa^{33}tɕi̱^{33}phø^{55}
259	母鸡	a^{33}tɕi̱^{33}ma^{33}	ɣa^{33}tɕi̱^{33}ma^{33}	ɣa^{33}tɕi̱^{33}ma^{33}
260	鸭子	ɔ^{31}ɣa^{33}	ɔ^{31}ɣa^{33}	xɑŋ^{31}gu^{55}
261	鹅	ja^{31}	ja^{31}	dʑɛ̱^{33}χa^{31}
262	老虎	xa^{31}la^{31}	xa^{31}la^{31}	χa^{31}la^{31}
263	龙	bɛ̱^{33}jaŋ^{31}	bɛ̱^{33}jɤŋ^{31}	bja̱3jɑŋ^{31}
264	猴子	a^{55}mjo̱^{31}	a^{55}mjo̱^{31}	a^{55}mjo̱^{31}
265	熊	xa^{31}ɣɔ^{55}	xa^{31}xɔm^{55}	χa^{31}xɔm^{55}
266	大象	ja^{33}ma^{33}	ja^{33}ma^{33}	ja^{33}ma^{33}
267	野猪	xa̱^{31}the^{31}	ɣa̱^{31}the^{31}	ɣa^{31}the^{31}
268	鹿	tsɛ̱^{33}	tsɛ̱^{33}	tsɛ̱^{33}

续表

序号	汉语	孟连阿卡话	澜沧阿卡话	勐海阿卡话
269	麂子	tɕhe^{55}xa^{31}	tɕhi^{55}xa^{31}	tɕhi^{55}xa^{31}
270	水獭	ɯ^{55}ɕɔm^{55}	ɯ^{55}ɕɔm^{55}	ɯ^{55}ɕɔm^{55}
271	豪猪	o^{33}phu^{55}	xo^{33}phu^{55}	ɣo^{33}phu^{55}
272	老鼠	u^{33}tɕa̲^{31}	xo^{33}tɕa̲^{31}	ɣo^{33}tɕa̲^{31}
273	田鼠	tsɤ̲^{33}khɔŋ^{55}tsɤ̲^{33}nɔŋ^{55}	xo^{33}tɕa̲^{31}	ɣo^{33}tɕa̲^{31}
274	松鼠	u^{33}tɕa̲^{31}u^{33}ɕɔ^{55}	xo^{33}tɕa̲^{31}phja^{31}tshɔ^{31}	ɣo^{33}dɑŋ^{55}
275	飞鼠	xo^{33}bjɔ^{33}	xo^{33}tɕa̲^{31}xo^{33}ɕɔ^{33}	ɣo^{33}ɕu^{31}
276	竹鼠	xo^{33}phi^{31}	xo^{33}phi^{31}	ɣo^{33}phi^{31}
277	狼	ja^{55}sa^{31}xa^{31}jɛ^{55}	ja^{55}sa^{31}xa^{31}jɛ^{55}	χa^{31}jɛ^{55}
278	穿山甲	thɔŋ^{31}khɯ^{31}	thɑŋ^{31}khɯ^{31}	thɑŋ^{31}khɯ^{31}
279	鸟	a^{33}dʑi^{55}	a^{33}dʑi^{55}	a^{55}dʑi^{55}
280	老鹰	xa^{31}dze^{55}	xa^{31}dze^{55}	χa^{31}dze^{55}
281	猫头鹰	ɣɔ^{31}bu^{33}a^{31}ma^{33}	xɔ^{31}bu^{33}a^{31}ma^{33}	a^{31}dʑi̲^{33}lo^{31}lo^{33}
282	燕子	ɔ^{31}dʑi^{55}dʑu^{31}ɣa̲^{31}	dʑɔ̲^{31}dʑi^{55}dʑɔ̲^{31}ɣa̲^{31}	dʑɔ̲^{31}dʑi^{55}dʑɔ̲^{31}ɣa̲^{31}
283	鸽子	ja^{33}mi^{55}xa^{31}xø^{31}	ja^{33}mi^{55}xɔ^{31}xø^{31}	ja^{55}mi^{55}χɑŋ^{31}xø^{31}
284	麻雀	ja^{55}tsɤ̲^{33}	ja^{55}tsɤ̲^{33}	a^{55}dʑi^{55}dʑa^{55}ʦɯ̲^{33}
285	小谷雀	xa^{31}dʑa^{55}	xa^{31}dʑa^{55}	xa^{31}dʑa^{55}
286	黑头冠鸟	mɔŋ^{55}jɛ̲^{33}	mɯ^{55}jɛ̲^{33}	maŋ^{33}jɛ̲^{31}
287	乌鸦	ɔ̲^{31}a̲^{31}	ɔ̲^{31}a̲^{31}	ɔ̲^{31}a̲^{31}
288	野鸡	ɣa^{33}ȵi^{31}	ɣa^{33}ȵi^{31}	ɣa^{33}ȵi^{31}
289	鹦鹉	xa^{31}dʑe^{31}	xa^{31}dʑe^{31}	χa^{31}dʑe^{31}
290	斑鸠	xa^{31}xø^{31}	xa^{31}xø^{31}	χɑŋ^{31}xø^{31}
291	蛇	a^{33}lɔ^{55}	a^{33}lɔ^{55}	a^{55}lɔ^{55}
292	大黑蛇	ɯ^{55}na̲^{33}a^{55}lɔ^{55}	a^{55}lɔ^{55}i^{55}na̲^{33}	a^{55}lɔ^{55}ɯ^{55}na̲^{33}
293	青蛙	xa^{31}pha^{31}	xa^{31}pha^{31}	χa^{31}pha^{31}
294	蝌蚪	a^{31}bjaŋ^{31}	a^{31}bjɔŋ^{31}	a^{31}bjɔŋ^{31}
295	蜻蜓	tsɤ̲^{33}tsɤ̲^{33}bi^{31}	dʑa^{55}tsɤ̲^{33}	a^{31}dʑi̲^{31} khɑŋ^{55}mi^{33}
296	癞蛤蟆	pha^{31}bɤ̲^{33}a^{31}ma^{33}	phɔ^{31}bɯ̲^{33}a^{31}ma^{33}	pha^{31}bɯ̲^{33}

续表

序号	汉语	孟连阿卡话	澜沧阿卡话	勐海阿卡话
297	鱼	ŋa^{31}ɕa^{31}	ŋa^{31}ça^{31}	ŋa^{31}ça^{31}
298	虾	ȵɛ̱^{33}baŋ^{55}	ŋa^{31}ȵɛ̱^{33}bɑŋ^{55}	ȵɛ̱^{33}bɑŋ^{55}tɕhø^{55}xo^{31}
299	螃蟹	a^{55}kha^{33}	a^{55}kha^{33}	a^{55}kha^{33}
300	泥鳅	ŋa^{31}dʑɤ̱^{31}	ŋa^{31}dʑy̱^{31}	ŋa^{31}dʑø̱^{33}
301	鳝鱼	mɛ^{55}sø^{33}	mɛ^{55}sø^{33}	mɔ^{55}sø^{33}
302	螺蛳	a^{31}ȵo̱^{33}	a^{31}ȵo̱^{33}	a^{31}ȵo̱^{33}
303	蚌	a^{55}tɕha^{55}tɕha^{55}xɔ̱^{31}	tɕha^{55}tɕha^{55}lɔ^{55}xɔ̱^{31}	tɕha^{55}tɕha^{55}xɔ̱^{31}
304	虫	a^{31}dʑu^{31}	a^{31}dʑu^{31}	a^{55}bø^{31}a^{55}mɔ^{55}
305	跳蚤	khɯ^{31}çɛ^{55}	khɯ^{31}çɛ^{55}	khɯ^{31}ɕɛ^{55}
306	虱	çɛ^{55}mɔ^{55}	çɛ^{33}mɔ^{55}	çɛ^{55}mɔ^{55}
307	苍蝇	bu^{31}sa̱^{33}	phɔ^{31}sa̱^{33}	bju̱^{31}sa̱^{33}
308	蛆	lu̱^{33}thɔŋ^{31}	lu̱^{33}thɔŋ^{31}	lu̱^{33}thɑŋ^{31}
309	蛔虫	bu^{33}de^{55}	bu^{33}de^{33}	bu^{33}de^{33}
310	竹虫	xa^{31}bø^{31}	xa^{31}bø^{31}	χa^{31}bø^{31}
311	蚊子	bu^{31}the^{55}	phɔ^{31}the^{55}	tɕha^{55}gɔ^{31}
312	蜘蛛	dʑi^{31}dʑu^{55}lɔ^{55}ma^{33}	bu^{31}dʑu^{31}lu^{55}ɣa^{33}	ɯ^{55}dʑɯ^{55}
313	蜈蚣	ba^{31}laŋ^{33}ba^{55}laŋ^{55} a^{31}ma^{33}	ba^{31}lɑŋ^{33}ba^{55}lɑŋ^{55} a^{31}ma^{33}	a^{31}ma^{33}çɛ^{55}çɛ^{55}
314	蚂蟥	jɛ̱^{31}to̱^{33}a^{31}ma^{33}	a^{31}jɛ̱^{31}	jɛ̱^{31}
315	蚯蚓	bu^{31}dʑø^{33}	bu^{31}dʑy^{33}	bu^{31}dʑø̱^{33}
316	蚂蚁	a^{31}xo^{33}	a^{55}xo^{33}	a^{55}xo^{33}
317	萤火虫	a^{31}mɯ^{33}dʑa^{31}ȵi^{31}	dʑa^{31}ȵi^{31}	a^{31}mɯ̱^{33}dʑa^{31}ȵi^{31}
318	蜂	bja^{31}	bja^{31}	bja^{31}
319	小蜜蜂	bja^{31}ȵɤ̱^{33}	bja^{31}ȵɤ̱^{33}	bja^{31}jɔ^{31}
320	葫芦蜂	mi^{55}jɤ^{31}	bja^{31}ɣɛ^{55}，bja^{31}gɔ^{31}	bja^{31}gɔ^{31}
321	蜂蜜	bja^{31}ɯ^{55}	bja^{31}ɯ^{55}	bja^{31}ɯ^{55}
322	蜂蛹	bja^{31}za^{33}	bja^{31}bø^{31}	bja^{31}bø^{31}
323	蝗虫	ȵɛ̱^{33}bɔŋ^{55}dʑa^{33}the^{55}	ȵɛ̱^{33}bɔŋ^{55}	ȵɛ̱^{33}bɔŋ^{55}

续表

序号	汉语	孟连阿卡话	澜沧阿卡话	勐海阿卡话
324	蝴蝶	a^{55}lu^{33}	a^{55}lu^{33}	a^{55}lu^{33}
325	蝙蝠	bø^{55}ɣa^{31}	bø^{55}xa^{31}la^{31}tsɛ^{33}	bø^{55}xa^{31}
326	树	a^{55}bɔ^{55}	a^{55}bɔ^{55}	a^{55}bɔ^{55}
327	树枝	a^{55}bɔ^{55}ɔ^{31}phja^{31}	a^{55}bɔ^{55}la̱^{31}phja^{31}	a^{55}bɔ^{55}u^{31}phja^{31}
328	叶子	a^{55}pa̱^{31}	a^{55}pa̱^{31}	a^{55}pa̱^{31}
329	花	a^{55}jɛ̱^{33}	a^{55}jɛ̱^{33}	a^{55}jɛ̱^{33}
330	水果	a^{55}si^{31}	a^{55}si^{31}a^{55}lu^{33}	a^{55}si^{31}
331	核儿	a^{55}nɯ̱^{33}	a^{55}nɯ̱^{33}	a^{55}nɯ̱^{33}
332	芽儿	a^{55}tɕø^{33}	la^{31}phja^{31}	a^{55}dzi^{33};
333	蓓蕾	a^{55}jɛ̱^{33}tɕhɔm^{31}	a^{55}jɛ̱^{33}jɛ̱^{33}tɕhu^{31}	jɛ̱^{33}tɕhu^{31}
334	松树	mi^{31}ɕu^{31}a^{55}bɔ^{55}	mi^{31}ɕu^{31}a^{33}bɔ^{55}	mi^{31}ɕu^{31}a^{33}bɔ^{55}
335	万年青树	ȵɛ^{33}dzɔŋ^{55}a^{55}bɔ^{55}	ɕu^{31}li^{55}a^{55}bɔ^{31}	
336	毛木树	tshi^{55}sa̱^{33}a^{55}bɔ^{55}	tɕhi^{55}sa̱^{33}a^{55}bɔ^{31}	tɕhi^{55}sa̱^{33}a^{55}bɔ^{55}
337	杨柳	i^{55}nu^{31}a^{55}bɔ^{55}	i^{55}nu^{31}a^{55}bɔ^{31}	um^{55}nuŋ^{31}a^{55}bɔ^{55}
338	漆树	gɯ^{31}sɤ̱^{33}a^{55}bɔ^{55}	gɯ^{31}sɤ̱^{33}a^{33}bɔ^{55}	gɯ^{31}sɤ̱^{33}a^{55}bɔ^{55}
339	攀枝花树	lɔ^{33}bjɔm^{55}a^{55}bɔ^{55}	lɔ^{33}bjɔm^{55}a^{33}bɔ^{55}	lɔ^{33}bjɔm^{55}a^{33}bɔ^{55}
340	椰子树	jɛ^{55}tsɯ^{33}a^{55}bɔ^{55}	jɛ^{55}tsɿ^{33}a^{55}bɔ^{55}	ma^{24}pao^{31}
341	竹子	xa^{31}bɔ^{55}	ɣa^{31}phɯ^{55}	ɣa̱^{31}bɔ^{31}
342	金竹	a^{55}ma^{55}	ɣa^{31}phɯ^{55}ɕɯ^{55}	ma^{33}sa̱^{31}ɕɯ^{55}
343	竹笋	a^{55}bje̱^{31}	a^{55}bje̱^{31}	a^{55}bje̱^{31}
344	笋叶	xa^{31}lu^{31}	ɣa^{31}lu^{31}	ɣa̱^{31}lu^{31}
345	苦笋	a^{55}xa^{31} a^{55}bje̱^{31}	a^{55}xa^{31}a^{55}ȵu̱^{33}3	a^{55}xa^{31}bje̱^{31}
346	甜笋	xa^{31}tɕhø^{55}	ɣa^{31}tɕhø^{55}a^{55}bje̱^{31}	ɣa̱^{31}tɕhy^{55}bje̱^{31}
347	藤子	tɕhi^{55}ȵi^{33}phu^{31}	tɕhi^{55}ȵi^{33}	tɕhi^{55}ȵi^{33}
348	刺儿	a^{31}gɔŋ^{33}	a^{31}gɔŋ^{33}	a^{31}gɑŋ^{33}
349	桃子	sɛ^{31}ɣɔŋ^{31}	sɛ^{31}ɣɔŋ^{31}	si^{31}juŋ^{31}
350	梨	a^{31}phɛ^{55}ma^{55}gɔ^{31}	a^{31}phɛ^{55}ma^{55}gɔ^{31}	ma^{55}gɔ^{31}
351	香蕉	ɕaŋ^{55}tɕau^{55}	sa^{33}ba^{31}ŋa^{33}bɛ̱^{33}	ŋa^{33}bɛ̱^{33}ŋa^{33}ɔ^{55}

续表

序号	汉语	孟连阿卡话	澜沧阿卡话	勐海阿卡话
352	西瓜	dɛ^{33}na^{31}	dɛ^{33}na^{31}	dɛ^{33}na^{31}a^{55}si^{31}
353	桔子	si^{31}lø^{55}	si^{31}lø^{55}	si^{31}lø^{55}
354	荔枝	li^{24}tsɯ^{55}	ka^{33}tɕha^{31}	li^{24}tsɯ^{55}
355	龙眼	tshɤŋ^{31}xa̠^{33}a^{55}si^{31}	lɔŋ^{31}jɛn^{33}	lɔŋ^{31}jɛn^{53}
356	菠萝	ka̠^{33}tɛ^{33}	kha^{33}tɛ^{33}	kha^{33}tɛ̠^{33}
357	葡萄	phu^{31}thɔ^{55}a^{55}si^{31}	phu^{31}thɔ^{55}a^{55}si^{31}	phu^{31}thɔ^{55}a^{55}si^{31}
358	板栗	bɔ^{33}phja^{33}a^{55}nɯ̠^{33}	pan^{33}li^{31}a^{55}si^{31}	无
359	酸角	dza^{31}tɕha^{31}a^{55}bɛ̠^{33}	dʑɔŋ^{31}tɕha^{31}	si^{31}tɕha^{31}bɛ̠^{33}
360	芭蕉	ŋa^{33}bɛ̠^{33}	ŋa^{33}bɛ̠^{33}	ŋa^{33}bɛ̠^{33}
361	野芭蕉	ja^{55}sa^{31}ŋa^{33}bɛ̠^{33}	ŋa^{33}bɔ^{55}ŋa^{33}ne^{55}	ŋa^{33}bɛ^{33}ŋa^{33}ne^{55}
362	芭蕉花	ŋa^{33}du^{33}	ŋa^{33}du^{33}	ŋa^{33}du^{33}
363	芭蕉叶	ŋa^{33}bɔ^{55}pa^{31}	ŋa^{33}bɛ^{33}pɔ̠^{31}lɔ^{31}	ŋa^{33}bɛ̠^{33}pɔ̠^{31}lɔ̠^{31}
364	芒果	gɯ^{55}ɣo̠^{31}a^{55}si^{31}	gɯ^{55}o̠^{31}a^{55}si^{31}	dʑo^{55}ɣo̠^{31}a^{55}si^{31}
365	甘蔗	phɔ^{31}tɕhø^{55}	phɔ^{31}tɕhø^{55}	phɔ^{31}tɕhø^{55}
366	木瓜	ȵɛ̠^{33}dzaŋ^{55}ŋa^{33}bɛ̠^{33}a^{55}si^{31}	ȵɛ̠^{33}dzɑŋ^{55}ŋa^{33}bɛ^{33}	ȵɛ̠^{33}dzɑŋ^{55}ŋa^{33}bɛ̠^{33}
367	稻草	ɣɔ^{33}jø^{31}	ɣo^{33}jø^{31}	ɣo^{33}jø^{31}
368	糯米	xɔ^{31}ȵɔ^{31}	xɔ^{31}ȵɔ^{31}	xɔ^{31}ȵɔ^{31}
369	饭米	xɔ^{31}	xɔ^{31}tɕɛ̠^{31}	xɔ^{31}tɕɛ̠^{31}
370	种子	sø^{31}jø^{31}	a^{55}jø^{31}	si^{31}jø^{31}
371	秧	ma^{55}ga̠^{31}	dɛ^{33}ga̠^{31}	dɛ^{33}ga̠^{31}
372	穗	tɕhɛ^{55}nm̩^{55}	tɕhɛ^{33}num^{55}	tɕhɛ^{33}num^{55}
373	瘪谷	tɕhɛ^{55}xɔ̠^{31}	tɕhɛ^{55}xɔ̠^{31}	tɕhɛ^{55}xɔ̠^{31}
374	旱谷	da^{55}ta̠^{33}tɕhɛ^{55}	da^{55}ta̠^{33}tɕhɛ^{55}	dzɑŋ^{55}tɕhɛ^{55}
375	玉米	a^{55}du^{33}	a^{55}du^{33}	a^{55}du^{33}
376	棉花	sa^{31}la^{31}	sa^{31}la^{31}	sa^{31}la^{31}
377	青菜	ɣɔ^{31}pa̠^{31}	ɣɔ^{31}pa̠^{31}xa^{31}	xɔ^{31}pa̠^{31}xɔ^{31}ȵu^{55}
378	白菜	ɣɔ^{31}pa̠^{31}phju^{55}	ɣɔ^{31}pa̠^{31}phju^{55}	xɔ^{31}pa̠^{31}xɔ^{31}bu^{55}
379	蕨菜	da^{55}lɛ̠^{33}	da^{55}lɛ̠^{33}	da^{55}lɛ̠^{33}

续表

序号	汉语	孟连阿卡话	澜沧阿卡话	勐海阿卡话
380	韭菜	u^{31}tɕhi^{55}u^{31}tɕi̱^{33}	gu^{31}tɕhi^{55}sɛ^{55}tɕi̱^{33}	ɕɛ^{55}tɕi̱^{33}
381	臭菜	the^{55}bu̱^{31}	thɔ^{55}bu̱^{31}	thɤ^{55}bu̱^{31}
382	萝卜	ɣɔ^{31}bu^{33}	ɣɔ^{31}bu^{33}	xɔ^{31}bu^{33}
383	辣椒	la^{31}phi^{55}	sa^{31}phi^{55}	si^{31}phi^{55}
384	葱	sa^{33}bo^{55}	sɛ^{55}bɔ^{31}bo^{55}	sɛ^{55}bo^{31}
385	盐	a^{31}dɤ̱^{31}	sa^{31}dɤ̱^{31}	sa^{31}dɤ̱^{31}
386	糖	phɔ^{31}tɕa̱^{31}	phɔ^{31}tɕa̱^{31}	phɔ^{31}tɕa̱^{31}
387	蒜	sɛ^{33}phu^{55}	sɛ^{33}phu^{55}	si^{33}phu^{55}
388	姜	tshɔ^{31}tsɯ̱^{31}	tshɔ^{31}tsɯ̱^{31}	tshɔ^{31}tsɯ̱^{31}
389	芫荽	ja^{33}sɔ^{55}	ɣa^{33}sɔ^{55}	ɣa^{33}sɔ^{55}
390	土豆	ma^{55}ja^{31}ji^{55}	la^{31}bɯ^{31}bø^{31}ma^{31}	bjɔm^{33}ma^{55}za^{31}
391	芋头	bø^{31}ma^{33}	bø^{31}ma^{33}	bjɔm^{33}ma^{55}
392	魔芋	dʑi̱^{33}jɔ̱^{33}	dʑi̱^{33}jɔ̱^{33}	dʑi̱^{33}jɔ̱^{33}
393	山药	ja^{55}sa^{31}maŋ^{31}	mɑŋ^{31}kha^{33}ɕɯ^{55}	mɑŋ^{31}tɕhø^{55}
394	红薯	mɔ^{31}tɕhø^{55}	mɔ^{31}tɕhø^{55}	mɑŋ^{31}tɕhø^{55}ne^{55}
395	南瓜	ma^{55}dɛ^{33}	ma^{55}dɛ^{33}	ma^{55}dɛ^{33}
396	冬瓜	tɔŋ^{31}xo^{31}	thɔŋ^{31}xo^{31}	thɑŋ^{31}xo^{31}
397	黄瓜	sɛ^{31}xo^{31}	sɛ^{31}xo^{31}	si^{31}xo^{31}
398	洋丝瓜	ja^{31}sɯ^{55}gɔ^{55}	ka̱^{33}la^{55}na^{55}nɔ̱^{31}	ka̱^{33}la^{55}thɑŋ^{31}xo^{31}
399	豆荚	nɯ̱^{33}	nɯ̱^{33}tɕhø^{55}	nɯ̱^{33}gɔ̱^{33}
400	黄豆	nɯ̱^{33}pja̱^{33}	nɯ̱^{33}pja̱^{33}	nɯ̱^{33}pja̱^{33}
401	豌豆	nɯ̱^{33}tshu^{55}nɯ̱^{33}lu^{55}	tsha^{31}du^{55}za^{31}	tsha^{31}du^{55}
402	葫芦	i^{55}phu^{31}	i^{55}phu^{31}	ɯ^{55}phu^{31}
403	花生	nɯ̱^{33}phaŋ^{31}	nɯ̱^{33}phɔŋ^{31}	nɯ̱^{33}phɔŋ^{31}
404	芝麻	nɔm^{31}si^{31}	nu̱^{31}si^{31}nu̱^{31}ɕɛ^{55}	nɔm^{31}si^{31}
405	草	jɛ^{55}mo̱^{31}	ja^{55}mo̱^{31}	ja^{55}mo̱^{31}
406	茅草	u^{31}dʑi^{55}	u^{31}dʑi^{55}	u^{31}dʑi^{55}
407	香茅草	phɔ^{31}phi^{55}	phɔ^{31}phi^{55}	phɔ^{31}phi^{55}

续表

序号	汉语	孟连阿卡话	澜沧阿卡话	勐海阿卡话
408	蘑菇	a^{33}xɔm^{55}tɕhu^{31}	a^{33}xɔm^{55}	a^{33}xɔm^{55}
409	木耳	a^{31}phi^{31}na^{31}xo^{33}	a^{31}phi^{31}na^{31}xo^{33}	a^{31}phø^{31}na^{31}xo^{33}
410	青苔	i^{55}tɕu^{31}i^{55}dʑa^{31}	i^{55}tɕu^{31}i^{55}dʑa^{31}	ɯ^{55}tɕu^{31}ɯ^{55}ju^{33}
411	米	tɕhɛ^{33}phju^{55}	tɕhɛ^{33}phju^{55}	tɕhɛ^{55}phju^{55}
412	饭	xɔ^{31}	xɔ^{31}	xɔ^{31}
413	菜	ɣɔ^{31}ȵø^{55}	ɣɔ^{31}ȵø^{55}	xɔ^{31}tshɛ^{31}
414	早饭	ɕɔ^{31}xɔ^{31}	ɕɔ^{31}xɔ^{31}	u^{31}ɕɔ^{31}xɔ^{31}
415	午饭	naŋ^{33}xɔ^{31}	nɯ^{33}xɔ^{31}	nɑŋ^{31}ɣɑŋ^{55}xɔ^{31}
416	晚饭	tɕi^{31}xɔ^{31}	tɕi^{31}xɔ^{31}	u^{31}tɕi^{31}xɔ^{31}
417	稀饭	xɔ^{31}tɕa^{31}	xɔ^{31}tɕa^{31}	tɕhɛ^{55}ma^{33}
418	冷饭	xɔ^{31}tsɛ^{31}	xɔ^{31}ga^{33}	xɔ^{31}tsɛ^{33}
419	面粉	tɕhɛ^{55}mɤ^{33}	tɕhɛ^{55}mɤ^{33}	tɕhɛ^{55}mɤ^{33}
420	米线	xɔ^{31}dʑu^{33}	xɔ^{31}dʑu^{33}	xɔ^{31}dʑu^{33}
421	糯米粑粑	xɔ^{31}thaŋ^{31}	xɔ^{31}thɔŋ^{31}	xɔ^{31}thɑŋ^{31}
422	瘦肉	ɕa^{31}dʑi^{55}	ɕa^{31}dʑi^{55}	ɕa^{31}dʑi^{55}
423	肥肉	ɕa^{31}tshu^{55}	ɕa^{31}tshu^{55}	ɕa^{31}tshu^{55}
424	干巴	ɕa^{31}ko^{33}	ɕa^{31}ko^{33}	ɕa^{31}ko^{33}
425	酸竹笋	a^{55}bje^{31}tɕhɛ^{55}	a^{55}bje^{31}tɕhɛ^{55}	a^{55}bje^{31}tɕhɛ^{55}
426	酸菜	ɣɔ^{31}pa^{31}tɕhɛ^{55}	ɣɔ^{31}pa^{31}tɕhɛ^{55}	xɔ^{31}pa^{31}tɕhɛ^{55}
427	卤腐	tɤ^{24}fu^{33}da^{55}pɛ^{33}	nɯ^{33}pja^{33}tɤ^{55}fu^{33}	tɤ^{55}fu^{33}
428	豆豉	a^{31}tɕhi^{31}	a^{31}tɕhi^{31}	a^{31}tɕhi^{31}
429	汤	da^{55}tshø^{31}	da^{55}tshø^{31}	dza^{55}tshø^{31}
430	酒	dʑi^{55}ba^{31}	dʑi^{55}ba^{31}	dʑi^{55}ba^{31}
431	蘸水	la^{31}phi^{55}dzɛ^{55}	sa^{31}phi^{55}da^{55}tshø^{31}	si^{31}phi^{55}dza^{55}tshø^{31}
432	茶	lɔ^{55}bɔ^{31}	lɔ^{55}bɔ^{31}	lɔ^{55}bɔ^{31}
433	（吸）烟	ja^{33}xɔ^{31}（dɔ^{55}）	ja^{33}xɔ^{31}（dɔ^{55}）	ja^{33}xɔ^{31}
434	草烟	ja^{33}xɔ^{31}ȵø^{55}	ma^{55}xɤ^{33}ja^{33}xɔ^{31}	ja^{33}xɔ^{31}pa^{31}xa^{33}
435	药	dʑa^{33}ɣa^{31}	dʑa^{33}ɣa^{31}	dʑa^{33}ɣa^{31}

续表

序号	汉语	孟连阿卡话	澜沧阿卡话	勐海阿卡话
436	糠	xa^{31}phɯ^{31}	xa^{31}phɯ^{31}	xa^{31}phɯ^{31}
437	猪食	ɣa̱^{31}dza^{55}	ɣa̱^{31}dza^{55}	ɣa̱^{31}dza^{55}
438	马料	maŋ^{31}dza^{31}	mɑŋ^{31}dza^{31}	mɑŋ^{31}dza^{55}
439	线	sa^{31}khɔŋ^{55}	sa^{31}khɔ^{55}	sa^{31}khɑŋ^{55}
440	布	sa^{31}pha^{55}	sa^{31}pha^{55}	sa^{31}pha^{55}
441	衣服	phɛ^{55}xaŋ^{31}	phɛ^{55}xɔŋ^{31}	phɛ^{55}xɑŋ^{31}
442	上衣	phɛ^{55}xaŋ^{31}maŋ^{55}	phɛ^{55}xɔŋ^{31}mɔŋ^{55}	phɛ^{55}xɑŋ^{31}
443	衣领	phɛ^{55}xaŋ^{31}phɛ^{55}dza^{31}	phɛ^{55}xɔŋ^{31}lɔ^{55}ba̱^{33}	phɛ^{55}xaŋ^{31}lɑŋ^{55}ba̱^{33}
444	衣袖	la^{31}bɔŋ^{31}	la^{31}bɔŋ^{31}	phɛ^{55}xaŋ^{31}la̱^{31}bɑŋ^{31}
445	扣子	phɛ^{55}tɔ̱^{31}	phɛ^{55}tɔ̱^{31}	phɛ^{55}tɔ̱^{31}
446	衣袋	phɛ^{55}xaŋ^{31}khu^{31}bɛ̱^{33}	phɛ^{55}xɔŋ^{31}khu^{31}bɛ̱^{33}	phɛ^{55}xɑŋ^{31}phɔ^{31}bɛ̱^{33}
447	裤子	la^{31}tɕhɛ^{55}	la^{31}di^{33}	la^{31}di^{33}
448	裙子	phi^{55}di^{33}	phi^{33}di^{33}	la̱^{31}ɣa^{31}
449	男包头	u^{31}dzaŋ^{31}	u^{31}dzɔŋ^{31}	u^{31}dzɑŋ^{31}
450	女包头	u^{31}du^{31}tɕhø^{55}	u^{31}du^{31}tɕhø^{55}	u^{31}tɕhø^{55}
451	帽子	u^{31}xo̱^{33}	u^{31}xo̱^{33}	u^{31}xo̱^{33}
452	裤带	dzɯ̱^{31}pa̱^{31}	dzɯ̱^{31}pa̱^{31}	dʑo̱^{31}pa̱^{31}
453	裹腿	khɯ^{55}bɔŋ^{31}	khɯ^{55}bɔŋ^{31}	khɯ^{55}bɑŋ^{31}
454	袜子	nɔ̱^{33}bɔŋ^{31}	sɛ^{31}nɔ̱^{33}nɔ̱^{33}bɔŋ^{31}	nɔ̱^{33}bɑŋ^{31}
455	鞋	sa̱^{31}nɔ̱^{33}	sɛ^{31}nɔ̱^{33}	sɛ^{31}nɔ̱^{33}
456	凉拖鞋	sa̱^{31}nɔ̱^{33}pɛ̱^{33}	sɛ^{31}nɔ̱^{33}pɛ̱^{33}	sɛ^{31}nɔ̱^{33}kha^{55}
457	布鞋	sa^{31}pha^{55}sa̱^{31}nɔ̱^{33}	sa^{31}pha^{55}sɛ^{31}nɔ̱^{33}	sa^{31}pha^{55}sɛ^{31}nɔ̱^{33}
458	斗笠	la^{31}xɤ^{33}bjɛ^{55}	lɔ^{31}xɤ^{33}	lɔ^{31}xɤ^{33}
459	梳子	phɔ^{31}tshɤŋ^{55}	phɔ^{31}tshɔŋ^{55}	phɔ^{31}tshɔŋ^{55}
460	耳环	na^{31}bɔ^{31}na^{31}dʑo̱^{33}	na^{31}bɔ^{31}tɕa̱^{33}si^{31}	na^{31}bɔ^{55}na^{31}dʑo̱^{33}
461	戒指	nø^{55}bɛ^{31}	nø^{55}bɛ^{31}	la̱^{31}bɛ^{31}
462	手镯	la^{31}du̱^{31}	la^{31}du̱^{31}	la̱^{31}du̱^{31}
463	背包	phɛ^{55}thaŋ^{55}	phɛ^{55}thɔŋ^{55}	phɛ^{55}thaŋ^{55}

续表

序号	汉语	孟连阿卡话	澜沧阿卡话	勐海阿卡话
464	小银泡	phju^{55}si^{31}	phɛ^{55}si^{31}	phju^{55}tɔ̱^{33}si^{31}
465	枕头	ju̱^{31}ɣɔm^{31}	u^{31}ɣɔŋ^{31}	ju̱^{31}ɣɑŋ^{31}si^{31}
466	被子	a^{55}bɯ^{33}	a^{55}bɯ^{33}	a^{55}bɯ^{33}
467	棉絮	bɯ^{33}thɔm^{55}	bɯ^{33}thu^{55}	bɯ^{33}thu^{55}
468	席子	sa^{55}phu^{33}	sɛ^{55}phu^{33}	xɔ^{31}da^{31}
469	竹席	ɣa^{31}phɯ^{55}sa^{55}phu^{33}	ɣa^{31}phɯ^{55}sɛ^{55}phu^{33}	xɔ^{31}da^{31}
470	蓑衣		zɛ^{55}	
471	房子	jɔm^{55}	jɔm^{55}	jɔm^{55}
472	房顶	jɔm^{55}u^{31}du^{31}	jɔm^{55}u^{31}xa^{31}bø^{33}	jɔm^{55}xa^{31}bø^{33}
473	厨房	xɔ^{31}m̩^{55}dza^{31}du^{31}	xɔ^{31}dza^{31}jɔm^{55}	xo^{55}faŋ^{31}
474	楼房	jɔm^{55}go^{55}	jɔm^{55}go^{55}	jɔm^{55}go^{55}
475	平房	jɔm^{55}	jɔm^{55}o̱^{33}	jɔm^{55}ɔ̱^{33}
476	楼上	jɔm^{55}go^{55}xo^{55}ta̱^{31}	jɔm^{55}go^{55}xo^{55}ta̱^{31}ti̱^{33}	jɔm^{55}go^{55}o^{55}
477	楼下	jɔm^{55}go^{55}xo^{53}	jɔm^{55}go^{55}xo^{55}ti̱^{33}	jɔm^{55}go^{55}o^{55}xo^{55}ti̱^{33}
478	仓库	tɕhi^{55}dʑi^{55}	tɕhɛ^{55}dʑi^{55}	tɕhɛ^{55}dʑi^{55}
479	牛圈	a^{31}ȵo^{31}ku̱^{33}	a^{31}ȵo^{31}ku̱^{33}	a^{31}ȵo^{31}ku̱^{33}
480	猪圈	a^{31}ɣa̱^{31}ku̱^{33}	a^{31}ɣa̱^{31}ku̱^{33}	a^{31}ɣa̱^{31}ku̱^{33}
481	砖	mɛ^{55}bja̱^{33}tɛ̱^{33}	lɛ^{33}kɛ^{55}si^{31}	mi^{55}bɑŋ^{33}
482	竹片笆	ɣa^{31}phɯ^{55}da^{55}pa̱^{33}	ɣa^{31}phɯ^{55}da^{55}pa̱^{33}	ja^{55}khum^{55}
483	篾笆	ja^{33}khɔŋ^{55}	ja^{33}khɔŋ^{55}	ja^{55}khum^{55}
484	篾垫	gɔ^{31}phu^{33}	gɔ^{31}phu^{33}	gɔ^{31}phu^{33}
485	墙	jɔm^{55}kha^{33}phjɔ^{55}	kha^{33}phjɔ^{55}	kha^{33}phjɔ^{55}
486	篾子	a^{55}ni^{31}	a^{55}ni^{31}	a^{55}ne^{31}
487	藤篾	tɕhi^{55}ȵi^{33}a^{55}tɕa̱^{33}	a^{55}tɕa̱^{33}tɕhi^{55}ȵi^{33}	a^{55}tɕa̱^{33}tɕhi^{55}ȵi^{33}
488	木头	da^{55}khɔ^{31}dɔm^{31}ma^{33}	da^{55}khɔ^{31}dɔm^{31}ma^{33}	da^{55}khɔ^{31}
489	木料	da^{55}khɔ^{31}	da^{55}khɔ^{31}	da^{55}khɔ^{31}
490	木板	the^{55}bja̱^{31}	the^{55}bja̱^{31}	the^{55}bja̱^{31}
491	柱子	xɔ^{33}zɤ^{55}	xɔ^{33}zɤ^{55}	xɔ^{33}zɤ^{55}

续表

序号	汉语	孟连阿卡话	澜沧阿卡话	勐海阿卡话
492	门	la^{55}ɣo̱^{33}	la^{55}ɣo̱^{33}	la^{55}ɣo̱^{33}
493	大门	la^{55}ɣo̱^{33}ma^{33}	la^{55}ɣo̱^{33}ma^{33}	la^{55}ɣo̱^{33}ma^{33}
494	寨门	phu^{33}lɔ^{55}khɔŋ^{31}	lɔ^{55}khɔŋ^{31}	lɔ^{55}khɑŋ^{31}
495	窗子	jɔm^{55}xa^{31}bø^{31}	tsuan^{55}tsɿ^{31}	tshuan^{55}tsɿ^{31}
496	火塘	tshɔ^{31}bu^{33}	tshɔ^{31}ɣo̱^{33}bu^{33}	mi^{31}dza^{31}tshɔ^{31}ɣa̱^{31}
497	大梁	pja̱^{31}dɔm^{31}	phja^{31}dum^{31}	pja̱^{31}dum^{31}
498	椽子	jɔm^{55}ȵø^{55}	jɔm^{55}ȵø^{55}	jɔm^{55}ȵø^{55}
499	楼梯	da^{55}dzɔm^{33}	da^{55}dzɔm^{33}	dɔ^{31}dzɔm^{33}
500	篱笆	da^{55}pa̱^{33}	kha^{33}the^{55}	ja^{55}khum^{55}
501	凉棚	ja̱^{33}tɕhɔm^{55}	ja̱^{33}tɕhɔm^{55}	ja^{55}tɕhɔm^{55}
502	东西	mjɔ^{31}	mjɔ^{31}	mjɔ^{31}gɑŋ^{31}
503	篾饭桌	xɔ^{31}dʑø^{33}	xɔ^{31}dʑe^{33}	xɔ^{31}dʑɛ^{33}
504	木凳	xɔ^{31}bo̱^{33}	xɔ^{31}bo̱^{33}	nɯ^{55}bo̱^{33}
505	床	ju̱^{31}ga^{55}	ju̱^{31}ɣa^{55}	ju̱^{31}ɣa^{55}
506	箱子	pɔ^{31}thu^{55}	bɔ^{31}kɤ̱^{33}	bɔ^{31}kɤ̱^{33}
507	柜子	ku̱^{33}lɔ̱^{33}	ji^{55}kui^{24}	bɔ^{31}kɤ̱^{33}
508	肥皂	sa^{31}bɛ^{31}	sa̱^{31}bɛ^{31}	na^{31}sa^{33}
509	毛巾	la^{31}si̱^{33}	la^{31}si̱^{33}	phɛ^{55}dʑɛ^{33}
510	镜子	a^{33}ba^{55}	a^{33}ba^{55}xɔ^{33}tɤ̱^{31}	a^{55}ba^{55}
511	扫帚	ja̱^{33}phjɔ^{55}	ja̱^{33}phjɔ^{55}	ja̱^{33}phjɔ^{55}
512	灯	la^{31}ma^{33}tshi^{55}dɤ^{33}	ti^{55}tɤ^{33}	tɛ^{55}tɤ^{33}
513	柴	mi^{31}dza^{31}	mi^{31}dża^{31}	mi^{31}dza^{31}
514	火机	mi^{31}di^{31}	mi^{31}di^{31}	me^{31}di^{31}
515	火石	xa^{31}lo̱^{33}lo̱^{33}tsi̱^{33}	mi^{31}di^{33}a^{55}si^{31}	xo^{55}ʂʅ^{31}
516	火柴	phɛ^{55}tɕi̱^{33}	pa̱^{33}ki^{55}	ka^{55}pha^{33}
517	铁锅	ɕɔm^{55}ɣa^{31}	gɯ^{31}tsha^{33}	maŋ^{31}xø^{55}
518	铁锅铲	ɕɔm^{55}ȵø^{55}lu^{55}khu^{31}tsa̱^{31}	khu^{31}tsa̱^{31}	khu^{31}tsa̱^{31}da^{55}kɔ̱^{33}
519	锅盖	ɕɔm^{55}ɣa^{31}xɔ^{31}phjɔm^{31}	gɯ^{31}tsha^{33}xɔ^{31}phjɔm^{31}	mɑŋ^{31}xɛ^{55}xɔ^{31}phjɔm^{31}

续表

序号	汉语	孟连阿卡话	澜沧阿卡话	勐海阿卡话
520	刀	mi^{33}tɕhɛ^{55}	mi^{33}tɕhɛ^{55}	mi^{33}tɕhɛ^{55}
521	刀把	mi^{33}tɕhɛ^{55}la^{31}jø^{31}	mi^{33}tɕhɛ^{55}la^{31}jø^{31}	mi^{33}tɕhɛ^{55}la̱^{31}jø^{31}
522	饭勺	xɔ^{31}khu^{31}tsa̱^{31}	xɔ^{31}khu^{31}khu^{31}tsa̱^{31}	xɔ^{31}khu^{31}tsa̱^{31}
523	大勺	khu^{31}tsa̱^{31}ma^{33}	khu^{31}tsa̱^{31}ma^{33}	khu^{31}tsa̱^{31}ma^{33}
524	小勺	khu^{31}tsa̱^{31}za^{31}	khu^{31}tsa̱^{31}-^{33}za^{31}	khu^{31}tsa̱^{31}za^{31}
525	碗	xɔ^{31}ma^{31}	xɔ^{31}ma^{31}	xum^{31}ma^{31}
526	盘子	tɕhi^{31}tɕhu^{55}	xɔ^{31}ma^{31}-^{33}pha^{55}	xum^{31}ma^{31}
527	筷子	dʑu^{33}da^{55}	ju^{33}da^{55}	tshɿ^{33}da^{55}
528	瓶子	mi^{55}tsa̱^{31}	mɛ^{55}tsa̱^{31}	mɛ^{55}tsa̱^{31}
529	热水瓶	i^{55}lɔŋ^{55}mi^{55}tsa̱^{31}	i^{55}lɔŋ^{55}i^{55}phu^{31}	ɯ^{55}lɑŋ^{55}bɔ^{31}tshɑŋ^{31}
530	罐子	tɕhi^{31}tɕhu^{55}	tɕhi^{31}tɕhu^{55}	tɕhi^{31}tɕhu^{55}
531	酸菜罐	ɣɔ^{31}pa̱^{31}tɕhɛ^{55}tɕhi^{31} tɕhu^{55}	ɣɔ^{31}pa̱^{31}tɕhɛ^{55} tɕhi^{31}tɕhu^{55}	tɕhi^{31}tɕhu^{55}
532	甑子	sa̱^{31}bɔŋ^{31}	sa̱^{31}bɔŋ^{31}	sa̱^{31}bɑŋ^{31}
533	筷篓	dʑu^{33}da^{55}baŋ^{31}	dʑu^{33}da^{55}bɔŋ^{31}	tshɿ^{33}da^{55}bɑŋ^{31}
534	饭篓	xɔ^{31}ɣɔ̱^{33}	xɔ^{31}ɣɔ̱^{33}	xɔ^{31}ɣɔ̱^{33}
535	酒杯	dʑi^{55}ba^{31}xɔm^{31}ma^{31}	dʑi^{55}ba^{31}xɔm^{31}ma^{31}	dʑi^{55}ba^{31}xum^{31}ma^{31}
536	水桶	i^{55}tɕu̱^{31}bɔ^{31}tsɔŋ^{31}	na^{31}pu^{55}	ɕu^{55}thɔm^{33}
537	竹筒	ɣa^{31}phɯ^{55}bɔ^{31}lɔ^{33}	i^{55}bɔŋ^{31}	ɯ^{55}bɑŋ^{31}
538	竹饭盒	xɔ^{31}gɔŋ^{31}	xɔ^{31}gɔŋ^{31}	xɔ^{31}gɑŋ^{31}
539	竹茶杯	lɔ^{55}bɔ^{31}xɔ^{31}tsɯ^{31}	lɔ^{55}bɔ^{31}xɔ^{31}tsɯ^{31}	xɔ^{31}tsʅ^{31}
540	茶壶	lɔ^{55}bɔ^{31}mi^{55}tɕhɛ^{33}	lɔ^{55}bɔ^{31}mi^{55}tɕhɛ^{33}	lɔ^{55}bɔ^{31}tɕhɛ^{33}
541	葫芦瓢	i^{55}phu^{31}i^{55}tɕɤ̱^{33}	u^{55}phu^{31}nɯ̱^{33}tɕɤ̱^{33}	nɯ̱^{33}tɕɤ̱^{33}
542	缸子	i^{55}tɕu̱^{31}tɕhi^{31}tɕhu^{55}	tɕhi^{31}tɕhu^{55}	tɕhi^{31}tɕhu^{55}
543	铁三角架	ɕɔm^{55}khɯ^{55}	ɕɔm^{55}khɯ^{55}	ɕɔm^{55}khɯ^{55}
544	火钳	tɕi̱^{33}ȵɔ̱^{33}	tɕi̱^{33}ȵɔ̱^{33}	tɕi̱^{33}ȵɔ̱^{33}
545	吹火筒	mi^{31}dza^{31}-^{33}bɔ^{31}lɔ^{33}	mi^{31}dza^{31}-^{33}bɔ^{31}lɔ^{33}	mi^{31}dza^{31}bɔ^{31}lɔ^{33}
546	砧板	ɕa^{31}the^{55}	ɕa^{31}the^{55}	ɕa^{31}the^{55}
547	背带（背孩）	bu^{33}thɛ^{31}	bu^{33}thɛ^{31}	bɯ^{33}thɛ^{31}

续表

序号	汉语	孟连阿卡话	澜沧阿卡话	勐海阿卡话
548	烟斗	gɔ^{55}lu^{31}	gɔ^{55}lu^{31}	ja^{33}xɔ^{31}gɔ^{55}lu^{31}
549	水烟筒	ja^{33}xɔ^{31}bɔ^{31}lɔ^{33}	ja^{33}xɔ^{31}bɔ^{31}lɔ^{33}	ja^{33}xɔ^{31}bɔ^{31}tshaŋ^{31}
550	陀螺	ɕaŋ^{31}	tɕhɔŋ^{31}	tɕhɑŋ^{31}
551	秤	phju^{55}sa̱^{33}	phju^{55}sa̱^{33}	da^{55}lɤ^{55}
552	秤砣	phju^{55}sa̱$^{33-24}$si^{31}	phju^{55}sa̱^{33}si^{31}	da^{55}lɤ^{55}si^{31}
553	钱	phju^{55}	phju^{55}	ka^{55}la^{55}
554	铜钱	gɯ^{31}phju^{55}	mɛ^{55}bja̱^{33}	ŋɤ^{33}thɛ^{55}
555	工钱	ja^{55}ɣa^{31}phju^{55}	ja^{55}ɣa^{31}phø^{31}	ja^{55}ɣa^{31}phø^{31}
556	尺子	da^{55}dza^{33}	tshʅ^{31}tsʅ^{33}	da^{55}dza^{33}
557	针	a^{31}ɣɔ̱^{31}	a^{31}ɣɔ̱^{31}	a^{31}ɣɔ̱^{31}
558	钉子	ɕɔm^{55}sɛ^{31}	ɕɔm^{55}sɛ^{31}	le^{55}dʑa^{55}
559	剪子	thɛ^{31}da^{55}	thɛ^{31}da^{55}	thɛ^{31}da^{55}
560	梯子	da^{55}dzɔm^{33}	da^{55}dzɔm^{33}	tɔ̱^{31}dzɔm^{33}
561	水槽	i^{55}tɕu̱^{31}i^{55}lɔ^{31}	i^{55}tɕu̱^{31}xɔ^{31}lɔ^{31}	ɯ^{55}tɕu̱^{31}xɔ^{31}lɔ^{31}
562	伞	bɔ^{55}kha^{31}	bɯ^{55}kha^{31}	bɯ^{55}kha^{31}
563	锁	sɔ^{55}	sɔ^{55}	ka^{55}dʑe^{55}phɔ^{31}bɛ̱^{33}
564	钥匙	mɛ^{31}tɔ̱^{31}sɔ^{55}	mɛ^{31}tɔ̱^{31}sɔ^{55}	ka^{55}dʑe^{55}sɛ^{31}
565	棍子	da^{55}tɕhi^{55}	da^{55}khɔ^{31}	da^{55}khɔ^{31}
566	马鞍		mɑŋ^{31}dzi^{31}ɣa^{33}	
567	马掌	maŋ^{31}tɔ^{31}	mɑŋ$^{31-33}$sɛ^{31}da^{31}	
568	驮架	maŋ^{31}thɔŋ^{31}	mɑŋ^{31}ka^{33}da^{31}	
569	牛鞭	a^{31}ȵo^{31}a^{55}xɔ̱^{31}	a^{55}ko̱^{33}la̱^{31}ɣɔ^{31}	a^{31}ȵo$^{31-33}$phɔ^{31}khɯ^{31}
570	牛鼻圈	a^{31}ȵo^{31}na^{33}mɛ^{55} da^{55}dʑɔ^{31}	a^{31}ȵo^{31}na^{33}bɛ^{33}sɔm^{55}	a^{31}ȵo^{31}na^{33}mɛ^{33}sɔm^{55}
571	牛绳	a^{31}ȵo^{31}na^{33}mɛ^{55}a^{55}tɔa̱^{33}	a^{31}ȵo^{31}a^{55}tɕa̱^{33}	a^{31}ȵo^{31}a^{55}tɕa̱^{33}
572	小船	lɔ^{31}，lɔ^{31} ɣɤ^{33}	lɔ^{31}	lɔ^{31}
573	木筏	xa^{31}phø^{55}	xa^{31}phø^{55}	phø^{55}
574	斧子	dɤ^{33}ɣa^{31}	dɤ^{33}xa^{31}	phu^{31}dzɤ̱^{33}

续表

序号	汉语	孟连阿卡话	澜沧阿卡话	勐海阿卡话
575	锤子	di^{31}phu^{31}	di^{31}phu^{31}	di^{31}phu^{31}
576	凿子	da^{31}ta̲^{31}	dzɔŋ^{31}ta̲^{31} ta^{31}	dʑɑŋ^{31}ta̲^{31}
577	锯子	dʑi̲^{33}ma^{55}	jɛ^{31}ma^{33}	jɛ^{31}ma^{33}
578	犁	ȵo^{31}tshɛ^{31}khɤ^{33}kha^{33}	ȵo^{31}tshɛ^{31}	ȵo^{31}tshɛ^{31}
579	耙	pha^{31}dɛ^{31}	phɔ^{31}dɛ^{31}	ȵo^{31}ka̲^{33}
580	锄头	tshɛ^{31}ma^{33}	tshɛ^{31}ma^{33}	tshɛ^{31}ma^{33}
581	扁担	ba̲^{31}khɔ^{31}	ka̲^{33}ba̲^{31}khɔ^{31}	xa̲^{33}ba̲^{31}khɔ^{31}
582	绳子	a^{55}tɕa̲^{33}	a^{55}tɕa̲^{33}	a^{55}tɕa̲^{33}
583	秋千绳	la̲^{31}tɕhɤ^{31}a^{55}tɕa̲^{33}	tɕhɔ^{31}ɤ̲^{33}lɤ^{33}bi^{31}a^{55}tɕa̲^{33}	lɤ̲^{33}tɕhɯ^{31}a^{55}tɕa̲^{33}
584	楔子	ta̲^{31}tɕhɔm^{31}	ta̲^{31}tɕhɔm^{31}	ta̲^{31}tɕhɔm^{31}
585	背篓	kha^{33}kha^{55}	ka̲^{33}dɤ^{33}，kha^{33}kha^{55}	xa̲^{33}kha^{55}
586	镰刀	jɛ^{31}xo̲^{31}	jɛ^{31}xo̲^{31}	jɛ^{31}xo̲^{31}
587	筛子	xa^{31}dʑe^{31}	xa^{31}dʑe^{31}	xa^{31}dʑe^{31}
588	簸箕	ɣa^{55}ma^{33}	ɣa^{55}ma^{33}	ɣa^{55}ma^{33}
589	撮箕	fei^{33}dʑi^{33}	xa̲^{33}sa^{33}，tsho^{31}tɕi^{55}	tsho^{31}tɕi^{55}
590	肩背板	phɔ^{31}khɯ^{31}	phɔ^{31}khɯ^{31}	phɔ^{31}khɯ^{31}
591	磨刀石	mi^{33}tɕhɛ^{55}si^{31}lo̲^{33}	mi^{33}tɕhɛ^{55}si^{31}lo̲^{33}	mi^{33}tɕhɛ^{55}si^{31}lo̲^{33}
592	尖刀	mi^{33}tɕhɛ^{55}mi^{33}dʑa^{55}	mi^{33}tɕhɛ^{55}mi^{33}dʑa^{55}	mi^{33}tɕhɛ^{55}ba̲^{33}
593	刀鞘	mi^{33}tɕhɛ^{55}ta̲^{33}xɔ̲^{33}	mi^{33}tɕhɛ^{55}ta̲^{33}xɔ̲^{33}	mi^{33}tɕhɛ^{55}xa̲^{33}
594	枪	m̩^{31}bɤ̲^{33}	mi^{31}bɤ̲^{33}	mi^{31}bɤ̲^{33}
595	火药枪	a^{31}kha^{31}m̩^{31}bɤ̲^{33}	mi^{31}bɤ̲^{33}	mi^{31}bɤ̲^{33}
596	矛	gaŋ^{31}	gɔŋ^{31}tɕhɛ^{55}	
597	弓	ka̲^{33}bɤ̲^{33}	ka̲^{33}	ka̲^{33}
598	箭	ka̲^{33}mja^{31}	ka̲^{33}mja^{31}	ka̲^{33}mja^{31}
599	弹弓	ta^{55}kɔm^{55}	ta^{55}kɔm^{55}	phja^{31}ø^{31}
600	陷阱	ɕa^{31}du^{31}xɔŋ^{31}	ɕa^{31}du^{31}xɔŋ^{31}	ɕa^{31}du^{31}xɔŋ^{31}
601	笼子	xa^{33}lɤ^{33}	ɣa^{33}bɔŋ^{31}	xa̲^{33}phɑŋ^{31}
602	火药	mɛ^{31}dza^{55}	mɛ^{31}dza^{55}	mi^{31}bɤ̲^{33}dza^{55}

续表

序号	汉语	孟连阿卡话	澜沧阿卡话	勐海阿卡话
603	毒	do̱^{31}	do̱^{31}	do̱^{31}
604	网	ɣa^{33}dzɛ^{33}	ɣa^{33}	ɣa^{33}
605	鸟笼	a^{33}dʑi^{55}xa̱^{33}phaŋ^{31}	a^{33}dʑi^{55}xa̱^{33}phɔŋ^{31}	a^{33}dʑi^{55}ŋa^{33}phɑŋ^{31}
606	汽车	lɔ^{31}li^{31}	lɔ^{31}li^{31}	tɕhi^{31}tshɤ^{33}
607	自行车	tan^{55}tshɤ^{55}	tan^{55}tshɤ^{55}	ta^{55}tʂhɤ^{55}
608	飞机	fei^{55}dʑi^{55}	fei^{55}dʑi^{55}	fei^{55}dʑi^{55}
609	汽油	tshi^{55}	na^{31}ma^{55}	tɕhi^{24}ju^{31}
610	电灯	ma^{33}sɛ^{55}	tin^{24}tɤŋ^{55}	tɛ^{33}tɤ^{33}
611	电线	tjɛn^{24}a^{55}tɕa̱^{33}	tin^{24}tɤŋ^{55}a^{55}tɕa̱^{33}	tɛ^{24}tɕa̱^{33}
612	灯管	ma^{33}sɛ^{55}si^{31}	tɤŋ^{55}phɔ^{33}	tɛ^{33}tɤ^{33}si^{31}
613	电筒	phɛ^{55}tha^{33}	tjɛn^{24}thɔŋ^{31}	tjɛn^{24}thɔŋ^{31}
614	照相机	mɛ^{33}phjɔ^{31}dɛ^{24}dʑɛ^{31}	tsɔ^{24}ɕɑŋ^{24}tɕi^{55}	tsɔ^{24}ɕɑŋ^{24}tɕi^{55}
615	手表	na^{31}li̱^{31}	na^{31}li̱^{31}	na^{31}li̱^{31}
616	电话	na^{31}ga^{31}	na^{31}ga^{31}，tjɛn^{24}xua^{24}	tjɛn^{24}xua^{24}
617	电影	tjɛn^{24}jiŋ^{31}	mɔ^{31}thɔ^{31}xɔ^{33} ji^{55}	tjɛn^{33}jiŋ^{55}
618	电视	tjɛn^{24}sɯ^{24}	tjɛn^{24}sɿ^{24}	tjɛn^{24}sɿ^{24}
619	字	sɔŋ^{31}bo̱^{31}	sɔŋ^{31}bu̱^{31}	sɑŋ^{31}bo̱^{31}；a^{31}bo̱^{31}
620	黑板	sɔŋ^{31}bo̱^{31}the^{55}bja̱^{31}	the^{55}bja̱^{31}na̱^{33}	xɤ^{31}pan^{31}
621	粉笔	fɛn^{55}pi^{31}	fɛn^{55}pi^{31}	fen^{55}pi^{31}
622	信	ɕin^{24}	ɕin^{24}	ɕin^{24}
623	书	sɔŋ^{31}ɣa^{31}pha^{55}dɔm^{31}	su^{55}pɤn^{33}	phɛ^{55}dɔm^{31}
624	纸	sɔŋ^{31}ɣa^{31}	sɤ^{31}ɣa^{31}	ka^{33}la^{33}tɕhɛ^{55}
625	钢笔	sɔŋ^{31}du^{55}	kan^{33}pi^{31}	kaɔ^{33}pi^{31}
626	铅笔	sɔŋ^{31}bo̱^{31}du^{55}	tɕhɛ^{33}pi^{31}	tɕhɛ^{33}pi^{31}
627	话	dɔ^{31}	dɔ^{31}	dɔ^{31}
628	传说	a^{55}xu^{33}ba^{33}ɛ^{55}ɤ^{33}	xø^{33}ŋɛ^{33}ba^{33} ɛ^{55} ɤ^{33} dɔ^{31}	dɔ^{31}da^{31}
629	事情	mjɔ^{31}	mjɔ^{31}	mjɔ^{31}um^{55}

续表

序号	汉语	孟连阿卡话	澜沧阿卡话	勐海阿卡话
630	生意	dʑe^{31}ga^{31}ga^{31}dza^{31}	dʑe^{31}ga^{31} ga^{31}	dʑe^{31}ga^{31}
631	谜语	dzo̱^{33}	dzo̱^{33}	sa^{31}dzo̱^{33}
632	歌	a^{31}tɕhø^{55}	ja^{55}sa^{31}a^{31}tɕhø^{55}	tɕha^{55}gɔ^{55}
633	舞	dɔ^{31}	thɛ^{33}xu^{33}	tɕha^{55}gɔ^{55}
634	象脚鼓	dɛ^{33} ɤ^{33}	thɑŋ^{31}	thɑŋ^{31}
635	铓锣	bø^{33}lø^{33}	bø^{33}lø^{33}	bø^{33}lø^{33}
636	钹	tɕha^{55}la^{55}	tɕha^{55}tɕha^{31} tɕhi^{55}	bø^{33}lø^{33}
637	树叶哨子	bɔ^{33}	bɔ^{33}	pi̱^{55}pa̱^{31}
638	吉他	tɕhi^{31}tha^{55}	dɤ^{55}xu^{31}	dɑŋ^{55}xɑŋ^{31}
639	二胡	dm̩^{55}xm̩^{31}（pjɤ̱^{33}）	dɤ^{55}xu^{31}（di^{31}）	ɤ^{24}xu^{31}
640	竹口琴			
641	铃	ja^{33}tɕhm̩^{55}	dʑa^{33}tɕhu^{55}	dʑa^{33}tɕhu^{55}
642	灵魂	sa̱^{31}la^{55}	sa̱^{31}la^{55}	sa̱^{31}la^{55}
643	力气	ɣa^{31}	ɣa^{31}	ɣa^{31}
644	名字	tshɔ^{55}mjɔŋ^{55}	tshɔ^{55}mjɔŋ^{55}	a^{33}mjɑŋ^{55}；tshɔ^{55}mjɑŋ^{55}
645	（一）份	bjɔm^{55}	bjɔm^{55}，pa̱^{33}	bjɔm^{55}
646	影子	a^{33}ba^{55}	a^{33}ba^{55}	a^{33}ba^{55}
647	梦	a^{55}ma̱^{33}	a^{55}ma̱^{33} ma̱^{33}	ju^{31}ma̱^{33} ma̱^{33}
648	东方	na^{55}ma^{33}do̱^{33}xɔŋ^{31}	na^{55}ma^{33}do̱^{33}xɛ^{31}	tuŋ^{55}fɑŋ^{55}
649	西方	na^{55}ma^{33}ga^{33}thɔ^{33}phɔ^{33}	na^{55}ma^{33}ga^{33}ɔ^{33}phɔ^{33}	ɕi^{55}fɑŋ^{55}
650	中间	ɣɔ^{55}tɕhɛ^{33}a^{55}kha^{31}	a^{55}kha^{31}，a^{55}kha^{21}3	aŋ^{55}tɕhɛ^{31}kha^{31}
651	旁边	ga^{33}dze^{55}phɔ^{33}	ga^{33}dze^{55}phɔ^{33}	ga^{33}dze^{55}phɔ^{33}
652	左边	a^{33}tɕha^{55}	a^{33}tɕha^{55}phɔ^{33}	a^{33}tɕha^{55}phɔ^{33}
653	右边	a^{33}ma^{55}	a^{33}ma^{55}phɔ^{33}	a^{33}ma^{55}phɔ^{33}
654	前边	mi^{31}ɕi^{33}phɔ^{33}	mi^{31}ɕy^{33}phɔ^{33}	mi^{31}ɕy^{33}phɔ^{33}
655	后边	na^{55}χɔŋ^{33}phɔ^{33}	na^{55}χɔŋ^{33}phɔ^{33}	na^{55}χɑŋ^{33}phɔ^{33}
656	外边	la^{31}ȵi^{55}phɔ^{33}	la^{31}ȵi^{55}phɔ^{33}	la^{31}ȵi^{55}phɔ^{33}
657	里边	la^{31}xø^{55}phɔ^{33}	la^{31}xø^{55}phɔ^{33}	la^{31}xø^{55}phɔ^{33}

续表

序号	汉语	孟连阿卡话	澜沧阿卡话	勐海阿卡话
658	角儿	la^{31}tɕhø^{55}phɔ^{33}	la^{31}tɕhø^{55}phɔ^{33}	la^{31}tɕhø^{55}phɔ^{33}
659	（针）尖	da^{55}tɕhɛ^{33}	da^{55}tɕhɛ^{33}	da^{55}tɕhɛ^{33}
660	（桌子）上	ɔ^{31}du^{33}	u^{31}du^{33}	o̱^{33}ta̱^{33}
661	（桌子）下	m̩^{31}mo̱^{33}	u^{31}mo̱^{33}	o̱^{33}xo̱^{33}
662	时候	a^{55}ja^{31}	ŋɛ^{33}	ŋɛ^{33}
663	今天	i^{31}naŋ^{33}	i^{31}nɤŋ^{33}	ɯ^{31}nɑŋ^{33}
664	昨天	mi^{55}naŋ^{33}	mi^{55}nɤŋ^{33}	mi^{55}nɑŋ^{33}
665	前天	xu^{31}naŋ^{33}	xu^{31}nɤŋ^{33}	xu^{31}nɑŋ^{33}
666	明天	ni^{33}ɕɔ^{31}	nɯ^{33}ɕɔ^{31}	nɑŋ^{33}ɕɔ^{31}
667	后天	sɔ^{55}phɛ^{55}	sa^{55}phɛ^{31}nɤŋ^{33}	sa^{55}phɛ^{31}nɑŋ^{33}
668	今晚	ȵɔm^{55}tɕi̱^{31}	ȵum^{55}tɕi̱^{31}	ȵɔm^{55}tɕi̱^{31}
669	明早	ni^{33}ɕɔ^{31}jɔ^{33}na^{31}	nɯ^{33}ɕɔ^{31}ɕɔ^{31}	nɯ^{33}ɕɔ^{31}u^{31}ɕɔ^{31}
670	明晚	ni^{33}ɕɔ^{31}tɕi̱^{31}	ni^{33}ɕɔ^{31}tɕi̱^{31}	ni^{33}ɕɔ^{31}tɕi̱^{31}
671	昨晚	mi^{55}tɕi̱^{31}	mi^{55}tɕi̱^{31}	mi^{55}tɕi̱^{31}
672	白天	naŋ^{33}laŋ^{55}phɔ^{33}	nɑŋ^{33}ɣɔŋ^{55}	nɑŋ^{33}ɣɑŋ^{55}
673	早晨	ɔ^{31}ɕɔ^{31}phɔ^{33}	ɔ^{31}ɕɔ^{31}	u^{31}ɕɔ^{31}
674	晚上	u^{31}tɕi̱^{31}phɔ^{33}	u^{31}tɕi̱^{31}	u^{31}tɕi̱^{31}
675	傍晚	tɕi^{33}ɣɔ^{55}ja^{31}	u^{31}tɕi̱^{31}tɕi^{33}i^{55}ŋa^{33}	u^{31}tɕi̱^{31}thɔ^{33}
676	三更半夜	u^{31}tɕi̱^{31}sɔ^{33}ɣɔŋ^{55}	sɔ^{33}ɣɔŋ^{55}tɕhɛ^{33}	sɛ^{33}ɣɑŋ^{55}tɕhɛ^{33}
677	属虎	xa^{31}la^{31}thi^{31}xo̱^{31}	xa^{31}la^{31}	xa^{31}la^{33}xo̱^{31}
678	属驴	thaŋ^{31}la^{33}thi^{31}xo̱^{31}	thɔŋ^{31}la^{33}	thɑŋ^{31}la^{33}
679	属兔	laŋ^{31}thi^{31}xo̱^{31}	lɔŋ^{31}	lɑŋ^{31}xo̱^{31}
680	属蛇	ɕɛ^{55}thi^{31}xo̱^{31}	ɕɛ^{55}thi^{31}xo̱^{31}	ɕɛ^{55}xo̱^{31}
681	属马	mɑŋ^{31}thi^{31}xo̱^{31}	mɑŋ^{31}thi^{31}xo̱^{31}	mɑŋ^{31}xo̱^{31}
682	属羊	jɔ^{55}thi^{31}xo̱^{31}	jɔ^{55}thi^{31}xo̱^{31}	jɔ^{55}xo̱^{31}
683	属猴	mjo̱^{31}thi^{31}xo̱^{31}	mjo̱^{31}thi^{31}xo̱^{31}	mjo̱^{31}xo̱^{31}
684	属鸡	ɣa^{33}thi^{31}xo̱^{31}	ɣa^{33}thi^{31}xo̱^{31}	ɣa^{33}xo̱^{31}
685	属狗	khɯ^{31}thi^{31}xo̱^{31}	khɯ^{31}thi^{31}xo̱^{31}	khɯ^{31}xo̱^{31}

续表

序号	汉语	孟连阿卡话	澜沧阿卡话	勐海阿卡话
686	属猪	ɣa̱^{31}thi^{31}xo̱^{31}	ɣa̱^{31}thi^{31}xo̱^{31}	ɣa̱^{31}xo̱^{31}
687	属鼠	xo^{33}thi^{31}xo̱^{31}	xo^{33}thi^{31}xo̱^{31}	xo^{33}xo̱^{31}
688	属牛	ȵo^{31}thi^{31}xo̱^{31}	ȵo^{31}thi^{31}xo̱^{31}	ȵo^{31}xo̱^{31}
689	（农历）一月	thi^{31}la^{33}si^{31}	thi^{31}la^{33}si^{31}	ji^{31}yɤ^{31}
690	（农历）二月	ȵi^{31}la^{33}si^{31}	ȵi^{31}la^{33}si^{31}	ɤ^{24}yɤ^{31}
691	（农历）三月	sm̩^{31}la^{33}si^{31}	sum^{31}la^{33}si^{31}	san^{33}yɤ^{31}
692	（农历）四月	ø^{31}la^{33}si^{31}	ø^{31}la^{33}si^{31}	si^{24}yɤ^{31}
693	（农历）五月	ŋa^{31}la^{33}si^{31}	ŋa^{31}la^{33}si^{31}	u^{55}yɤ^{31}
694	（农历）六月	ko̱^{31}la^{33}si^{31}	ko̱^{31}la^{33}si^{31}	lu^{31}yɤ^{31}
695	（农历）七月	ɕi̱^{31}la^{33}si^{31}	ɕi̱^{31}la^{33}si^{31}	tɕhi^{33}yɤ^{31}
696	（农历）八月	jɛ̱^{31}la^{33}si^{31}	jɛ̱^{31}la^{33}si^{31}	pa^{33}yɤ^{31}
697	（农历）九月	ɣø^{31}la^{33}si^{31}	ɣø^{31}la^{33}si^{31}	tɕu^{55}yɤ^{31}
698	（农历）十月	tshe^{55}la^{33}si^{31}	tshe^{55}la^{33}si^{31}	ʂʅ^{31}ji^{31}yɤ^{31}
699	（农历）十一月	tshe^{55}ti̱^{31}la^{33}si^{31}	tshe^{55}ti̱^{31}la^{33}si^{31}	ʂʅ^{31}ɤ^{24}yɤ^{31}
700	（农历）十二月	tshe^{55}ȵi^{31}la^{33}si^{31}	tshe^{55}ȵi^{31}la^{33}si^{31}	ʂʅ^{31}ɤ^{24}yɤ^{31}
701	天	naŋ^{33}	nɤŋ^{33}	nɑŋ^{33}
702	一个月	ba^{33}la^{33} thi^{31}si^{31}	ba^{33}la^{33} thi^{31}si^{31}	ba^{33}la^{33} thi^{31}si^{31}
703	（公历）一月	thi^{31}la^{33}si^{31}	thi^{31}la^{33}si^{31}	ji^{31}yɤ^{31}
704	（公历）二月	ȵi^{31}la^{33}si^{31}	ȵi^{31}la^{33}si^{31}	ɤ^{24}yɤ^{31}
705	年，岁	a^{55}xo̱^{31}	a^{55}xo̱^{31}	a^{55}xo̱^{31}
706	今年	tsɯ^{31}naŋ^{33}xo̱^{31}	tsɯ^{31}nɤŋ^{33}xo̱^{31}	tsɿ^{31}naŋ^{33}xo̱^{31}
707	去年	mi^{55}naŋ^{33}xo̱^{31}	mi^{55}nɤŋ^{33}xo̱^{31}	mi^{55}nɑŋ^{33}xo̱^{31}
708	前年	xu^{31}naŋ^{33}xo̱^{31}	xu^{31}nɤŋ^{33}xo̱^{31}	xu^{31}nɑŋ^{33}xo̱^{31}
709	明年	nɛ^{31}ja^{33}xo̱^{31}	a^{31}kha^{55}nɛ^{31}ja^{33}xo̱^{31}	nɑŋ^{33}ja^{33}xo̱^{31}
710	后年	sɔ^{55}phɛ^{31}xo̱^{31}	na^{33}nɯ^{33}xo̱^{31}	sa^{33}phɛ^{31}xo̱^{31}
711	从前	a^{55}xu^{33}ba^{33}	xø^{33}ŋɛ^{33}ba^{33}	xø^{55}ŋɛ^{33}ba^{33}
712	以前	xø^{55}ȵɛ^{33}ba^{33}	xø^{55}ŋɛ^{33}ba^{33}	xø^{55}ŋɛ^{33}ba^{33}

续表

序号	汉语	孟连阿卡话	澜沧阿卡话	勐海阿卡话
713	现在	ȵɔm^{24}	ȵum^{24}	ȵɔm^{24}
714	将来	a^{31}kha^{55}naŋ^{33}	a^{31}kha^{55}nɤŋ^{33}	nɤ^{31}ɕɔ^{55}phɛ^{31}
715	星期一	ɕiŋ^{55}tɕhi^{55}ji^{31}	ɕiŋ^{55}tɕhi^{55}ji^{31}	li^{55}pɛ^{24}ji^{31}
716	星期二	ɕiŋ^{55}tɕhi^{55}ɤ^{24}	ɕiŋ^{55}tɕhi^{55}ə^{24}	li^{55}pɛ^{24}ɤ^{24}
717	星期六	ɕiŋ^{55}tɕhi^{55}lu^{31}	ɕiŋ^{55}tɕhi^{55}lu^{31}	li^{55}pɛ^{24}lu^{31}
718	星期天	ɕiŋ^{55}tɕhi^{55}thjɛn^{55}	ɕiŋ^{55}tɕhi^{55}thjɛn^{55}	li^{55}pɛ^{24}thjɛn^{55}
719	分钟	thi^{31}fen^{55}dzɔŋ^{55}	thi^{31} fɛn^{55}dzɔŋ^{55}	ji^{31}fen^{55}tʂoŋ^{55}
720	小时	thi^{31}li^{31}na^{31}	thi^{31} na^{31}li^{31}	thi^{31}ja^{31}
721	一点钟	thi^{31}na^{31}li^{31}	thi^{31} na^{31}li^{31}	thi^{31}ja^{31}
722	三点钟	sɔm^{55}na^{31}li^{31}	sum^{55} na^{31}li^{31}	sum^{55}ja^{31}
723	冷季（10月—2月）	jɔ^{33}ga̱^{33}a^{55}ja^{31}	tshɔŋ^{31}ga̱^{33} a^{55}ja^{31}	dʑɔ^{55}la^{33}ja^{31}
724	热季（3月、4月）	jɔ^{33}sa̱^{31}a^{55}ja^{31}	jɔ^{33}sa̱^{31}sa̱^{31}ja^{31}	nɯ^{33}tsha^{55}tsha^{55}ja^{31}
725	雨季（5月—9月）	m̩^{31}jɛ^{55}jɛ^{55}a^{55}ja^{31}	um^{31}jɛ^{55}jɛ^{55}ja^{31}	jɛ^{33}ɣaŋ^{55}ja^{31}
726	泼水节	i^{55}tɕu̱^{31}ɕɛ^{31}a^{55}naŋ^{33}	i^{55}tɕu̱^{31}ɕɛ^{31}ja^{31}	i^{55}tɕu̱^{31}ɕɛ^{31}ja^{31}
727	嘎汤帕节	ga^{33}thaŋ^{55}a^{31}phø^{31}	ga^{33}thɑŋ^{55}a^{31}phø^{31}	kha^{33}thɑŋ^{55}pha^{33}
728	秋千节	la̱^{31}tɕhɤ^{31}a^{31}phø^{31}	la̱^{31}tɕhɤ^{31}a^{31}phø^{31}	jɛ^{55}khu^{33}dza̱^{31}
729	春节	xɔ^{31}ɕɯ̱^{31}a^{31}phø^{31}	a^{31}phø^{31}lɔ^{55}	
730	零	liŋ^{31}	liŋ^{31}	da̱^{31}
731	一	ti̱^{31}	thi^{31}	thi^{31}
732	二	ȵi^{31}	ȵi̱^{31}	ȵi^{31}
733	三	sɔm^{55}	sum^{55}	sum^{55}
734	四	ø^{31}	ø^{31}	ø^{31}
735	五	ŋa^{31}	ŋa^{31}	ŋa^{31}
736	六	ko̱^{31}	ko̱^{31}	ko̱^{31}
737	七	ɕi̱^{31}	ɕi̱^{31}	ɕi̱^{31}
738	八	jɛ̱^{31}	jɛ̱^{31}	jɛ̱^{31}

续表

序号	汉语	孟连阿卡话	澜沧阿卡话	勐海阿卡话
739	九	ɣø^{31}	ɣø^{31}	ɣø^{31}
740	十	tshe^{55}	tshe^{55}	tshe^{55}
741	十一	tshe^{55}ti̱^{31}	tshe^{55}ti̱^{31}	tshe^{55}ti̱^{31}
742	十二	tshe^{55}ȵi̱^{31}	tshe^{55}ȵi̱^{31}	tshe^{55}ȵi̱^{31}
743	十三	tshe^{55}sɔm^{55}	tshe^{55}sum^{55}	tshe^{55}sum^{55}
744	十四	tshe^{55}ø^{31}	tshe^{55}ø^{31}	tshe^{55}ø^{31}
745	十五	tshe^{55}ŋa^{31}	tshe^{55}ŋa^{31}	tshe^{55}ŋa^{31}
746	十六	tshe^{55}ko̱^{31}	tshe^{55}ko̱^{31}	tshe^{55}ko̱^{31}
747	十七	tshe^{55}ɕi̱^{31}	tshe^{55}ɕi̱^{31}	tshe^{55}ɕi̱^{31}
748	十八	tshe^{55}jɛ^{31}	tshe^{55}jɛ^{31}	tshe^{55}jɛ^{31}
749	十九	tshe^{55}ɣø^{31}	tshe^{55}ɣø^{31}	tshe^{55}ɣø^{31}
750	二十	ȵi^{31}tshe^{55}	ȵi^{31}tshe^{55}	ȵi^{31}tshe^{55}
751	三十	sɔm^{31}tshe^{55}	sum^{31}tshe^{55}	sum^{31}tshe^{55}
752	百	thi^{31}ja^{55}	thi^{31}ja^{55}	thi^{31}ja^{55}
753	千	thi^{31}xe^{55}	thi^{31}xe^{55}	thi^{31}ba̱^{31}
754	一半	thi^{31}pa̱^{33}	thi^{31}pa̱^{33}	thi^{31}pa̱^{33}
755	一倍	thi^{31}mja̱^{33}	thi^{31}bju	thi^{31}pa̱^{33}
756	第一	dʑu^{31}xu^{33}xɔm^{31}	ti^{24}ji^{31}	ti^{24}ji^{31}
757	第二	dʑa^{31}naŋ^{33}xɔm^{31}	ti^{24}ə^{33}	ti^{24}ɤ^{24}
758	最前的一个（人）	mi^{31}ɕø^{33}ɣa^{31}	dʑɛ^{31}xu^{33}xu^{33} sa^{31} xø^{55} ɣa^{31}	mɛ^{31}ɣu^{55}thi^{31}ɣa^{31}
759	中间的一个（人）	ɣɔŋ^{55}tɕhe^{55}ɣa^{31}	a^{55}kha^{31}xø^{55}ɣa^{31}	ɣaŋ^{55}tɕhɛ^{31}kha^{31} thi^{31}ɣa^{31}
760	最后的一个（人）	dʑa^{31}naŋ^{33}naŋ^{33}ɕa^{55} thi^{31}ɣa^{31}	lɛ^{31}nɤŋ^{33}nɤŋ^{33}sa^{31} xø^{55}ɣa^{31}	na^{55}xɑŋ^{31}sa̱^{31}thi^{31}ɣa^{31}
761	最前的一只（鸟）	mi^{31}ɕø^{33}xø^{55}mɔ^{55}	dʑɛ^{31}xu^{33}xu^{33}sa^{31} a^{33}dʑi^{55} xø^{55}mɔ^{55}	mɛ^{31}ɣu^{55}thi^{31}mɔ^{55}
762	中间的一只（鸟）	ɣɔŋ^{55}tɕhe^{55}xø^{55}mɔ^{55}	a^{55}kha^{31} xø^{55}mɔ^{55}	ɣaŋ^{55}tɕhɛ^{31}kha^{31} thi^{31}mɔ^{55}

续表

序号	汉语	孟连阿卡话	澜沧阿卡话	勐海阿卡话
763	最后的一只（鸟）	dʑa^{31}naŋ^{33}naŋ^{33} xø^{55}mɔ^{55}	lɛ^{31}nɤŋ^{33}nɤŋ^{33} sa^{31} xø^{55} mɔ^{55}	na^{55}xɑŋ^{31}sa̱^{31} thi^{31}mɔ^{55}
764	另外一个（人）	a^{31}tɕhɔ^{33} thi^{31}ɣa^{31}	ga^{33}dze^{55}phɔ^{33} tshɔ^{55}xa^{31} thi^{31}ɣa^{31}	nɯ^{33}ɣa^{31}thi^{31}ɣa^{31}
765	（一）个（人）	thi^{31} ɣa^{31}	tshɔ^{55}xa^{31} thi^{31} ɣa^{31}	tshɔ^{55}xa^{31} thi^{31} ɣa^{31}
766	（一）个（碗）	xɔm^{31}ma^{31} thi^{31} xɔm^{31}	xum^{31}ma^{31} thi^{31} xum^{31}	xum^{31}ma^{31} thi^{31} xɔm^{31}
767	（两）条（河）	lo^{55}ba^{31} thi^{31} ba^{31}	lɔ^{55}gɔ̱^{31} thi^{31} gɔ̱^{31}	lɔ^{55}gɔ̱^{33} thi^{31} gɔ̱^{33}
768	（一）根（绳子）	a^{55}tɕa̱^{33} thi^{31} tɕa̱^{33}	a^{55}tɕa̱^{33} thi^{31} tɕa̱^{33}	tɕa̱^{33}
769	（一）张（纸）	ta̱^{31}	ta̱^{31}	ta̱^{31}
770	（一）个（蛋）	si^{31}	si^{31}	si^{31}
771	（两）只（鸟）	mɔ^{55}	mɔ^{55}	mɔ^{55}
772	（一）根（棍子）	khɔ^{31}	khɔ^{31}	khɑŋ^{31}
773	（一）根（草）	mo̱^{31}	mo̱^{31}	nɯ̱^{33}
774	（一）粒（米）	nɯ̱^{33}	nɯ̱^{33}	si3
775	（一）把（扫帚）	phjɔ^{55}	phjɔ^{55}	phjɔ^{55}
776	（一）把（刀）	khɔ^{55}	khɔŋ^{55}	khɑŋ^{55}
777	（一）棵（树）	bɔ^{55}	bɔ^{31}	bɔ^{55}
778	（两）本（书）	dɔm^{31}	pɤn^{33}	dɔm^{31}
779	（一）座（桥）	dzɔm^{55}	dzum^{55}	dzɔm^{55}/xɔm^{31}
780	（一）把（菜）	dzɔm^{31}	dzum^{31}	dzɑŋ^{31}
781	（一）把（米）	thu̱^{33}	tu̱^{33}	tu̱^{33}
782	（一）支（笔）	du^{55}	pi^{31}	khaŋ^{33}
783	（一）堆（石头）	bjɔm^{55}	bjum^{55}	bjɔm^{55}
784	（一）桶（水）	thɔm^{55}	pu^{55}	thoŋ^{55}
785	（一）碗（饭）	xɔm^{31}	xum^{31}	xɔm^{31}
786	（一）块（地）	khɔ^{31}	khɔ^{31}	khɔ^{31}

续表

序号	汉语	孟连阿卡话	澜沧阿卡话	勐海阿卡话
787	（一）块（粑粑）	ja̱^{33}	ja̱^{33}	ja̱^{33}
788	（一）片（树叶）	pha̱^{31}	pha̱^{31}	pa̱^{31}
789	（一）朵（花）	jɛ̱^{33}	jɛ̱^{33}	jɛ̱^{33}
790	（一）句（话）	dɔ^{31}	dɔ^{31}	dɔ^{31}
791	（一）首（歌）	khaŋ^{55}	kɔ^{33}	kɔ̱^{33}
792	（一）件（衣服）	khaŋ^{55}	khɑŋ^{55}	khɑŋ^{55}
793	（一）双（鞋）	dzɔm^{55}	dzum^{31}	dzɔm^{55}
794	（一）对（兔子）	gɔm^{33}	dzum^{33}	gu^{33}/dzɔm^{33}
795	（一）群（羊）	ma̱^{31}	ma̱^{31}	ma̱^{31}
796	（一）半（路）	pa̱^{33}	pa̱^{33}	xɛ̱^{33}
797	（一）节（竹子）	tsɛ̱^{33}	xø̱^{33}	tsʅ̱^{33}
798	（一）天（路）	naŋ^{33}	nɤŋ^{33}	nɑŋ^{33}
799	（一）只（鞋）	phjɔ^{31}	phjɔ^{31}	phjɔ^{31}
800	（一）卷（布）	jo̱^{33}	dzum^{31}	dzɔm^{31}
801	（一）背（柴）	jɛ^{55}	jɛ^{55}	kha^{55}
802	（一）捆（茅草）	jɛ^{55}	dzum^{31}	dzɑŋ^{31}
803	（一）捧（米）	xɔ̱^{33}	xɔ̱^{33}	dzɔm^{33}
804	（一）匹（马）	mɔ^{55}	mɔ^{55}	mɔ^{55}
805	（一）袋（米）	ɣɤ^{55}	ɣɤ^{55}	ɣɤ^{55}
806	（一）串（葡萄）	dʑu^{33}	dʑu^{33}	phu^{55}
807	（一）窝（蛋）	baŋ^{31}	bɑŋ^{31}	bɑŋ^{31}
808	（一）滴（油）	dza̱^{33}	dza̱^{33}	dzʅ̱^{33}
809	（两）层（楼）	ti̱^{33} jɔm^{55}go^{55}	jɔm^{55}	jɔm^{55}jɔm^{55}

续表

序号	汉语	孟连阿卡话	澜沧阿卡话	勐海阿卡话
810	(一)间(房)	jɔm^{55} thi^{31} lɔ^{33}	jɔm^{55} thi^{31} jɔm^{55}	jɔm^{55} thi^{31} jɔm^{55}
811	(一)包(菜)	ɣɔ^{31}ȵø^{55} thi^{31} tø^{33}	ɣɔ^{31}ȵø^{55} thi^{31} tø^{33}	ɣɔ^{31}ȵo^{55} thi^{31} thɑŋ^{55}/tø^{33}
812	(一)瓶(酒)	dʑi^{55}ba^{31} thi^{31} tsa^{31}	dʑi^{55}ba^{31} thi^{31} tsa^{31}	dʑi^{55}ba^{31} thi^{31} tsa^{31}
813	(一)斤	thi^{31} gi^{31}	thi^{31} dʑi^{33}	thi^{31} dʑi^{33}
814	(一)公斤	thi^{31} gɔŋ^{55}dʑi^{55}	thi^{31} gɔŋ^{55}dʑi^{55}	thi^{31} goŋ^{55}dʑi^{55}
815	(一)千米	thi^{31} gɔŋ^{33}li^{55}	thi^{31} gɔŋ^{33}li^{55}	thi^{31} goŋ^{33}li^{53}
816	(一)米	thi^{31} mi^{55}	thi^{31} mi^{55}	thi^{31} mi^{55}/^{53}
817	(一)庹	lɔm^{55}	lum^{55}	pha^{55}
818	(一)拃	tho^{55}	tho^{55}	tshɿ^{55}
819	(一)人(深)	dɔ^{33}	ɣa^{31}	
820	(一)元	mɯ^{55}	ba^{31}	jɛ^{31}
821	(一)角	xe^{55}	tshɛ^{33}	dʑɔ^{31}
822	(等)一会儿	thi^{31}xɛ^{31}	thi^{33}1 xɛ^{31}	thi^{31} xɛ^{31}
823	(一)天	naŋ^{33}	nɤŋ^{33}	nɑŋ^{33}
824	(一)夜	mi^{55}	mi^{55}	mi^{55}
825	半天	naŋ^{33}pa^{33}	nɤŋ^{33} pa^{33}	nɑŋ^{33} thi^{31}xɛ^{33}
826	半个月	ba^{33}la^{33} naŋ^{33}pa^{33}	ba^{33}la^{33} si^{31} pa^{33}	pan^{31}kɤ^{33}yɤ^{31}
827	上个月	ba^{33}la^{33} dʑo^{31}xu^{33}si^{31}	ba^{33}la^{33} xø^{33} si^{31}	ba^{33}la^{33} mi^{55}nɑŋ^{33}nɑŋ^{33}si^{31}
828	(一)年	xo^{31}	xo^{31}	thi^{31} xo^{33}
829	一岁	thi^{31} xo^{31}	thi^{31} xo^{31}	thi^{31} xo^{33}
830	一辈子	thi^{31}zi^{55}	ma^{31}si^{55} thi^{31} zi^{55}	zi^{55}
831	(一)步(路)	to^{31}	to^{31}	to^{31}
832	(走一)步	to^{31}	to^{31}	to^{31}
833	(去一)次	po^{33}	po^{33}	po^{33}
834	(吃一)顿	bjɔ^{55}	bjɔ^{55}	bjɔ^{55}
835	(喊一)声	dɔ^{31}	po^{33}	thɛ^{33}
836	(打一)下	po^{33}	po^{33}	la^{31}

续表

序号	汉语	孟连阿卡话	澜沧阿卡话	勐海阿卡话
837	（踢一）脚	po̱^{33}	po̱^{33}	khɯ^{33}
838	（咬一）口	xɛ^{31}	po̱^{33}	tshɔ^{55}xa^{31}thi^{31}xɛ̱^{31}
839	一些人	tshɔ^{31}xa^{31} thi^{31}dɤ^{31}	tshɔ^{55}xa^{31} thi^{31}ɣa^{31} na^{33}	tshɔ^{55}xa^{31} thi^{31}bɔ^{31}
840	一些东西	mjɔ^{31} thi^{31}dɤ^{31}	mjɔ^{31} thi^{31}dʑe^{31}	
841	一点	a^{55}tɕɯ̱^{33}tɛ^{24}	a^{55}tɕɯ̱^{33}tɛ^{31}	tɕɯ̱^{33}tɕɯ̱^{33}
842	全家人	thi^{31}phɛ^{31}za^{31}	thi^{31}phɛ^{31}za^{31}	thi^{31}pha^{33}
843	母子仨	ma^{33}za^{31} sɔm^{55} ɣa^{31}	sum^{55} ma^{33}za^{31}	
844	父子仨	da^{33}za^{31} sɔm^{55} ɣa^{31}	sɔm^{55} da^{33}za^{31}	
845	每天	jɔ^{31}naŋ^{33}na̱^{33}	jɔ^{31}nɤŋ^{33}na̱^{33}	jɔ^{31}naŋ^{33}jɔ^{31}
846	每个	jɔ^{31}ɣa^{31}na̱^{33}	jɔ^{31}ɣa^{31}na̱^{33}	jɔ^{31}ɣa^{33}jɔ^{31}
847	我	ŋa^{55}	ŋa^{55}	ŋa^{55}
848	我俩	a^{55}ȵa̱^{31}	ŋa^{33}ȵa̱^{31}	ŋa^{55}ȵa̱^{31}
849	我们	ŋa^{33}ma̱^{31}	ŋa^{33}ma̱^{31}	ŋa^{33}dɤ^{55}ma̱^{31}
850	咱俩	a^{55}dɤ^{33}ȵa̱^{31}	a^{33}ȵa̱^{31}	ŋa^{55}ȵa̱^{31}
851	咱们	a^{31}dɤ^{33}ma̱^{31}	a^{31}dɤ^{33}ma̱^{31}	ŋa^{33}dɤ^{55}ma̱^{31}
852	你	nɔ^{55}	nɔ^{55}	nɔ^{55}
853	你俩	nɔ^{33}ȵa̱^{31}	nɔ^{33}ȵa̱^{31}	nɔ^{33}ȵa̱^{31}
854	你们	nɔ^{33}ma̱^{31}	nɔ^{33}ma̱^{31}	nɔ^{33}ma̱^{31}
855	他	a^{31}jɔ̱^{31}	a^{31}jɔ̱^{31}	xø^{33}ɣa^{31}
856	他俩	a^{31}jɔ̱^{33}ȵa̱^{31}	a^{31}jɔ̱^{33}ȵa̱^{31}	xø^{33}ni^{31}ɣa^{31}
857	他们	a^{31}jɔ^{33}ma̱^{31}	a^{31}jɔ^{33}ma̱^{31}	xø^{33}tɤ̱^{31}ma̱^{31}
858	大家	dɔ^{31}tɔ̱^{33}lu̱^{31}	dɔ^{31}tɔ̱^{33}lu̱^{31}， dʑi^{55}tɕhu^{33}ȵi^{33}	dɔ^{31}tɔ̱^{33}lu̱^{31}
859	别人	a^{31}tɔhɔ^{31}	a^{31}tɕhɔ^{31}	a^{31}tɕhɔ^{31}
860	这	xɤ^{33}	xɤ^{33}	xɤ^{33}
861	这个人	tshɔ^{55}ɣa^{31}xɤ^{33}ɣa^{31}	tshɔ^{55}ɣa^{31}xɤ^{33}ɣa^{31}	tshɔ^{55}ɣa^{31}xɤ^{33}ɣa^{31}
862	这些	xɤ^{33}dʑe^{31}	xɤ^{33}dɤ^{31}	xɤ^{33}dɤ^{31}
863	这里	xɤ^{33}ga^{55}	xɤ^{33}ga^{55}	xɤ^{33}ga^{55}

续表

序号	汉语	孟连阿卡话	澜沧阿卡话	勐海阿卡话
864	这样	xɤ^{33}dʑe^{31}	xɤ^{33}dʑe^{31}	xɤ^{33}lo^{55}ɛ^{55}
865	那	xø^{55}	xø^{55}	xø^{55}
866	那些	xø^{55}dɤ^{31}	xø^{55}dɤ^{31}	xø^{55}dɤ^{31}
867	那里	xø^{55}ga^{55}	xø^{55}ga^{55}	xø^{55}ga^{55}
868	那样	xø^{55}lo̱^{33}ɛ^{33}	xø^{55}ldʑe^{31}	xø^{55}dʑe^{31}
869	谁	a^{31}su^{55}ɣa^{31}	a^{31}su^{55}ɣa^{31}	su^{55}ɣa^{31}
870	谁的	a^{31}su^{55}ɣa^{31} ɤ^{33}	a^{31}su^{55}ɣa^{31} ɤ^{33}	su^{55}ɣa^{31} xɤ^{33}
871	哪里	a^{31}ga^{55}	a^{31}ga^{55}	ga^{55}bɛ^{33}
872	几时	a^{31}gɤ^{33}ja^{24}	a^{55}mja̱^{33} na^{31}li^{31}	a^{55}mja̱^{31} ja^{31}
873	怎么	a^{31}dʑu^{55}	a^{31}dʑe^{31}	a^{31}dʑe^{31}
874	多少	a^{55}mja^{33}ȵi^{33}	a^{55}mja^{33}ȵi^{33}	a^{55}mja^{31}
875	几个（人）	a^{55}mja^{33}ɣa^{31}	a^{55}mja^{33}ɣa^{31}	a^{55}mja^{33}ɣa^{31}
876	几个（物）	a^{55}mja^{33}xɔm^{31}	a^{55}mja̱^{33}dʑe^{31}	mjɔ̱^{31}a^{55}mja̱^{33}dze^{31}
877	什么	a^{31}dʑe^{31}	a^{31}dʑe^{31}	a^{31}dʑe^{31}
878	其他	jɔ^{31}dɤ^{33}jɔ^{31}	xø^{55}dʑe^{31}	nɯ^{33}dʑe^{31}
879	自己	jɔ^{31}ɣa^{33}jɔ^{31}	jɔ^{31}xa^{33}	jɔ^{31}ɣa^{33}
880	全部（物）	dʑi^{55}tɕhu^{31}ȵi^{33}	dʑi^{55}tɕhu^{31}ȵi^{33}	dɔ^{31}tɔ̱^{33}lu̱^{31}
881	全部（人）	dɔ^{31}tɔ̱^{33}lu̱^{31}	dɔ^{31}tɔ̱^{33}lu̱^{31}	dɔ^{31}tɔ̱^{33}lu̱^{31}
882	大	jɔ^{33}xɯ^{31} xɯ^{31}	jɔ^{33}xɯ^{31} xɯ^{31}	jɔ^{33}xɯ^{31} xɯ^{31}
883	小	jɔ^{33}za^{31} za^{31}	jɔ^{33}za^{31} za^{31}	ȵi^{33}
884	高	jɔ^{33}go^{55}	jɔ^{33}go^{55}	go^{55}
885	矮	jɔ^{33}ɔ̱^{33}	jɔ^{33}ɔ̱^{33}	ɔ̱^{33}
886	凸	jɔ^{33}lu^{33}	jɔ^{33}lu^{33}	
887	凹	jɔ^{33}xɔ̱^{31}	jɔ^{33}xɔ̱^{31}	
888	长	jɔ^{33}mɔ^{55}	jɔ^{33}mɔŋ^{55}	jɔ^{33}mɑŋ^{55}
889	短	jɔ^{33}ȵu^{55}	jɔ^{33}ȵu^{55}	jɔ^{33}ȵɔm^{55}
890	远	jɔ^{33}kha^{31}	jɔ^{33}kha^{31}，jɔ^{33}mɔŋ^{55}	kha^{31}
891	近	dɔ^{31}phɛ^{33}	dɔ^{31}phɛ^{33} phɛ^{33}	dɔ^{31}phɛ^{33} phɛ^{33}

续表

序号	汉语	孟连阿卡话	澜沧阿卡话	勐海阿卡话
892	宽	jɔ^{33}ge^{55}	jɔ^{33}ge^{55}	jɔ^{33}dʑe^{55}
893	窄	jɔ^{33}su̱^{31}	jɔ^{33}su̱^{31}	jɔ^{33}su̱^{31}
894	厚	jɔ^{33}thu^{55}	jɔ^{33}thu^{55}	jɔ^{33}thu^{55}
895	薄	jɔ^{33}ba^{31}	jɔ^{33}ba^{31} ba^{31}	jɔ^{33}ba^{31} ba^{31}
896	横	n̥i^{31}tsɛ̱^{33}phɔ^{33}	n̥i^{31}tsɛ̱^{33}phɔ^{33}	bi^{55}tsɛ̱^{33}
897	深	jɔ^{33}na̱^{31}	jɔ^{33}na̱^{31} na̱^{31}	jɔ^{33}na̱^{31} na̱^{31}
898	浅	ma^{31}na̱^{31}	ma^{31}na̱^{31}	jɔ^{33}ba^{31}
899	满	bjɔŋ^{33}la^{55}	bjɔŋ^{33}la^{55}	jɔ^{33}bjɑŋ^{33}
900	空	jɔ^{33}ŋɛ̱^{31}	jɔ^{33}ŋɛ̱^{31}	jɔ^{33}ŋɛ̱^{31}
901	瘪	jɔ^{33}xɔ̱^{31}	jɔ^{33}xɔ̱^{31}，a^{55}xɔ̱^{31}	jɔ^{33}xɔ̱^{31}
902	多	jɔ^{33}mja^{31}	jɔ^{33}mja^{31}	mja^{31}
903	少	jɔ^{33}the^{31}	jɔ^{33}the^{31}	tɕɯ̱^{33}
904	（话）多	mja^{31}	mja^{31}	mja^{31}
905	圆	jɔ^{33}laŋ^{33}	jɔ^{33}lɑŋ^{33}	jɔ^{33}lɑŋ^{33}
906	扁	jɔ^{33}khu^{31}	jɔ^{33}khu^{31}	jɔ^{33}bja̱^{31}
907	尖	da^{55}tɕhɛ^{33} jɔ^{33}tɕhɛ^{33}	da^{55}tɕhɛ^{33}	tɕhɛ^{33}
908	秃	dʑɤ^{55}xɤ^{33}n̥i^{33}	de^{31}lu̱^{33}n̥i^{33}	de^{31}
909	平	jɔ^{33}sa^{55}	jɔ^{33}sa^{55} sa^{55}	jɔ^{33}di^{55}
910	皱	jɔ^{33}dʑu̱^{31}dʑu̱^{31}	jɔ^{33}dʑu̱^{31} dʑu̱^{31}	jɔ^{33}dʑu̱^{31}
911	（打得）准	（bɤ̱^{33}）dzi^{55}n̥a^{33}	（bɤ̱^{33}）dzi^{55}n̥a^{33}	jɔ^{33}dzi^{55}
912	偏	ga^{33}dze^{55}	ga^{33}dze^{55}	bi^{55}jɔ^{31}
913	整齐	jɔ^{33}di^{33}	jɔ^{33}di^{33}	jɔ^{33}ɕɔ^{31}
914	直	jɔ^{33}dɔ^{55}	jɔ^{33}dɔ^{55}	jɔ^{33}dɔ^{55}
915	弯/弯弯曲曲	jɔ^{33}ŋo̱^{31}	jɔ^{33}ŋo̱^{31}jɔ^{33}li̱^{31}	jɔ^{33}ŋo̱^{31}
916	黑	jɔ^{33}na̱^{33}	jɔ^{33}na̱^{33}	jɔ^{33}na̱^{33}
917	白	jɔ^{33}phju^{55}	jɔ^{33}phju^{55}	jɔ^{33}phju^{55}
918	红	jɔ^{33}ne^{55}	jɔ^{33}ne^{55}	jɔ^{33}ne^{55}

续表

序号	汉语	孟连阿卡话	澜沧阿卡话	勐海阿卡话
919	黄	jɔ^{33}ɕɯ^{55}	jɔ^{33}ɕɯ^{55}	jɔ^{33}ɕɯ^{55}
920	绿	jɔ^{33}ȵø^{55}	jɔ^{33}ȵø^{55}	jɔ^{33}ȵø^{55}
921	蓝	jɔ^{33}phɯ^{55}	jɔ^{33}phɯ^{55}	jɔ^{33}phɯ^{55}
922	亮	jɔ^{33}bja^{33} bja^{33}	jɔ^{33}bja^{33} bja^{33}	jɔ^{33}bja^{33}
923	暗	ɣɔŋ^{55}sɯ^{33}ȵi^{33}	jɔ^{33}ɣɔŋ^{55} ɣɔŋ^{55}sɿ^{33}ȵi^{33}	jɔ^{33}ɣɑŋ^{55}
924	重	jɔ^{33}khɔŋ^{33}	jɔ^{33}khɔŋ^{33}	jɔ^{33}khɑŋ^{33}
925	轻	jɔ^{33}phja^{55}	jɔ^{33}phja^{55} phja^{55}	jɔ^{33}phja^{55}
926	快	jɔ^{33}khɔ^{55}	jɔ^{33}khɔ^{55}	jɔ^{33}khɔ^{55}
927	慢	jɔ^{33}mɑŋ^{33}	jɔ^{33}lɔ̱^{33}	jɔ^{33}mɑŋ^{33}
928	快快地	jɔ^{33}khɔ^{55}khɔ^{55}ɛ^{55}	jɔ^{33}khɔ^{55}khɔ^{55}ɛ^{55}	jɔ^{33}khɔ^{55}khɔ^{55}ɛ^{55}
929	慢慢地	jɔ^{33}lɔ̱^{33}lɔ̱^{33}ɛ^{55}	jɔ^{33}lɔ̱^{33}lɔ̱^{33}ɛ^{55}	jɔ^{33}mɑŋ^{33}mɑŋ^{33}
930	轻轻地	a^{31}za^{55}za^{55}a^{33}ȵi^{33}	a^{31}za^{55}za^{55}ɛ^{55}，za^{55}	a^{31}za^{55}za^{55}
931	早	jɔ^{33}na̱^{31}	jɔ^{33}na̱^{31}	jɔ^{33}na̱^{31}
932	迟	nɤŋ^{31}	dʑɛ^{31}nɤŋ^{31} nɤŋ^{31}	jɔ^{33}mja^{33}
933	锋利	jɔ^{33}ta̱^{33}	jɔ^{33}ta̱^{33} ta^{33}	jɔ^{33}ta̱^{33} ta̱^{33}
934	钝	jɔ^{33}dɔm^{31}	jɔ^{33}dum^{31}	jɔ^{33}dɔm^{31}
935	牢固	jɔ^{33}zi^{31}	jɔ^{33}zi^{31}	jɔ^{33}zi^{31}
936	清	i^{33}kɔŋ^{55}	i^{33}gɔŋ^{55}	ɯ^{33}gɑŋ^{55}
937	浑浊	ɯ^{55}ne^{55} ne^{55}	ɯ^{55}ne^{55} ne^{55}	ɯ^{55}ne^{55}
938	肥肉	ɕa^{31}tshu^{55}	sa^{31}tshu^{55}	ɕa^{31}tshu^{55}
939	瘦肉	ɕa^{31}ne^{55}	sa^{31}ne^{55}	ɕa^{31}ma^{55}
940	干	jɔ^{33}gɯ^{33}	jɔ^{33}gɯ^{33}	jɔ^{33}gɯ^{33}
941	湿	jɔ^{33}a̱^{31}	jɔ^{33}a̱^{31} a̱^{31}	jɔ^{33}a̱^{31} a̱^{31}
942	（粥）稠	tɕhe^{55}ma^{33}	tɕhe^{55}ma^{33}	tɕhe^{55}mɯ^{33}ma^{33}
943	（粥）稀	xɔ^{31}tɕa̱^{31}	xɔ^{31}tɕa̱^{31} tɕa̱^{31}	xɔ^{31}tɕa̱^{31} tɕa̱^{31}
944	（布）密	无	jɔ^{33}thɤ^{55} thɤ^{55}	(tsha^{31}pha^{33}) jɔ^{33} tshɑŋ^{55} thɤ^{55}
945	稀疏	jɔ^{33}kha^{55}	jɔ^{33}kha^{55} kha^{55}	jɔ^{33}kha^{55} kha^{55}
946	稠密	jɔ^{33}tshɔŋ^{55}	jɔ^{33}tshɑŋ^{55}tshɑŋ^{55}	jɔ^{33}tshɑŋ^{55} tshɑŋ^{55}

续表

序号	汉语	孟连阿卡话	澜沧阿卡话	勐海阿卡话
947	硬	jɔ^{33}ɣɔ^{55}	jɔ^{33}ɣɔ^{55} ɣɔ^{55}	jɔ^{33}ɣɑŋ^{55} ɣɔ^{55}
948	软	jɔ^{33}nɛ^{31}	jɔ^{33}nɑŋ^{31} nɑŋ^{31}	jɔ^{33}bjɛ̱^{33}
949	硬邦邦	ɣɔ^{55}tɕɤ̱^{33}ȵi^{33}	ɣɔ^{55}tɕhɔ^{33} ȵi^{33}	ɣɑŋ^{55}dzɛ^{33}ɣɑŋ^{55}dzɛ^{33}
950	光滑	jɔ^{33}dʑu^{55}	jɔ^{33}dʑu^{55} dʑu^{55}	jɔ^{33}dʑu^{55} dʑu^{55}
951	粗糙	sa̱^{33}bjɛ^{33}ȵi^{33}	sa̱^{33}bjɛ^{33}ȵi^{33}	jɔ^{33}sa̱^{33}
952	（路）滑	jɔ^{33}dʑu^{55}	jɔ^{33}dʑu^{55}	jɔ^{33}dʑu^{55}
953	紧	jɔ^{33}su̱^{31}	jɔ^{33}su̱^{31} su̱^{31}	jɔ^{33}thɤ^{55}
954	松	jɔ^{33}ge^{55}	jɔ^{33}ge^{55} ge^{55}	jɔ^{33}ja^{55}
955	脆	ɣɔ̱^{33}tsɤ̱^{33}ȵi^{33}	ɣɔ̱^{33}tsɤ̱^{33}ȵi^{33}，jɔ̱^{33}ɣɔ̱^{33}	jɔ̱^{33}ɣɔ̱^{33}
956	乱	jɔ^{33}mɤ^{31}	jɔ^{33}mɤ^{31}jɔ^{31}sɛ^{31}	jɔ^{33}bɑŋ^{31}
957	对	jɔ^{31}tsha^{31}	jɔ^{31}tsha^{31} tsha^{31}	jɔ^{33}tsha^{31}
958	错	jɔ^{33}lɛ^{31}	jɔ^{33}lɛ^{31}	jɔ^{33}bɑŋ^{31}
959	真	ŋɤ^{55}mɛ^{33}	ŋɤ^{55}mɛ^{33}	ŋɤ^{55}
960	假	ma^{31}ŋɤ^{55}dʑe^{31}	dʑa^{31}mjɔ̱^{31}	dʑa^{31}mjɔ̱^{31}
961	生	jɔ^{33}dʑɔm^{31}	jɔ^{33}dʑum^{31}	jɔ^{33}dʑɔm^{31}
962	新	jɔ^{33}ɕɯ̱^{31}	jɔ^{33}ɕɯ̱^{31}	jɔ^{33}ɕɯ̱^{31}
963	旧	jɔ^{33}ø^{55}	jɔ^{33}ø^{55}	jɔ^{33}ø^{55}
964	好	jɔ^{33}mɯ^{31}	jɔ^{33}mɯ^{31}	jɔ^{33}mɯ^{31}
965	坏	ma^{31}mɯ^{31}	ma^{31}mɯ^{31}	jɔ^{33}dø^{33}
966	不错	ma^{31}tɕha^{33}	ma^{31} ga^{55}	jɔ^{33}mɯ^{31}jɔ^{33}dʑa̱^{31}
967	富	jɔ^{33}dʑa̱^{33}	jɔ^{33}dʑa̱^{33}	su^{55}mɯ^{31}
968	（人）穷	jɔ^{33}ɕa^{31}	jɔ^{33}ɕa^{31}	za^{33}tɕhø^{31}
969	（价钱）贵	jɔ^{33}xa̱^{33}	jɔ^{33}xa̱^{33}	jɔ^{33}gɔ̱^{33}
970	便宜	jɔ^{33}ja^{55}	jɔ^{33}ja^{55} ja^{55}	jɔ^{33}ja^{55} ja^{55}
971	（植物）老	jɔ^{33}zɛ^{33}	jɔ^{33}ka̱^{33}	jɔ^{33}mɔ^{31}
972	（植物）嫩	jɔ^{33}nɔŋ^{31}	jɔ^{33}nɤŋ^{31}	jɔ^{33}za^{31}
973	年老	jɔ^{33}mɔ^{31}	jɔ^{33}mɔ^{31}	tshɔ^{55}mɔ^{31}
974	年轻	za^{31}gu^{31}	za^{31}gu^{31}	za^{31}gu^{31}

续表

序号	汉语	孟连阿卡话	澜沧阿卡话	勐海阿卡话
975	美	jɔ^{33}dʑa^{31}	jɔ^{33}mɯ^{31}	jɔ^{33}mɯ^{31}
976	丑	jɔ^{33}dø^{55}	ma^{31}mɯ^{31}	jɔ^{33}dø^{55}
977	热	mi^{55}tsha^{55} tsha^{55}	jɔ^{33}sa̱^{31} sa̱^{31}	jɔ^{33}lɑŋ^{55}
978	冷	jɔ^{33}ga̱^{33}	jɔ^{33}ga̱^{33} ga̱^{33}	jɔ^{33}tsɛ̱^{31}
979	（水）温	jɔ^{33}lɔm^{55}	jɔ^{33}lɔŋ^{55}	jɔ^{33}lɔm^{55}
980	暖和	jɔ^{33}lɔm^{55}	jɔ^{33}lɔŋ^{55}	jɔ^{33}lɔŋ^{55}
981	懒	tshɔ^{55}dø^{55}	jɔ^{33}dø^{55}	jɔ^{33}dø^{55}
982	凉快	ɕi^{31}khɤ^{55}ȵi^{33}	ɕi^{31}khɤ^{55}ȵi^{33}	ɕi^{31}khɤ^{55}ȵɪ^{33}
983	（水）凉	jɔ^{33}tsɛ̱^{31}	jɔ^{33}tsɛ̱^{31} tsɛ̱^{31}	jɔ^{33}tsɛ^{31} tsɛ̱^{31}
984	烫	jɔ^{33}tɕhɯ^{55}	jɔ^{33}tɕhɯ^{55} tɕhɯ^{55}	jɔ^{33}tɕhɯ^{55} tɕhɯ^{55}
985	难（做）	dʑɔŋ^{55} jɔ^{33}xa̱^{33}	ma^{31}dʑɔŋ^{55} mɯ^{31}	jɔ^{33}ɕa^{31}
986	容易	jɔ^{33}ɔ̱^{31}	jɔ^{33}ɔ̱^{31}，dʑɔŋ^{55}mɯ^{31}	jɔ^{33}ɔ̱^{31}
987	（气味）香	jɔ^{33}sɔ^{33}	jɔ^{33}sɔ^{33} sɔ^{33}	jɔ^{33}sɔ^{55} sɔ^{55}
988	臭	bɛ̱^{31}la̱^{31}	bɛ̱^{31}la̱^{31}	bɛ̱^{31}la̱^{31}
989	（味道）香	sɔ^{55}xɤ̱^{31}ȵi^{33}	sɔ^{55}xɤ̱^{31}ni^{33}	jɔ^{33}sɔ^{55}
990	酸	jɔ^{33}tɕhɛ^{55}	jɔ^{33}tɕhɛ^{55}	jɔ^{33}tɕhɛ^{55} tɕhɛ^{55}
991	甜	jɔ^{33}tɕhø^{55}	jɔ^{33}tɕhø^{55}	jɔ^{33}tɕhø^{55} tɕhø^{55}
992	苦	jɔ^{33}xa^{31}	jɔ^{33}xa^{31}	jɔ^{33}xa^{31}
993	（辣椒）辣	phi^{55}	phi^{55}	jɔ^{33}phi^{55}
994	咸	jɔ^{33}ta̱^{33} ta̱^{33}	jɔ^{33}ta̱^{33} ta̱^{33}	jɔ^{33}ta̱^{33} ta̱^{33}
995	（盐）淡	jɔ^{33}the^{31} the^{31}	jɔ^{33}the^{31} the^{31}	ma^{31}khɯ^{55}
996	（菜）熟	jɔ^{33}dʑa̱^{31}	jɔ^{33}dʑa̱^{31} dʑa̱^{31}	a^{55}dzɛ^{31}dʑa̱^{31}dzɛ^{31}
997	涩	jɔ^{33}phɛ^{55}	jɔ^{33}phɛ^{55} phɛ^{55}	jɔ^{33}phɛ^{55} phɛ^{55}
998	腥	jɔ^{33}ɕa^{55}	jɔ^{33}ɕa^{55} ɕa^{55}	jɔ^{33}ɕa^{55} ɕa^{55}
999	油腻	tshi^{55}dʑu^{33}	tshi^{55}tɛ^{31} tɛ^{24}	tshi^{55}a^{55}dzɛ^{31}
1000	闲	jɔ^{33}dɔŋ^{33}	sa^{55}lɛ̱^{33}ȵi^{33}	dzɑŋ^{33}
1001	忙	jɔ^{33}thɛ^{31}	jɔ^{33}thɛ^{31}	jɔ^{33}thɛ^{31}
1002	干净	jɔ^{55}ɕɔ^{55}	bjɔ^{55}tɕy̱^{33}ȵi^{33}	jɔ^{33}ɕɔ^{55}

续表

序号	汉语	孟连阿卡话	澜沧阿卡话	勐海阿卡话
1003	脏	jɔ^{33}dʑɔ̱^{31}	jɔ^{33}dʑɔ̱^{31}jɔ^{33}si^{55}	jɔ^{33}dʑɔ̱^{31}
1004	活	jɔ^{33}dɛ̱^{31}	jɔ^{33}dɛ̱^{31} dɛ̱^{31}	jɔ^{33}dɛ̱^{31} dɛ̱^{31}
1005	死	jɔ^{33}ɕi^{55}	jɔ^{33}ɕi^{55}	jɔ^{33}ɕi^{55}
1006	好吃	jɔ^{33}khɯ^{55}	jɔ^{33}khɯ^{55}	jɔ^{33}khɯ^{55}
1007	好听	na^{55}xa^{31}mɯ^{31}	na^{55}xa^{31}mɯ^{31}	na^{55}xa^{31}mɯ^{31}
1008	好看	xɔ^{33}mɯ^{31}	xɔ^{33}mɯ^{31}	mjɔ^{55}xɔ^{33}jɔ^{33}mɯ^{31}
1009	难看	ma^{31}xɔ^{33}mɯ^{31}	ma^{31}xɔ^{33}mɯ^{31}	mjɔ^{55}xɔ^{33}jɔ^{33}dø^{55}
1010	（吃）饱	dɛ̱^{33}	dɛ̱^{33}	dɛ̱^{33}
1011	响	mɔŋ^{55}la^{55}	mɑŋ^{55}	thɛ^{55}sa^{55}jɔ^{33}xa̱^{33}
1012	辛苦	ɣa^{31}dø^{55}	ɣa^{31}dø^{55} dø^{55}	jɔ^{33}ɕa^{31}
1013	舒服	dʑɔ^{55}sa^{55}	dʑɔ^{55}mɯ^{31}	dʑɔ^{55}sa^{55}
1014	急急忙忙	thɛ^{31}lɔ^{33}tsha^{55}lɔ^{33}	thɛ^{31}lɔ^{33}tsha^{55}lɔ^{33}	thɛ^{31}thɛ^{31}tsha^{55}tsha^{55}
1015	花（花里胡哨）	jɔ^{33}bja̱^{31}jɔ^{33}tshɛ^{31}	bja̱^{31}	jɔ^{33}bja̱^{31}
1016	聪明	jɔ^{33}gɔŋ^{55}	jɔ^{33}gɔŋ^{55} gɔŋ^{55}	jɔ^{33}ɣe^{55}
1017	愚蠢	a^{31}dzɔ^{31}	a^{31}dzɔ^{31}	jɔ^{33}dʑɔ^{31}
1018	老实（人）	tshɔ^{55}mɯ^{31}	tshɔ^{55}mɯ^{31}	
1019	合适	jɔ^{33}tsha^{31}	jɔ^{33}tsha^{31} tsha^{31}	jɔ^{33}tsha^{31}tsha^{31}
1020	凶恶	nɯ^{33}ma^{33}jɔ^{33}phi^{55}	nɯ^{33}ma^{33}jɔ^{33}ŋɛ^{33}ŋɛ^{33}	
1021	厉害	jɔ^{33}xɛ^{55}	jɔ^{33}ȵa^{33} ȵa^{33}	jɔ^{33}ȵa^{33} ȵa^{33}
1022	小气	tshɔ^{33}tshi^{55}	tshɔ^{33}tshi^{55}	tshɔ^{33}tshi^{55}
1023	勤快	m̩^{55}dza^{31}xɔ̱^{31}dɔ^{55} nɔŋ^{55}	jɔ^{33}bjɔŋ^{33} bjɔŋ^{33}	jɔ^{33}bjɑŋ^{33} bjɑŋ^{33}
1024	笨拙	a^{31}dzɔ^{31}	jo^{33}jɔ^{33}	jɔ^{33}dʑɔ^{31}
1025	笨手笨脚	a^{31}khɯ^{55}a^{31}la̱^{31}a^{55} dzɛ^{24}jɔ^{33}	jo^{33}jɔ^{33} jɔ^{33}	jɔ^{33}dʑɔ^{31}jɔ^{33}dø^{55}
1026	（孩子）乖	（za^{31}）dɔ^{31} na^{55}xa^{31}	jɔ^{33}ȵa^{33} ȵa^{33}	jɔ^{33}ȵa^{33} ȵa^{33}
1027	淘气	nɯ^{33}phɛ^{55}	dɔ^{31} ma^{31} na^{55}xa^{31}	jɔ^{33}ɕi^{55}
1028	不听话	dɔ^{31} ma^{31} na^{55}xa^{31}	dɔ^{31} ma^{31} na^{55}xa^{31}	ɛ^{33}dɔ^{31} ma^{31} na^{55}xa^{31}

续表

序号	汉语	孟连阿卡话	澜沧阿卡话	勐海阿卡话
1029	可怜	ɔ^{31}ɕa^{55}ga^{31}	ɣɔ^{31}ɕa^{55}ga^{31}	ɣɔ^{31}ɕa^{55}ga^{31}
1030	高兴	la^{31}xa^{31}tɕhɛ^{55}	la^{31}xa^{31}tɕhɛ^{55}	la^{31}xa^{31}tɕhɛ^{55}
1031	单独	jɔ^{31}ɣa^{31}tɛ^{24}	jɔ^{31}ɣa^{31}tɛ^{24}	thi^{31}ɣa^{31}tɛ^{33}
1032	弯弯曲曲	jɔ^{33}ɣɔ^{31}jɔ^{33}kɤ̱^{33}	jɔ^{33}ɣɔ^{31}jɔ^{33}li̱^{33}	jɔ^{33}ɣɑŋ^{31}jɔ^{33}li̱^{33}
1033	斑斑点点	thi^{31}ga^{55}thi^{31}bja̱^{31}	jɔ^{33}bjɔ̱^{31}jɔ^{33}tsi̱^{33}	jɔ^{33}bja̱^{31}jɔ^{33}tsi̱^{33}
1034	花花绿绿	jɔ^{33}bja̱^{31}jɔ^{33}tshɛ^{31}	jɔ^{33}bja̱^{31}jɔ^{33}ȵy^{55}	jɔ^{33}bja̱^{31}jɔ^{33}tsi̱^{33}
1035	笨头笨脑	a^{31}dzɔ^{31}a^{55}gɔŋ^{33}	a^{31}dzɔ^{31}a^{55}gɔŋ^{33}	a^{31}dzɔ^{31}a^{55}gɑŋ^{33}
1036	挨骂	bi^{33} dɛ^{31} ɤ^{33}	bi^{33} dɛ^{31} ɤ^{33}	dɔ^{31} dɛ^{31}
1037	爱	mɔ̱^{31}	mɔ̱^{31}	mɔ̱^{31}ga̱^{31}
1038	喜欢	gɤ̱^{31}mɔ̱^{31}	gɤ̱^{31}mɔ̱^{31}	ga̱^{31}
1039	熬（药）	pu̱^{31}	pu̱^{31}	pu̱^{31}
1040	拔（草）	ɣɔ^{55}	mo̱^{31}	mo̱^{31}
1041	耙（田）	dɛ^{33}ma^{33} ka̱^{33}	dɛ^{33}ma^{33} ka̱^{33}ɤ^{33}	dɛ^{33}ma^{33} ka̱^{33} ɤ^{33}
1042	掰开	ŋɔ^{31}pa̱^{33}	ŋɔ^{31}pa̱^{33}	ŋɔ^{31}pa̱^{33}
1043	搬（家）	dʑɔ^{55} pha^{55} ɤ^{33}	phɔ^{55} ɤ^{33}	phɔ^{55} ɤ^{33}
1044	帮工	ɣa^{31}maŋ^{55}	ɣa^{31}mɑŋ^{55}	tɕhɔ^{31}pa̱^{33}
1045	绑	pa̱^{31}dzɤŋ^{31}	pa̱^{31}tɔ̱^{31}	pa̱^{31}tɔ̱^{31} ɤ^{33}
1046	包（东西）	tø̱^{33}tɕu̱^{31}	mjɔ^{31} tø̱^{33}tɕu̱^{31}ɤ^{33}	phɔ^{31}tɕhu^{55}
1047	剥（花生）	nɯ^{33}phɔŋ^{31} lɤ̱^{31}	nɯ^{33}phɔŋ^{31} lɤ̱^{31}	nɯ^{33}phɑŋ^{31} lɤ̱^{31}
1048	抱（东西）	mjɔ^{31} tɕhi^{31} ɤ^{33}	mjɔ^{31} tɕhi^{31} di^{33}ɤ^{33}	mjɔ^{31}gɑŋ^{31}ba̱^{33}ɤ^{33}
1049	抱（小孩）	za^{31} tɕhi^{31}	za^{31} tɕhi^{31} ɤ^{33}	za^{31}ba̱^{33}
1050	刨	thui^{33} ɤ^{33}	thui^{33}pɔ^{55} thui^{33} ɤ^{33}	ja^{55}mo̱^{31}dʑɔ^{55}
1051	背（东西）	xa̱^{33}bɛ^{33} phi^{33}	mjɔ^{31} phi^{33} ɤ^{33}	mjɔ^{31}gɑŋ^{31} phi^{33}ɤ^{33}
1052	背（孩子）	za^{31} ɤ^{31} ɤ^{33}	za^{31} ɤ^{31} ɤ^{33}	za^{31} ɤ^{31} ɤ^{33}
1053	闭（眼）	nɯ̱^{33}thɛ^{31}	nɯ̱^{33}thɛ^{31} ɤ^{33}	nɯ̱^{33}thɛ^{31} ɤ^{33}
1054	编（辫子）	pje̱^{31}	tɕa̱^{33}pje̱^{31} pje̱^{31}	tɕa̱^{33}pje̱^{31} pje̱3
1055	编（篮子）	dzɤ̱^{31}	dzɤ̱^{31}	dzɤ̱^{31}
1056	病	na^{55}	na^{55}	na^{55}

续表

序号	汉语	孟连阿卡话	澜沧阿卡话	勐海阿卡话
1057	补（衣）	gu̱^{31}thɔm^{55}	du̱^{31}	go̱^{31}thɔŋ^{55}
1058	擦（桌子）	si̱^{33}ɕɔ^{55}	si̱^{33}dzɛ^{33}	dze̱^{33}ɕɔ^{55}
1059	裁（衣）	thɛ^{31} ɤ^{33}	thɛ^{31} ɤ^{33}	thɛ^{31} ɤ^{33}
1060	踩	nɔ^{31}thɛ^{31}	a^{31}khɯ^{55} nɔ^{31}ɤ^{33}	a^{31}khɯ^{55} nɔ^{31} ɤ^{33}
1061	藏（东西）	ju^{55}a̱^{31}	ju^{55}a̱^{31} ɤ^{33}	ju^{55}a̱^{31} ɤ^{33}
1062	插（牌子）	sø^{31}tso̱^{33}	tso̱^{33}	su^{31} tso̱^{33}
1063	插（秧）	ma^{55}ga̱^{31} tso̱^{33}	dɛ^{33}ga̱^{31} tso̱^{33}	dɛ^{33}ma^{33}/dɛ^{33}ga̱^{31} tso̱^{33}
1064	拆（衣服）	pɛ̱^{33} phɯ^{55}	kɔ̱^{33} phɯ^{55} ɤ^{33}	kɔ̱^{33} phɯ^{55} ɤ^{33}
1065	拆（房子）	pja̱^{33}dzɛ^{33}	pja̱^{33} ɤ^{33}	pja̱^{33} dzɛ^{33}
1066	掺（水）	ɕɛ̱^{33}khɤ^{31}	ɕɛ̱^{33}lɔŋ^{33}1	ɕɛ̱^{33}gɔ̱^{31}
1067	缠（线）	laŋ^{55}	lɑŋ^{55}	tɕa^{33}lu^{33}lu^{33}
1068	馋（肉）	dza^{31}dɔ̱^{31}	mɛ̱^{31}ȵa^{33}	za^{31}mɛ̱^{24}
1069	尝	dza^{31}xɔ^{33}	dza^{31}xɔ^{33}	dza^{31}xɔ^{33}
1070	唱	gu^{55}	gu^{55} ɤ^{33}	tsha^{55}
1071	吵	tɕhɛ^{33}dza^{31}	tɕhɛ^{33}dza^{31}	jɔ^{33}xa^{55}dɤ̱^{33}
1072	吵闹	dɛ^{31}dza^{31} tɕhɛ^{33}dza^{31}	dɛ^{31}dza^{31} tɕhɛ^{33}dza^{31}	tɕhɛ^{33}xɔ^{33}dɤ̱^{31}
1073	炒	lu^{55}dza^{31}	lu^{55}dza^{31}	lu^{55}
1074	沉	ga^{33}nɯ̱^{31}	ga^{33}nɯ̱^{31} i^{55} ɤ^{33}	jɔ^{33}khaŋ^{33}
1075	称（粮食）	sa̱^{33} ɤ^{33}	sa̱^{33} ɤ^{33}	da̱^{33}lɤ̱^{33}sa^{33}
1076	撑（伞）	xo̱^{33}	to̱^{33}phjɛ^{33}	xo^{33}；phɔ^{31}dɛ̱^{33}xo^{33}
1077	承认	zɤ^{55}	tshɤŋ^{31}zɤn^{24}	ɛ^{33}dɔ^{31} nɛ^{33}
1078	吃	dza^{31}	dza^{31}	dza^{31} ɤ^{33}
1079	吃喝拉撒	dza^{31}lɔ^{33}du̱^{33}lɔ̱^{33}	dza^{31}lɔ^{33}du̱^{33}lɔ^{33}	dza^{31}lɔ^{33}dɔ^{55}lɔ^{33}
1080	舂（米）	thaŋ^{31}	thɑŋ^{31}	thɑŋ^{31}
1081	抽（出）	ɣɔ^{55}do̱^{33}	ɣɔ^{55}do̱^{33}	ɣɯ^{55}do̱^{33}
1082	抽（烟）	dɔ^{55}	dɔ^{55}	dɔ^{55}
1083	抽（筋）	ɣɤ^{33}	ɣɤ^{33}di̱^{33} ɤ^{33}	gu̱^{31}thi^{55}thi^{55}ɤ^{33}
1084	出（太阳）	do̱^{33}la^{55}	do̱^{33}la^{55}	do̱^{33}la^{55}

续表

序号	汉语	孟连阿卡话	澜沧阿卡话	勐海阿卡话
1085	出嫁	so^{55}mi^{55}m̩^{55}dza^{31}i^{55}	so^{55}mi^{55}um^{55}dza^{31} i^{55} ɤ^{33}	za^{31}mi^{33}su^{55}mi^{55} i^{55}ɤ^{33}
1086	取出	ju^{55}do̱^{33}	ju^{55}do̱^{33}	ju^{55}do̱^{33}
1087	锄（草）	du^{31}	du^{31}dzɛ^{33}	du^{31}dzɛ^{33}
1088	穿（衣）	dɔm^{33}	phɛ^{55}xɔŋ^{31} dum^{33}	phɛ^{55}xɑŋ^{31}
1089	穿（鞋）	nɔ^{31}	nɔ^{31}	nɔ^{31} ɤ^{33}
1090	穿（针）	mɛ^{55}bø^{33} sø^{31}aŋ^{55}	khɔ^{55}mi̱^{33} si^{55}	khɑŋ^{55}mi̱^{33} si^{55}
1091	喘气	sa̱^{31}ɣɔ^{55}	sa̱^{31}ɣɔ^{55}	sa̱^{31}ɣɔ^{55}
1092	吹	bɔ^{33}	bɔ^{33}	sa̱^{31}bɔ^{33}
1093	戳	tsɔ̱^{33}	tsɔ̱^{33}	thø^{31}bɛ^{31}
1094	搓（绳）	lɛ^{31}	jø^{33} ɤ^{33}	lɛ^{31}
1095	搓（棉线）	ɣɔ^{55}	ɣɔ^{55}	lɛ̱^{31}
1096	答应	da^{31}ji^{55}	da^{31}ji^{55}	ɛ^{55}du̱^{31}
1097	打（人）	di^{31}	di^{31} ɤ^{33}	di^{31} ɤ^{33}
1098	打猎	ɕa^{31}bɤ̱^{33}za^{31}	ɕa^{31}thɛ^{33} ɤ^{33}	ɕa^{31}ɕa^{55}ɤ^{33}
1099	打（枪）	bɤ̱^{33}	bɤ̱^{33}	bɤ̱^{33}
1100	打架	dɛ^{33}dza^{31}	di^{31}tɕhɛ^{33} tɕhɛ^{33} ɤ^{33}	di^{31}tɕhɛ^{33} tɕhɛ^{33} ɤ^{33}
1101	打（水）	khu^{31}	xɔ̱^{31}	xɔ̱^{31}
1102	打（柴）	xɛ̱^{31}	xɛ̱^{31}	xɛ^{31}
1103	打瞌睡	ju̱^{31}jø^{55}ŋɤ^{55}	ju̱^{31}jø^{55}ŋɤ^{55}	ju̱^{31}jø^{55}ŋɤ^{55}
1104	打哈欠	a^{55}ɣa^{31}ɕɤ^{55}	a^{55}xa^{31}ɕɤ^{55}	a^{55}tɕhe^{31}tɕhɛ^{31}ɤ^{33}
1105	打嗝	ɯ^{55}tɯ̱^{33}tɯ̱^{33}	ɯ^{55}tɯ̱^{33} tɯ̱^{33}	ɯ^{55}tɯ̱^{33} tɯ̱^{33}
1106	打鼾	sa̱^{31}ɣɔ^{55} mɔŋ^{55}	sa̱^{31}ɣɔ^{55} mɑŋ^{55}	a^{55}xa^{33}xɯ̱^{33}
1107	打（雷）	m̩^{31}dʑe^{31} dze^{31}	um^{31}dʑe^{31} dze^{31}	um^{31}mjɔ^{31}mjɔ^{31}ɤ^{33}
1108	带（孩子）	za^{31}ɕɤ^{31}	za^{31}ɕɤ^{31} ɤ^{33}	za^{31}xɔ^{55}ɤ^{33}
1109	带（路）	ga^{55}ma^{33} ɕɤ^{31}mɛ^{31}	ga^{55}ma^{33} ɕɤ^{31}mɛ^{31} ɤ^{33}	ga^{55}ma^{33} ɕɤ^{31}mɛ^{31}ɤ^{33}
1110	戴（帽子）	u^{31}χo̱^{33} χo̱^{33}	u^{31}xo̱^{33} xo̱^{33}	u^{31}xo̱^{33} xo̱^{33} ɤ^{33}
1111	戴（包头）	u^{31}du^{31} tɕhø^{55}	u^{31}du^{31} tɕhø^{55}	u^{31}tɕhø^{55}tɕhø^{55}

续表

序号	汉语	孟连阿卡话	澜沧阿卡话	勐海阿卡话
1112	戴（手表）	na^{31}li^{31} du̱^{31}	na^{31}li^{31} pa̱^{31}	na^{31}li^{31} pa̱^{31} ɤ^{33}
1113	戴（手镯）	la^{31}du̱^{31} du̱^{31}	la^{31}du̱^{31} du̱^{31}	la̱^{31}du̱^{31} du̱^{31}
1114	等待	dʑɔ^{55}thɔ^{33}1	dʑɔ^{55}thɔ^{31} ɤ^{33}	dɔ^{31}thɔ^{31} ɤ^{33}
1115	地震	mi^{55}lu̱^{33}	mi^{55}lu̱^{33} lu̱^{33} ɤ^{33}	mi^{55}lu̱^{33} lu̱^{33} ɤ^{33}
1116	点（油灯）	mi^{31}dza^{31} khɤ^{31}do̱^{31}	mi^{31}dza^{31} khɤ^{31}do̱^{31}	mi^{31}dza^{31} khɤ^{31}do̱^{31}
1117	燃烧	mi^{31}dza^{31} do̱^{31}	mi^{31}dza^{31} ȵɛ̱^{33} la^{55}	mi^{31}dza^{31} bɤ̱^{33}ɤ^{33}
1118	垫（垫单）	da^{31}	da^{31}	da^{31}
1119	掉（下）	ga^{31}kha^{31}	ga^{33}kha^{33} le^{33} ɤ^{33}	mjɔ^{31}ga^{33}kha^{33}
1120	跌倒	tɕho^{31}dzɛ^{33}	tɕho^{31} i^{55} ɤ^{33}	tɕho^{31}dzɛ^{55}； ga̱^{33}tɕho^{31}
1121	叠（被子）	bja̱^{33}	bja̱^{33} ɤ^{33}	bja̱^{33} ɤ^{33}
1122	（蚊子）叮	kɔ̱^{31}	kɔ̱^{31} sɛ̱^{31} ȵa^{33}	kɔ^{31}la^{55}ȵa^{33}
1123	丢失	la^{33}bjo̱^{33}	ga^{33}bjo̱^{33}	ga^{33}bjo̱^{33}
1124	渡（河）	lo^{55}ba^{31} tsɛ^{33}	lɔ^{55}gɔ̱^{31} tsɛ^{33}	lɔ^{55}gɔ̱^{31} tsɛ̱^{33}
1125	堆（草）	bjɔm^{55}	bjɔm^{55}	bjɔm^{55}
1126	躲藏	dzu^{55}ɣa̱^{31}	dzu^{55}ɣa̱^{31}dzu^{55} po̱^{33} po̱^{33}	tɕe^{55}ɣa̱^{31}
1127	剁（肉）	ɕa^{31}dʑi^{55} bjɛ̱^{33}	sa^{31}dʑi^{55} bjɛ̱^{33}	ɕa^{31}dʑi^{55}ɕa^{31}bjɛ̱^{33}bjɛ̱^{33}
1128	饿	mɛ̱^{31}	mɛ̱^{31}	xɔ^{31}mɛ̱^{31}la^{55}ȵa^{33}
1129	发抖	ja^{33}dzu^{31} dzu^{31}	jɔ^{33}dzu^{31} dzu^{31}	u^{31}dzu^{31} dzu^{31}
1130	发（芽）	a^{55}dʑi^{33} dʑi^{33} la^{55}	a^{55}dʑi^{33} dʑi^{33} la^{55}	bɔ^{55}num^{31}num^{31}la^{55}
1131	发霉	χɔm^{55}tshi^{33} tshi^{33} la^{55}	xum^{55}tshi^{33} tshi^{33} ɤ^{33}	xum^{55}tshi^{33} tshi^{33} ɤ^{33}
1132	翻（过来）	po̱^{33}tsɛ^{33} la̱^{31}	po̱^{33}phjɔ^{55} la̱^{31}	ju^{55}pha^{33}
1133	翻筋斗	gɔ^{31}lø^{55}po̱^{33} po̱^{33}	u^{31}du^{31} thɔŋ^{31}bø^{55} bø^{55}	khɔ^{31}bi^{31}bi^{31}ɤ^{33}
1134	放（盐）	a^{31}dɤ̱^{31} dɔ̱^{33}	a^{31}dɤ̱^{31} dɔ̱^{33}	sa^{31}dɯ̱^{33} dɔ̱^{33}
1135	放牧	lo̱^{31}	lo̱^{31}	bo̱^{33}ɤ^{33}
1136	（鸟）飞	ɣɔ^{33}	ɣɔ^{33} ɤ^{33}	ɣɔ^{33} ɤ^{33}
1137	分	bi^{55}	bi^{55}	bi^{55}
1138	分手	ɣɔ^{31}i^{55}	ɣɔ^{31}i^{55} ɤ^{33}	ɣɔ^{31}i^{55} ɤ^{33}

续表

序号	汉语	孟连阿卡话	澜沧阿卡话	勐海阿卡话
1139	疯	u^{31}	u^{31} i^{55} ɤ^{33}	jɔ^{33}u^{31}
1140	缝	gu^{31}thɔŋ^{55}	gu^{31}	gu^{31}
1141	孵（蛋）	ja^{33}u^{33} u^{33}	ɣa^{33}u^{33} u^{33}	ɣa^{33}u^{33} u^{33}
1142	腐烂	jɔ^{33}bu^{31} bu^{31}	jɔ^{33}bu^{31} bu^{31} i^{55} ɤ^{33}	bu^{31} i^{55} ɤ^{33}
1143	盖（被子）	dɔm^{33}	dum^{33}	dum^{33}
1144	赶（集）	dzu^{31} i^{55}	dzu^{31} i^{55} ɤ^{33}	dzu^{31}ɤ^{33}
1145	敢（吃）	phɤ^{31}	phɤ^{31}	phɤ^{31}ɤ^{33}
1146	割（草）	jɛ^{31}	jɛ^{31}	jɛ^{31}ɤ^{33}
1147	给	bi^{31}nɛ^{31}	bi^{31}nɛ^{31} ɤ^{33}	bi^{31}nɛ^{31} ȵa^{33}
1148	跟（在后面）	naŋ^{55}xaŋ^{33}tɕhɔ^{33}thɛ^{31}	nɑŋ^{55}xɑŋ^{33}phɔ^{33} tɕhɔ^{33}thɛ^{33}	ŋa^{55}nɔ^{33}na^{55}xɑŋ^{33} tɕhɔ^{33}thɛ^{33}
1149	耕（田）	dɛ^{33}ma^{33} li^{31}	dɛ^{33}ma^{33} li^{31} ɤ^{33}	dɛ^{33}ma^{33}ka^{33}
1150	拱（土）	bø^{31}	bø^{31} ɤ^{33}	mɛ^{55}sa^{31}thɑŋ^{31}di^{33}/ bø^{31} di^{33}
1151	（钩子）钩	la^{31}ŋo^{31}	gɔŋ^{33}sɤ^{31} sɤ^{31}	la^{31}ɣɑŋ^{31} ɣɑŋ^{31}thɛ^{33}
1152	够	lo^{31}	lo^{31} mɛ^{55}	lo^{31} a^{55}/la^{55}mja^{31}ɤ^{33}
1153	刮（毛）	dzɛ^{33}	dzɛ^{33}	dzɛ^{33}
1154	刮（风）	bɔ^{33}	bɔ^{33}	bɔ^{33}
1155	刮（胡子）	dzɛ^{33}	dzɛ^{33}	dzɛ^{33}
1156	刮痧	sa^{33}ɣɤ^{33}	sa^{33} ɣɤ^{33}	sa^{33} ɣɤ^{33}
1157	挂（在墙上）	tɕhi^{31}tɕhɤ^{31}	ɣo^{33}tɕhɤ^{31}	ɣo^{33}tɕhɤ^{31}ɤ^{33}
1158	关（门）	phi^{31}thɛ^{31}	phi^{31}thɛ^{31}	phi^{31}thɛ^{31}
1159	关（羊）	laŋ^{55}	lɑŋ^{55}	gu^{31}lɑŋ^{55}
1160	归还	bi^{31}xo^{31}nɛ^{31}	bi^{31}xo^{31}nɛ^{24}	bi^{31}xo^{31}nɛ^{24}
1161	跪	dɔ^{31}dzɔm^{55}dzɔm^{55}	phɔ^{31}tsɯ^{31}phɔŋ^{31} dum^{31} dum^{31}	
1162	过（了两年）	dzɤ^{55} i^{55}	dzɤ^{55} ɤ^{33}	dzɤ^{55} i^{55}ɤ^{33}
1163	害羞	ɕa^{31}dɔ^{55}	ɕa^{31}dɔ^{55}	ɕa^{31}dɔ^{55} dɔ^{55}
1164	害怕	gu^{33}	gu^{33} ɤ^{33}	gu^{33} ɤ^{33}

续表

序号	汉语	孟连阿卡话	澜沧阿卡话	勐海阿卡话
1165	喊（人）	ku^{55}	ku^{55}	khu^{55}ɤ^{33}
1166	喝	dɔ^{55}	dɔ^{55}	dɔ^{55}
1167	滑坡	jø^{33}kha^{33}	mɛ^{55}bja̱^{33} bja̱^{33}	mi^{55}bja̱^{33} bja̱^{33}
1168	（交）换	pha^{55}	ju^{55}pha^{55}	ju^{55}pha^{55}
1169	捡	o̱^{33}	ɣo̱^{33} ɤ^{33}	ju^{55}xo̱^{33} ɤ^{33}
1170	剪	thɛ^{31}	thɛ^{31}	thɛ^{31}dʑɔ^{55}
1171	降	ga^{33}	ga^{33}	ga^{33}
1172	浇（水）	ɕɛ^{31}	ɕɛ^{31}	ɕɛ^{31}
1173	焦（烧）	pɯ̱^{33}khu^{55}	pɯ̱^{33}khu^{55}	pɯ̱^{33}khu^{55}
1174	嚼	ɣø^{31}	ɣo^{31}	ɣo^{31}
1175	教	mɛ^{31}	mɛ^{31}	mɛ^{31}/ɛ^{31}nɛ^{31}
1176	猫叫	a^{55}mi^{55}mɔŋ^{55}	a^{55}mi^{55}mɔŋ^{55} ɤ^{33}	a^{55}mi^{55}mɑŋ^{55} ɤ^{33}
1177	马叫	mɑŋ^{31}dʑø^{31}	mɑŋ^{31}gu^{55}	mɑŋ^{31}gu^{55}
1178	狗叫	a^{31}khɯ^{31}tsɛ̱^{31}	a^{31}khɯ^{31}tsɛ̱^{31}	a^{31}khɯ^{31}tsɛ̱^{31}
1179	猪叫	a^{31}ɣa̱^{31}mɔŋ^{55}	a^{31}ɣa̱^{31}mɔŋ^{55}	a^{31}ɣa̱^{31}mɑŋ^{55}
1180	叫（名字）	khu^{55} ɤ^{33}	khu^{55} ɤ^{33}	khu^{55} ɤ^{33}
1181	揭（盖子）	phɔŋ^{33}	ɣo̱^{33}phɔŋ^{33}	phɑŋ^{33}
1182	结（果子）	si^{31}	si^{31}le^{33}	si^{31}
1183	结婚（娶）	ɕɤ^{31}dza^{31}	ɕɤ^{31}dza^{31} ɤ^{33}	mi^{31}za^{31}la^{31}ɤ^{33}
1184	借（钱）	dʑi^{55}dʑo̱^{33}	dʑo̱^{33} ɤ^{33}	pha^{55}
1185	借（工具）	ɕa^{55}pha^{55}	dʑo̱^{33} ɤ^{33}	pha^{55}
1186	进（屋）	la^{55}u^{55}	la^{55}ɔŋ^{55}	le^{33}u^{55}
1187	居住	dʑɔ^{55}	dʑɔ^{55}	dʑɔ^{55}
1188	锯	dʑi̱^{33}	jɛ^{31}	jɛ^{31}ɤ^{33}
1189	卷（袖子）	lɯ̱^{33}da̱^{33}	lɯ̱^{33}da̱^{33}	lɯ̱^{33}da̱^{33}
1190	卡住	ŋɤ^{31}i^{55}ɤ^{33}	ga^{33}thɛ^{31}	the^{31}le^{55}ŋa^{33}
1191	开（门）	phɔŋ^{33}	la^{55}ɣo̱^{33} phɔŋ^{33}	la^{55}ɣo̱^{33} phɑŋ^{33}
1192	（水）开	i^{55}tɕu^{31} bɯ^{55} la^{55}	i^{55}tɕu^{31} bɯ^{55}	ɯ^{55}tɕu^{31} ɯ^{55}bɯ^{55}bɯ^{55}la^{55}

续表

序号	汉语	孟连阿卡话	澜沧阿卡话	勐海阿卡话
1193	开（花）	jɛ̱^{33} la^{55}	phu^{31}	jɛ̱^{33}la^{55}
1194	开（车）	lɔ^{31}li^{31} khɛ^{33}	lɔ^{31}li^{31} khɛ^{33}，thɛ^{33}	tɕhi^{33}tshɤ^{33} kha^{33}
1195	开始	da^{31}lɛ^{31}	dʑe^{31}xu^{31}	lɛ^{33}xum^{31}
1196	砍（柴）	xɛ̱^{31}	xɛ̱^{31}	xɛ̱^{31}
1197	砍断（树）	dɤ̱^{33}tsɛ̱^{33}	thu^{55}	dɤ̱^{33}xɛ̱^{31}
1198	砍（骨头）	dɤ̱^{33}	dɤ̱^{33}	dɤ̱^{33}
1199	看	χɔ^{33}	xɔ^{33}	mja̱^{31}xɔ^{33}
1200	看见	χɔ^{33}mɔ^{55}	xɔ^{33}mɔ^{55}	xɔ^{33}mɔ^{55}
1201	扛	ba̱^{31}	ba̱^{31}	ba̱^{31}
1202	烤（肉）	ɕa^{31}dʑi^{55} pɯ̱^{31} dz^{31}	ɕa^{31}dʑi^{55} ba^{33} dza^{31}	ɕa^{31}dʑi^{55} ɕa^{31}thɛ^{31}
1203	烤（火）	lɔŋ^{55}	lum^{55}	lum^{55}
1204	磕（头）	thaŋ^{31}	thɔŋ^{31}	thɑŋ^{31}
1205	咳嗽	u^{31}tshø^{31} tshø^{31}	u^{31}tshø^{31} tshø^{31}	u^{31}tshø^{31} tshø^{31}
1206	渴	i^{55}tɕu̱^{31} mɛ̱^{31}	i^{55}tɕu̱^{31} mɛ̱^{31}	khu^{31}bjɔŋ^{31}gɯ̱^{33}ȵa^{33}
1207	啃	kɔ̱^{31}	kɔ̱^{31}	ɕa^{31}jø^{31}dɤ̱^{33}
1208	抠	xɤ̱^{31}	xɤ̱^{31}do̱^{33}	ȵe^{31}ba̱^{33}
1209	扣（子）	tɔ̱^{31} thɛ^{31}	tɔ̱^{31} thɛ^{31}	tɔ̱^{31} thɛ^{31}
1210	哭	ŋø^{55}	ŋø^{55}	ŋø^{55}
1211	捆（草）	dzɔŋ^{31}	dzɔŋ^{31}	dzɑŋ^{31}
1212	拉	ɣɤ^{33}	ɣɤ^{33}	ɕɤ^{33}kha^{33}
1213	拉（屎）	dɔ^{31}khe^{31} khe^{31}	dɔ^{31}khe^{31} khe^{31}	bɔ̱^{33}tshɑŋ^{31}tshɑŋ^{31}
1214	（从下方）来	la^{55}	la^{55}	la^{55}da^{31}
1215	（从上方）来	ø̱^{33} kha^{31}	ø̱^{33} kha^{31}	ø̱^{33} kha^{31}
1216	勒	ɣɤ^{33}su̱^{31}	ɣɤ^{33}su̱^{31}	a^{33}tɕa̱^{33}pa̱^{31}sɛ^{33}
1217	累	ɔ^{31}dø^{55} dø^{55} la^{55}	ɣa^{31}dø^{55} dø^{55}ȵa^{33}	ɣu^{31}dø^{55} dø^{55} ȵa^{33}
1218	量	dza^{33} χɔ^{33}	dza^{33} xɔ^{33} ɤ^{33}	da̱^{33}dza^{33}dɛ^{31}ɤ^{33}
1219	晾（衣）	ɕɤ^{33}lɔ̱^{31}	lɔ̱^{31} ɤ^{33}	lɔ̱^{31} ɤ^{33}
1220	聊天	dɔ^{31}dʑa^{33} dʑa^{33}ȵi^{55}ɣa^{33}	dɔ^{31}dʑa^{33} dʑa^{33} tɕhɔ^{31} ɤ^{33}	dɔ^{31}dʑa^{33} dʑa^{33} tɕhɔ^{31} ɤ^{33}

续表

序号	汉语	孟连阿卡话	澜沧阿卡话	勐海阿卡话
1221	裂开	tshɔ^{31}pa̱^{33}	pa̱^{33} i^{55}	tshɔ^{31}pa̱^{33}
1222	领（路）	ɕɤ^{31}mɛ^{31}	ɕɤ^{31}mɛ^{31}	ɕɤ^{31}mɛ^{31}i^{55}ɤ^{33}
1223	（水）流	jø^{55}	jy^{55}	jø^{55}kha^{31}le^{33}
1224	留（种）	tha^{31}	tha^{31} ɤ^{33}	tha^{31} ɤ^{33}
1225	聋	na^{31}bɔ^{31} bɔ^{31}	na^{31}bɔ^{31} bɔ^{31} i^{55} ŋ̥a^{33} le^{55}	na^{31}bɔ^{31} bɔ^{31} i^{55}ŋ̥a^{33}
1226	漏（水）	do̱^{33}	do̱^{33}	do̱^{33}
1227	乱（了）	jɔ^{31}mɤ^{31}jɔ^{33}sɛ^{31}	jɔ^{31}mɤ^{31}jɔ^{33}sɛ^{31}	jɔ^{33}bɑŋ^{31}jɔ^{33}lɑŋ^{55}
1228	骂	dɛ^{31}	dɛ^{31}	dɛ^{31}
1229	买	ɣɤ^{55}	ɣɤ^{55}	ɣɤ^{55}
1230	卖	ɔŋ^{31}dza^{31}	ɔŋ^{31} ɤ^{33}	ɑŋ^{31} ɤ^{33}
1231	满（了）	bjɔŋ^{33} la^{55}	bjɔŋ^{33} i^{55} ŋa^{33}	bjɑŋ^{33} ŋa^{33}la^{55}ŋa^{33}
1232	没有	ma^{31} dza̱^{33}	ma^{31} dza̱^{33}	ma^{31} dza̱^{33}
1233	（火）灭	jɔ^{33}mi̱^{33}	mi̱^{33} i^{55} ŋa^{33}	mi̱^{33}xa^{31} i^{55} ŋa^{33}
1234	摸	bɤ^{31}	bɤ^{31} ɤ^{33}	la̱^{31}sɔ^{33} sɔ^{33}
1235	磨（刀）	si^{31} ta̱^{33}	si^{31} ta̱^{33}	si^{31}
1236	磨（牙）	tɤ̱^{31}	tɤ̱^{31}	gɤ̱^{31}
1237	拿	ju^{55}	ju^{55}	ju^{55}
1238	拿到	ju^{55}ɣa^{33}	ju^{55}ɣa^{33}	ju^{55}ɣa^{33}
1239	挠（痒）	pja̱^{33}	pja̱^{33}	pja^{33}
1240	拧（毛巾）	jɤ̱^{31}dze^{55}	jɤ̱^{31}dze^{55}	ɯ^{55}tɕu^{31}
1241	呕吐	ɔ^{31}pɛ̱^{31} pɛ̱^{31}	u^{31}pɛ̱^{31} pɛ̱^{31} jy^{55}	o^{31}pɛ̱^{31} pɛ̱^{31}
1242	（小孩）爬	gɔ^{33}	la̱^{31}ga̱^{33} ga̱^{33}	za^{31}ga̱^{33} ga̱^{33}tɕhɑŋ^{55}ɤ^{33}
1243	（蚂蚁）爬	tɕhɑŋ^{33}	tɕhɑŋ^{33} ɤ^{33}	a^{55}xo^{33}da̱^{33} la^{55}
1244	拍（桌子）	tɛ^{33}	tɛ^{33}	xɔ^{31}dzɛ^{55}bɛ̱^{33}tɛ̱^{33}ɤ^{33}
1245	跑	kɛ^{33}	kɛ^{33}	tɕɛ̱^{33}tɕhø^{55}tɕhø^{55}
1246	泡（米）	dɯ^{33}	tshɛ^{33}phju^{55} dɯ̱^{33}	tshɛ^{33}dɯ̱^{33} dɯ̱^{33}
1247	碰（遇着）	thɔŋ^{31}phu^{31}	thɔŋ^{31}phu^{31} le^{33}ŋa^{33}	thɑŋ^{31}phu^{31} thɑŋ^{31}dzø^{33}
1248	碰撞	thɔ^{31}zɔ^{33}	thɔ^{31}zɔ^{33} ɤ^{33}	tɕhø^{33}

续表

序号	汉语	孟连阿卡话	澜沧阿卡话	勐海阿卡话
1249	披（衣）	phɛ^{55}lo̱^{33}	phɛ^{55}xɔŋ^{31} phɛ^{55}lo^{33} lo^{33} ɤ^{33}	phɛ^{55}xaŋ^{31} ɕɤ^{33}da̱^{33}
1250	劈（柴）	tɕɤ̱^{31}pa̱^{33}	tɕɤ̱^{31}	dɛ̱^{33}
1251	泼（水）	ɕɛ̱^{33}	ɕɛ^{31}	ɕɛ^{31}ɤ^{33}
1252	破（篾）	ne^{31}	ne^{31} ɤ^{33}	ne^{31} ɤ^{33}
1253	（衣服）破	phɛ^{55}xɔ^{31} phja^{31}	phɛ^{55}xɑŋ^{31} phja^{31}，pɛ̱^{31}	phɛ^{55}xɑŋ^{31} jɔ^{33}phja^{31}
1254	（房子）破	jɔm^{55} tɕɔ̱^{33}i^{55}	jɔm^{55} pja̱^{33}	jɔm^{55}jɔ^{33} pja̱^{33}
1255	打破（碗）	dɛ^{33}pa̱^{33}	xum^{31}ma^{31} pa̱^{33} i^{55} ŋa^{33}	xum^{31}ma^{31} dzɛ̱^{33}
1256	剖	jɛ^{31}pa̱^{33}	jɛ^{31}pa̱^{33}	ɕa^{31}u^{31}ma^{33}pɛ̱^{31}ɤ^{33}
1257	铺（铺盖）	χɔ^{31}	xɔ^{31}	xɔ^{31}ɤ^{33}
1258	欺负	bɛ^{33}si^{55} si^{55}	bi^{33}si^{55} si^{55}	nɔ^{31}bɛ^{55}xɛ^{33}
1259	欺骗	dʑa^{31}mjɔ̱^{31}	dʑa^{31}mjɔ̱^{31} mjɔ̱^{31}	ja^{31}mjɔ̱^{31} mjɔ̱^{31}
1260	砌	tɕhi^{31}di^{33}	thɔ^{33}	thɔ^{33}
1261	骑	dzi^{31}	dzi^{31}	dzi^{31}ɤ^{33}
1262	起来	thu^{55}di^{55}	thu^{55} ɔ^{31}	thu^{55} la^{33}
1263	起（名）	mjɔŋ^{55}	mjɔŋ^{55}	mjɑŋ^{55}
1264	牵（牛）	tshɔŋ^{55}	tshɔŋ^{55}	tshɑŋ^{55}
1265	欠（钱）	na̱^{31}	na̱^{31}	dʑu̱^{33}ɤ^{33}
1266	抢	lu^{33}dza^{31}	lu^{33}dza^{31}	lu^{33}/ju^{33}dza^{31}
1267	敲（门）	dɛ^{33}ko̱^{33}	ko̱^{33}	di^{31}phu^{31}dɛ^{33}
1268	翘（尾巴）	ɣo̱^{33}di^{55}	di^{55}	jɔ^{33}di^{55}
1269	撬	kɔ̱^{33}	ŋɔ^{31}	ŋɔ^{31}
1270	切（菜）	jɛ^{31}	jɛ^{31}	jɛ^{31}
1271	亲（小孩）	tɕu̱^{31}	tɕhu^{55}	tɕhu^{55}
1272	取	ju^{55}	ju^{55}	ju^{55}
1273	娶	ɕɤ^{31}	ɕɤ^{31}	ɕɤ^{31}
1274	（向下）去	i^{55}	i^{55}kha^{33}	i^{55}kha^{33}
1275	（向上）去	le^{33}	le^{33}	le^{33}da̱^{33}
1276	痊愈	tha^{31}i^{55}	tha^{31}i^{55} dʑi^{55}	dɔ^{33}tɔ̱^{31}tha^{31}

续表

序号	汉语	孟连阿卡话	澜沧阿卡话	勐海阿卡话
1277	染（布）	mjɔŋ^{31}	na̲^{33}	na̲^{33}
1278	扔（石头）	bi^{31}	bi^{31}dzɛ^{33}	bi^{31}dzɛ^{33}
1279	撒（尿）	ɕø^{33}	ɕø^{33}	çø^{33}
1280	撒（种）	sɛ^{31}	si^{31}jø^{31} sɛ^{31}	si^{31}jø^{31} sɛ^{31}
1281	解开	phɯ^{55}dzɛ^{33}	phɯ^{55}	dzɯ̲^{33}phɯ^{55}
1282	扫	ja̲^{33}	ja̲^{33}	ja̲^{33}phjɔ^{55}ja̲^{33}
1283	杀	sɛ̲^{31}	sɛ̲^{31}	sɛ̲^{31}ɤ^{33}
1284	筛（米）	dʑe^{31}	dʑe^{31}	dʑe^{31}ɤ^{33}
1285	晒（衣服）	ɕɤ^{33}lɔ̲^{31}	ɕɤ^{33}lɔ̲^{31}	çɤ^{33}lɔ̲^{31}
1286	烧	pɯ̲^{33}	pɯ̲^{33}	pɯ̲^{33}
1287	射（箭）	bɤ̲^{33}	bɤ̲^{33}	bɤ̲^{33}
1288	伸（手）	tɕhɔ^{31}dʑa̲^{33}	tɕhɔ^{31}ɣɛ^{33}	tɕhɔ^{31}dʑa̲^{33}
1289	生（锈）	çɔm^{55}khɔ^{33} khɔ^{33}i^{55} ɤ^{33}	çɔm^{55}khɔ^{33} khɔ^{33}	çɔm^{55}khɔ^{33} khɔ^{33}
1290	生（孩子）	phu^{31} ɤ^{33}	phu^{31} ɤ^{33}	bɔ^{33}
1291	生气	nɯ^{33}ma^{33} phɛ^{55}	nɯ^{33}ma^{33} phɛ^{55}	nɯ^{33}ma^{33} ta̲^{33}
1292	失（魂）	sa̲^{31}la^{55} ba^{55}	sa̲^{31}la^{55} ba^{55}	sa̲^{31}la^{55} ba^{55}
1293	是	ŋɤ^{55}	ŋɤ^{55}	ŋɤ^{55}
1294	收割	jɛ^{31}	tɕhɛ^{55} di^{31}xo̲^{31} la̲^{31} ɤ^{33}	tɕhɛ^{55} jɛ̲^{31}jɛ̲^{31}ɤ^{33}
1295	收到	ju^{55}ɣa^{33}	ju^{55}ɣa^{33} ma^{31}3	ju^{55}ɣa^{33} ma^{31}
1296	收拾	ju^{55}lɯ̲^{33}	la̲^{33}lɯ̲^{33}	la̲^{33}lɯ̲^{33}
1297	梳	ka̲^{33}	ka̲^{33}	ka̲^{33}
1298	（水果）熟	a^{55}si^{31} ɔ^{31} la^{55}	a^{55}si^{31} ɔ^{31} i^{55}	si^{31} ɔ̲^{31} lɑ^{55}ŋa^{33}
1299	（饭）熟	sa̲^{31} la^{55}	sa̲^{31} i^{55} ŋa^{33}	sa̲^{31} lɑ^{55}ŋa^{33}
1300	瘦（了）	jɔ^{33}dʑɛ^{33} dʑɛ^{33}	jɔ^{33}dʑɛ^{33} dʑɛ^{33}	jɔ^{33}dʑɛ^{33} dʑɛ^{33}i^{55}ŋa^{33}
1301	数（数目）	gɯ^{33}	gɯ^{33} ɤ^{33}	thi^{31}ȵi^{31}gɯ^{33} ɤ^{33}
1302	刷（墙）	la^{33}ɕɯ̲^{31}	si̲^{33}	lɛ^{31}ɤ^{33}
1303	摔（下来）	ga^{33} kha^{33}	ga^{33} kha^{33} le^{33}	ga^{33} kha^{33} le^{33}
1304	闩（门）	sø^{31}thɛ^{31}	ɣo̲^{33}ka̲^{31} ka̲^{31}thɛ^{31} ɤ^{33}	ɣo̲^{33}sɛ^{31}sɛ^{31}thɛ^{31}

续表

序号	汉语	孟连阿卡话	澜沧阿卡话	勐海阿卡话
1305	拴（牛）	khɔ^{31}thɛ^{31}	pa̱^{31}tɔ̱^{31}	pa̱^{31}tɔ̱^{31}
1306	睡	ju̱^{31}xa̱^{33}	ju̱^{31}xa̱^{33}	ju̱^{31}xa̱^{33}
1307	吮	tɕu^{31}	tɕu̱^{31}dza^{31}	tɕu̱^{31}ɤ^{33}
1308	厮打	dɔ^{31}tɕhɛ^{33} tɕhɛ^{33}	di^{31}dza^{31}tɕhɛ^{33}dza^{31}	di^{31}dza^{31}tɕhɛ^{33}dza^{31}
1309	死	ɕi^{55}	ɕi^{55} ɤ^{33}	ɕi^{55} ɤ^{33}
1310	算	sɔ^{55}	gɯ^{33} ɤ^{33}	gɯ^{33} ɤ^{33}
1311	锁（门）	so^{55}thɛ^{31}	la^{55}ɣo̱^{33} so^{55}thɛ^{31}	la^{55}ɣo̱^{33} tɔ̱^{31}thɛ^{31}
1312	踏	nɔ^{31}	nɔ^{31}	nɔ^{31}lɛ^{31}
1313	抬	ba̱^{31}	ba̱^{31}	ba̱^{31}ɤ^{33}
1314	淌（泪）	do̱^{31}	mɛ̱^{33}bi^{55} do̱^{31}	mja^{33}bi^{55} do̱^{31}
1315	讨（饭）	ja^{33}	ɕa^{55}dza^{31} i^{55}	xɔ^{31}ɕa^{55}ɕa^{55}ɤ^{33}
1316	痛	gɔ^{55}	gɔ^{55}	gɔ^{55}
1317	（天）阴	m̩^{31} ma^{31} mɯ^{31}	um^{31} ma^{31} mɯ^{31}	um^{31} ɑŋ^{55}ɑŋ^{55}
1318	（天）晴	m̩^{31} mɯ^{31}	um^{31} mɯ^{31}	um^{31} ɕɔ^{33}la^{55}
1319	（天）亮	m̩^{31}bja^{33} bja^{33} la^{55}	um^{31}bja^{33} bja^{33} la^{55}	um^{31}bja^{33} la^{55}
1320	（天）黑	m̩^{31}tɕi̱^{31} tɕi̱^{31} i^{55}	um^{31}tɕi̱^{31} tɕi̱^{31} i^{55}	um^{31}tɕi̱^{31} tɕi̱^{31} i^{55}
1321	舔	mjɤ̱^{31}	mjɤ̱^{31}	mjɤ̱^{31}dza^{31}ɤ^{33}
1322	挑（水）	ba̱^{31}	ba̱^{31}	ba̱^{31}
1323	跳舞	dɔ^{31}tshɔ^{31} tshɔ^{31}	thɛ^{31}xu^{33} tshɔ^{31}	tɕha^{55}gɔ^{31} tshɔ^{31}
1324	（心）跳	ɕa^{31}dɛ̱^{31}	tshɔ^{31}	tɕhɛ^{55}thɑŋ1thɑŋ^{31}
1325	（脉）跳（起来）	ɕa^{31}dɛ̱^{31}	tshɔ^{31}	ɕa^{31}gu^{31}tshɔ^{31}ɤ^{33}
1326	听	na^{55}xa^{31}	na^{55}xa^{31}	ɛ^{55}dɔ^{31}na^{55}xa^{31}
1327	听见	ga^{31}ɤ^{33}	ga^{31}ɤ^{33}	ga^{31}ɤ^{33}
1328	偷	tshɔ^{55}xø^{31} xø^{31}	su^{55}xø^{31} xø^{31}	su^{55}xø^{31} xø^{31}
1329	吐（痰）	xa^{33}dzɛ^{33}	xa^{33}dzɛ^{33}	xa^{33}dzɛ^{33}
1330	吞	mjɤ̱^{31}ɑŋ^{55}	mjɤ̱^{31}ɑŋ^{55} ɣɛ^{33}	mjɤ̱^{31}ɑŋ^{55}
1331	拖（木头）	ɣɤ^{33}	ɣɤ^{33}	ɕɤ^{33}

续表

序号	汉语	孟连阿卡话	澜沧阿卡话	勐海阿卡话
1332	脱（衣）	lɛ̱^{33}	lɛ̱^{33}	lɛ̱^{33}dzɛ^{33}ɤ^{33}
1333	挖	ja^{55}du^{31} du^{31}	ja^{55}du^{31} du^{31}	ja^{55}du^{31} du^{31}
1334	忘记	ŋɛ^{55}mja^{33}	ŋɛ^{55}ȵa^{33}	ŋɛ^{55}ȵa^{33}
1335	喂（奶）	bi^{33} dɔ^{55}	bi^{33} dɔ^{55}	za^{31}bɛ̱^{33}bi^{33} dɔ^{55}
1336	闻（嗅）	bɛ^{31}la̱^{31}	bɛ^{31}la̱^{31}	na^{33}mɛ^{33}bɛ̱^{33}bɛ^{31}la̱^{31}
1337	问	na^{55}xa^{31}	na^{55}xa^{31}	na^{55}xa^{31}ɤ^{33}
1338	捂（嘴）	χɔ̱^{33}kha^{31}	dɛ^{31}kha^{31}	xɔ̱^{33}tshɑŋ^{31}
1339	吸（气）	sa̱^{31} ɣɔ^{55}	sa̱^{31} ɣɔ^{55} ɤ^{33}	sa̱^{31} ɣɔ^{55}da̱^{33}
1340	洗（头）	tshi^{31}	bu^{33}bu^{33} ɤ^{33}	mja^{33}du^{31}pu̱^{31}
1341	洗（碗）	dʑo̱^{33}	dʑo̱^{33} ɤ^{33}	dʑo̱^{33} ɤ^{33}
1342	喜欢	gɤ̱^{31}mɔ̱^{31}	gɤ̱^{31}mɔ̱^{31}	gɤ̱^{31}mɔ̱^{31}
1343	瞎（眼）	mɛ̱^{33}bɛ̱^{31}	mɛ̱^{33}nɯ̱^{33} bɛ̱^{33}	mja̱^{33}bɛ̱^{33}
1344	下（楼）	i^{55}kha^{31}	i^{55}kha^{31}	i^{55}kha^{31}
1345	下（猪崽）	phu^{31}	phu^{31} ɤ^{33}	phu^{31} ɤ^{33}
1346	下（蛋）	kha^{33}	kha^{33}	kha^{33}ɤ^{33}
1347	下（雨）	jɛ^{55}	jɛ^{55}	jɛ^{55}
1348	献（鬼）	tho^{55}	tho^{55}	lɔ^{55}nɛ̱^{31}ɤ^{33}
1349	羡慕	mɛ̱^{33}dʑɯ^{55} dʑɯ^{55}	mɛ̱^{33}dʑɯ^{55} dʑɯ^{55}	sɛ^{55}la^{55}ɤ^{33}
1350	想	nø^{31}	nø^{31} ɤ^{33}	nø^{31}ga̱^{31}ɤ^{33}
1351	像	du^{33}le^{55}	du^{33} ɤ^{33}	du^{33} ɤ^{33}
1352	削	lɤ̱^{31}dzɛ^{33}	lɤ̱^{31}dzɛ^{33}	a^{55}xɔ^{31}
1353	笑	ɯ^{55}jø^{55}	ɯ^{55}，ɯ^{55}jø^{55}	ɯ^{55}
1354	（睡）醒	ju̱^{31}bɤ^{55}	ju̱^{31}nø^{31} ɤ^{33}	ju̱^{31}nø^{31} nø^{31}la^{55}
1355	休息	ɣa^{31}na^{31} na^{31}	ɣa^{31}na^{31} na^{31}	ɣa^{31}na^{31} na^{31}le^{33}bɯ^{31}
1356	熏	u^{31}xø^{31} xø^{31}	u^{31}xø^{31} xø^{31}	mi^{31}xø^{31} xø^{31}
1357	痒	a^{55}dzɯ^{33} dzɯ^{33}	jɔ^{33}dzɯ^{33} dzɯ^{33}	jɔ^{33}dzɯ^{33} dzɯ^{33}
1358	养（鸡）	a^{33}tɕi^{33} tɕhu^{33}	ɣa^{33}tɕi^{33} tɕhu^{33}	ɣa^{33}tɕi^{33} tɕhu^{33}
1359	摇（头）	dʑɯ^{31}	u^{31}du^{31} dʑɯ^{31}	u^{31}du^{31} dʑɯ^{31}ɤ^{33}

续表

序号	汉语	孟连阿卡话	澜沧阿卡话	勐海阿卡话
1360	（狗）咬	kɔ̱^{31}	kɔ̱^{31} ɤ^{33}	kɔ̱^{31} ɤ^{33}
1361	（蛇）咬	to̱^{33}	to̱^{33} ɤ^{33}	to̱^{33} ɤ^{33}
1362	要	gɤ̱^{31}	gɤ̱^{31}	gɤ̱^{31}
1363	游泳	i^{55}ɔ^{33} ɔ^{33}	i^{55}tɕu̱^{31} la̱^{31}bɤ^{31} bɤ^{31} ɤ^{33}	ɯ^{55}di^{31}di^{31}
1364	有（钱）	dʑa̱^{33}	dʑa̱^{33}	dʑa̱^{33}ɤ^{33}
1365	有（人）	dʑɔ^{55}	dzu^{55}	dzu^{55}
1366	栽（树）	kha^{33}	kha^{33}	kha^{33}
1367	增加	la̱^{33}tɛ̱^{31}	la̱^{33}lɑŋ^{31}	la̱^{33}lɑŋ^{31}
1368	眨（眼）	χɔ^{33}tɛ̱^{33}	mɛ̱^{33}mi̱^{33} mi̱^{33}	mja̱^{33}dzɛ^{33}dzɛ
1369	摘（花）	tsɤ̱^{33}	tsɤ̱^{33}	kha^{33}ɤ^{33}
1370	蘸（辣椒）	lɛ̱^{31}	dʑɑŋ^{55}	lɛ̱^{31}dza^{31}
1371	长（大）	xɯ^{31}la^{55}	xɯ^{31}la^{55}	xɯ^{31}la^{55}
1372	招（魂）	khu^{55} xo̱^{31}	khu^{55} xo̱^{31}	khu^{55}
1373	找	po̱^{33}	po̱^{33}	po̱^{33}
1374	（马蜂）蜇	dɛ^{31}ɤ^{33}	dɛ^{31} ɤ^{33}	dɛ^{31} la^{55}
1375	蒸（饭）	sa̱^{31}	sa̱^{31}	tɕhi^{31}sa̱^{31}
1376	知道	si^{31}ȵa^{33}	si^{31}ȵa^{33} ma^{55}	si^{31}ȵa^{33} ma^{55}ɤ^{33}
1377	织	ɣa̱^{31}	ɣa̱^{31}	ɣa̱^{31}
1378	种（谷子）	tɕhɛ^{55} kha^{33}	tɕhɛ^{55} kha^{33} kha^{33}	tɕhɛ^{55} kha^{33} kha^{33}
1379	煮（菜）	tɕa̱^{31}dza^{31}	tɕa̱^{31} ɤ^{33}	tɕa̱^{31} dza^{31}ɤ^{33}
1380	抓	tsu̱^{33}	tsu̱^{33}，pja̱^{33}	tsu̱^{33}dzɿ^{55}，pja̱^{33}
1381	啄（玉米）	a^{55}du^{33}	to̱^{33}dza^{31} ɤ^{33}	tɕhɛ^{55}si^{31}to̱^{33}dza^{31} ɤ^{33}
1382	醉	jɛ̱^{31}	dʑi^{55}ba^{31} jɛ̱^{31}	dʑi^{55}ba^{31}dɔ^{55} jɛ̱^{31}
1383	坐	nɯ^{55}	nɯ^{55}	dɔ^{33}nɯ^{55}nɯ^{55}
1384	做（事）	m̩^{55}	um^{55} i^{55} ɤ^{33}	um^{55} i^{55} ɤ^{33}
1385	做（梦）	ma̱^{33}	ma̱^{33}	ma̱^{33}
1386	做（生意）	ga̱^{31}dza̱^{31}	ga̱^{31}	dʑe^{31}ga̱^{31}dʑe^{31}xa^{33} um^{55} dza^{31}ɤ^{33}

续表

序号	汉语	孟连阿卡话	澜沧阿卡话	勐海阿卡话
1387	（鸟）做（巢）	bɔŋ^{31}	bɔŋ^{31}	bɑŋ^{31}
1388	不	ma^{31}	ma^{31} ŋɤ^{55}	ma^{31} ŋɤ^{55}
1389	很	jɔ^{33}	a^{31}zɔ^{55}	ɯ^{55}sɑŋ^{31}
1390	别	tha^{31}	tha^{31}	tha^{31}
1391	和	lɛ^{55}…lɛ^{55}…	xɔ^{55}	xɔ^{55}
1392	的	ɤ^{33}	ɤ^{33}	xɤ^{33}
1393	也	dʑi^{55}	dʑi^{55}	tɔ^{31}ŋa^{55}tɔ^{31}i^{55}ma^{55}
1394	再	pha^{55}	pha^{55}	nɔ^{33}thi^{31}bɔ^{55}pha^{55}ɛ^{55}ɕɛ^{31}
1395	正在	ȵi^{31}pa^{55}	nu̲^{31}	ŋa^{55}ɯ^{55}tɕu̲^{31}dɔ^{55} dɔ^{55}dzɔ^{55}le^{31}
1396	膝盖	dɔ^{31}dzɔm^{55}	a^{31}khɯ^{55} phɔ^{31}dzɯ̲^{55}	a^{31}khɯ^{55} phɔ^{31}tsɯ̲^{31}
1397	怀孕	za^{31}phi^{33}lu̲^{31} ɤ^{33}	za^{31} phi^{33} lu̲^{31}ɤ^{33}	za^{31}dzɛ^{31}lɛ^{55}ɤ^{33}

附录二　200 句

1. i^{31}naŋ^{33} um^{31} ma^{31} mɯ^{31} ŋa^{33}. 今天天气不好。
   今天　天气　不　好　语助
2. a^{31}jɔ̲^{31} la^{31}bɯ^{31} ŋa^{33}. 他是汉族。
   他　汉族　语助
3. ŋa^{55} ŋa^{33} a^{55}do^{33} phɛ^{55}dum^{31} ju^{55} a^{31}. 我拿了哥哥的书。
   我　我的　哥哥　书　拿　体助
4. ŋa^{55} dza^{31} dɛ̲^{33} ma^{33}. 我吃饱了。
   我　吃　饱　体助
5. nɔ^{55} ɛ^{55} xɔ^{33} ma^{31} lo^{55}? 你说过了吗？
   你　说　过　体助　疑助
6. nɔ^{55} a^{31}dʑe^{31} ɛ^{55} le^{33}? 你说什么？
   你　什么　说　语助
7. nɔ^{55} i^{55} ma^{31} i^{55} a^{55}la^{31}? 你去不去？
   你　去　不　去　语助

8. nɔ^{55} i^{55} ma^{33}la^{31} ma^{55} i^{55} a^{55}la^{31}？你去，还是不去？
你 去 还是 不 去 语助

9. nɔ^{55} xɔ^{31} dza^{31} ma^{31} lo^{55}？你吃饭了吗？
你 饭 吃 体助 语助

10. a^{55}na^{33}ni^{33} n̥i^{55} ŋa^{33}！啊，这么小的！
这么 小 语助

11. nɔ^{31} nɛ^{33} ɣɤ^{55} la̱^{31} ŋa^{33} lo^{55}！哎呀，你买来了！
你 话助 买 来 语助 语助

12. a^{31}jɔ̱^{31} bɛ^{33} bi^{33} i^{55} ɔ^{31}！让他去吧！
他 让 去 去 语助

13. nɔ^{55} thi^{31} po̱^{33} ɛ^{55} xɔ^{33} ɕe^{55}！你再说一遍！
你 一 遍 说 再 还

14. nɔ^{55} la^{31}bɯ^{31} ŋa^{55} a^{31}kha^{31}. 你是汉族，我是阿卡人。
你 汉族 我 阿卡

15. nɔ^{55} jɔ^{33}mɯ^{31}，a^{31}jɔ̱^{31} ma^{31} mɯ^{31} ŋa^{33}. 你好，他不好。
你 好 他 不 好 语助

16. ŋa^{55} xɔ^{31} dza^{31} ɣa^{31} ma^{33}. 我吃过饭了。
我 饭 吃 过 体助

17. ŋa^{55} jɔ^{33}lɑŋ^{33} ma^{31} gɤ̱^{31} a^{55}. 我不要圆的。
我 圆的 不 要 语助

18. a^{31}jɔ̱^{31} u^{31}xo̱^{33} jɔ^{33}ne^{55} xo̱^{33} nu̱^{31} ŋa^{33}. 他戴着红帽子。
他 帽子 红 戴 体助 语助

19. ŋa^{55} a^{31}khɯ^{55} khɯ^{55}bɯ̱^{33} bɯ̱^{33} ɤ^{33} n̥a^{33}. 我脚麻了。
我 脚 麻木 麻 结助 体助

20. ŋa^{55} a^{31}kha^{31} dɔ^{31} dzɔ^{33} la^{55} le^{33}. 我来学习阿卡语。
我 阿卡 话 学习 来 语助

21. a^{31}jɔ̱^{31} ŋa^{31} bɛ^{33} i^{55} kha^{33} ɔ^{31} lɛ^{55} ɛ^{55} a^{33}. 他让我下去。
他 我 受助 去 下 祈助 引述 语助 语助

22. a^{31}jɔ̱^{31} da^{31}jɑŋ^{33} bɛ^{33} ja^{33}xɔ^{31} thi^{31} khɑŋ^{55} bi̱^{31} nɛ^{31} ŋa^{33}.
他 客人 受助 烟 一 支 给 语助 语助
他给客人一支烟。

23. nɔ^{55} ŋa^{31} bɛ^{33} la^{31}bɯ^{31} dɔ^{31} mɛ^{31} nɛ^{31} ɔ^{31}. 你教我汉话吧！
你 我 受助 汉 话 教 语助 祈助

24. ŋa^{31} nɛ^{33} nø^{31} ɤ^{33} a^{31}jɔ̱^{31} i^{55}khɑŋ^{55} ma^{31} dʑɔ^{55} a^{33}. 我想他不在家。
我 施助 想 结助 他 家 不 在 语助

25. ka̱^{33}phjɔ^{55} bɛ^{33} mi^{31}tɕhɛ^{55} thi^{31} khɑŋ^{55} ɕɤ^{33}tɕhɤ^{31} tha^{31} ŋa^{33}.
墙 方助 刀 一 把 挂 体助 语助
墙上挂着一把刀。

26. mi^{55}nɑŋ^{33} a^{55}nɛ^{33} i̱^{31}nɑŋ^{33} na^{33} tsha^{55} tsha^{55} dzɛ^{31} ɤ^{33} ȵa^{33}.
昨天 话助 今天 太阳 热 多 结助 语助
昨天比今天热。

27. kha^{33}tɛ̱^{33} a^{31}jɔ̱^{31} nɛ^{33} dza^{31} ŋa^{33}. 菠萝被他吃了。
菠萝 他 施助 吃 体助

28. tɕhɛ^{55} a^{31}ȵo^{31} nɛ^{33} dza^{31} ŋa^{33}. 谷子被牛吃了。
谷子 牛 施助 吃 体助

29. ŋa^{55} jɔ^{33}ne^{55} gɤ̱^{31} ɛ^{33} a^{31}jɔ̱^{31} jɔ^{33}ȵø^{55} gɤ̱^{31} a^{33}. 我要红的，他要绿的。
我 红 要 语助 他 绿 要 语助

30. a^{31}mɯ^{33} i^{55} a^{33} la^{31} mɔ^{55} a^{31}tshu^{33} i^{55} a^{33} la^{31}?
姨妈 去 语助 语助 还是 嫂嫂 去 语助 语助
是姨妈去，还是嫂嫂去？

31. a^{31}jɔ̱^{31} bo̱^{31} ɔ^{55} tɔ̱^{33} bo̱^{31} ȵa^{33} a^{55}nɛ^{33} ɛ^{55} tɔ̱^{33} ɛ^{55} ȵa^{33} ŋa^{33}.
他 写 话助 也 写 会 而且 说 也 说 会 肯助
他不仅会说，而且会写。

32. nɔ^{55} um^{55} ɣa^{31} a^{55}nɛ^{33} ɣo̱^{31} i^{55} ɔ^{31}. 你做完后回家吧！
你 做 完 然后 回 去 祈助

33. a^{31}jɔ̱^{31} pha^{55}na^{55} xɔ^{31}nɛ^{33} dɛ^{33}ma^{33} pha^{55} tshɛ^{31} i^{55} ŋa^{33}. 他病了还去犁田。
他 病 还 田 还 犁 去 语助

34. u^{31}jɛ^{55} jɛ^{55} na^{55}a^{31} ŋa^{55} ma^{31} i^{55} do̱^{33} a^{55}. 下雨的话，我就不出来。
雨 下 话助 我 不 去 出 语助

35. a^{31}jɔ̱^{31} tɔ̱^{33} i^{55} nɛ^{33} ŋa^{55} tɔ̱^{33} i^{55} ma^{33}. 他去我也去。
他 也 去 话助 我 也 去 语助

36. ŋa^{55} dzɔ^{55} bɑŋ^{31} mi^{55}nɛ^{33} ŋa^{31} da^{33} ŋa^{31} bɛ^{33} ɛ^{55} la^{55} mɛ^{33}.
我 做 错 因为 我 爸 我 受助 说 来 语助
因为做错了事，所以爸爸说我。

37. ŋa^{55} a^{31}jɔ̱^{31} bɛ^{33} a^{55}bo̱^{31} jɔ^{33}mɯ^{31}mɯ^{31} ɛ^{55} bi^{33} dzɔ^{33}
我 他 受助 书 好好 结助 让 学
ba^{31}da^{55}nɛ^{31} jɔ^{33}mɯ^{31}mɯ^{31} ɛ^{55} la̱^{33}sa̱^{33} nɛ^{31} ma^{33}.
为了 好好 结助 帮助 予 语助
为了他好好读书，我经常帮助他。

38. a^{31}dʑe^{31}dʑa̱^{33} na^{55}a^{31} a^{31}dʑe^{31} dza^{31} ma^{33}. 有什么，吃什么。

什么 有 然后 什么 吃 语助

39. a^{31}ȵi^{55} ŋɛ^{31}ɛ^{33} tshɑŋ^{33} na^{55}a^{31} ŋɛ^{31}ɛ^{33} phɛ^{33} la^{55} ŋa^{33}. 弟弟越走越近。

弟弟 越 走 然后 越 近 来 体助

40. ŋa^{55} xɔ^{31} ma^{31} dza^{31} a^{33}ɕi^{31}. 我还没吃饭。

我 饭 没 吃 还

41. a^{55}lɔ̱^{33}lɔ̱^{33} ɛ^{33} tɕhɑŋ^{33} ɔ^{31} tha^{31} tɕɛ̱^{33}. 慢慢走，别跑！

慢慢 地 走 祈助 别 跑

42. nɔ^{55} a^{33}bo̱^{31} ma^{31} bo̱^{31} ȵa^{33} ŋa^{33}. 你不会写。

你 文字 不 写 会 语助

43. a^{31}jɔ̱^{31} ŋø^{55} ŋa^{33}. 他哭了。

他 哭 肯助

44. ŋa^{55} a^{31}jɔ̱^{31} bɛ^{33} la̱^{33} ŋø^{55} e^{33}. 我把他弄哭了。

我 他 受助 弄 哭 体助

45. a^{31}jɔ̱^{31} ɤ^{33} phɛ^{55}xɑŋ^{31} pɛ̱^{33} i^{55} ŋa^{33}. 他的衣服破了。

他 结助 衣服 破 去 语助

46. a^{31}jɔ̱^{31} nɛ^{33} phɛ^{33}xɑŋ^{31} la̱^{33} pɛ̱^{31} i^{55} ŋa^{33}. 他把衣服弄破了。

他 施助 衣服 弄 破 去 语助

47. thi^{31} ȵum^{55} bɛ^{33} jɛ̱^{31} ɣa^{31} dʑɔ^{55} ŋa^{33}. 一家八个人。

一 家 受助 八 个 有 语助

48. a^{33}bɔ^{55} xɤ^{33} bɔ^{55} na^{55}a^{31} mi^{31}ɕu^{31} a^{33}bɔ^{55} ŋa^{33}. 这树是松树。

树 这 棵 话助 松 树 语助

49. ŋa^{55} dʑa^{33} a^{55}nɛ^{33} a^{31}jɔ̱^{31} ma^{31} dʑa^{33} ŋa^{33} ɕi^{31}. 我有了他还没有。

我 有 体助 他 没 有 语助 还

50. ma^{55}dɛ^{33} na^{55}a^{31} ma^{55}dɛ^{33} ɕi^{31}xo^{31} na^{55}a^{31} ɕi^{31}xo^{31}.

南瓜 话助 南瓜 黄瓜 话助 黄瓜

南瓜是南瓜，黄瓜是黄瓜。

51. tsɯ^{31}nɯ^{33}xo̱^{31} ɤ^{33} tɕhe^{55} na^{55}a^{31} mi^{55}nɯ^{33}xo̱^{31} ɤ^{33} ɛ^{55} na^{55}a^{31} mɯ^{31} dʑɛ^{31} ŋa^{33}.

今年 结助 谷子 话助 去年 结助 说 话助 好 多 语助

今年的谷子将比去年更好。

52. ŋa^{55} a^{31}jɔ̱^{31} bɛ^{33} mɛ^{31} nɛ^{31} ɤ^{33} ŋa^{33} na^{33} dʑa̱^{33} ɤ^{33} ŋa^{33}.

我 他 宾助 教 予 结助 我 责任 有 结助 语助

我教他是我的责任。

53. ga^{55}kɔ̱^{33} xɤ^{33} xum^{31} na^{55}a^{31} a^{31}sɔ^{55} ɣa^{31} tɔ̱^{33} ɕi^{31}ȵa^{33} mɛ^{33}. 这件事谁也知道。

事情 这 件 话助 谁 个 也 知道 结助

54. ŋa^{33}ma̱^{31} lɔ^{55}sɿ^{33} bɛ^{33} ga^{31} ma^{33}. 我们热爱老师。
我们 老师 受助 爱 语助

55. a^{55}xo̱^{31} jɔ^{33}ɕi̱^{31} do̱^{33} la^{55}ɔ^{33} nɛ^{33} thi^{31} mi^{55} a^{31}jɔ̱^{31} a^{31}jɔ̱^{33} a^{31}ma^{33}
年 新 出 来 语助 一 晚 他 他 母亲
bɛ^{33} nø^{31} ga^{31} la^{55} ŋa^{33}.
宾助 想 爱 上 语助
新年初一夜晚，他想念母亲。

56. ŋa^{33}ma̱^{31} nɔ^{33}ma̱^{31} bɛ^{33} tshɔ^{33}ba^{33} nɛ^{33} ma^{55}. 我们帮助你们。
我们 你们 受助 帮助 语助 语助

57. a^{31}jɔ̱^{31} xɔ^{31} um^{55} nɛ^{33} dza^{31} ŋa^{33}. 他煮饭吃。
他 饭 做 连助 吃 语助

58. ŋa^{55} ɤ^{33} a^{55}gɔ^{33} phɛ^{55}dum^{31} thi^{31} xum^{31} ɣɤ^{55} nɛ^{33} o̱^{31} la^{55} ŋa^{33}.
我 结助 哥哥 书 一 本 买 连助 回 来 语助
我哥买回了一本书。

59. phu^{33} xɤ^{33} phu^{33} a^{31}ɲo^{31} thi^{31} ja^{55} mɔ^{55} dzɛ^{31}ɲi^{33} ɣɤ^{55} ŋa^{33}.
村子 这 村子 水牛 一 百 条 多 买 语助
这寨子买了一百多头水牛。

60. a^{31}jɔ̱^{31} a^{31}ɲo^{31}ma^{33} bɛ^{33} po̱^{33} i^{55} ŋa^{33}. 他找母牛去了。
他 牛母 受助 找 去 语助

61. tshɔ^{55}xa^{31} xø^{55} ɣa^{31} a^{55}ɕi^{31}a^{55}lu̱^{33} a^{31}dʑɔ̱^{33}ɛ^{55} kha^{33} ma^{31} ɕi^{31} ŋa^{33}.
人 那 个 水果 怎样地 种 不 懂 语助
那人不懂得怎样种水果。

62. ŋa^{55}ma̱^{31} lɔ^{55}sɿ^{33} ɛ^{55} mi^{55} jɔ^{33}mɯ^{31}mɯ^{31}ɛ^{55} na^{55}xa^{31} ma^{33}.
我们 老师 说 东西 好好地 听 语助
我们要好好地听老师说的。

63. xa^{55} ɕi^{31} ɲa^{33} dɤ^{31} a^{33}la̱^{31} tshɔ^{31} do̱^{33} la^{31} ɔ^{31}！懂的人举手。
所有 知道 能 结助 手 举 出 来 祈助

64. phɛ^{55}xaŋ^{31} jɔ^{33}ɲø^{55} xø^{55} khaŋ^{55} a^{31}sɔ^{55} ɣa^{31} ɤ^{33} ŋɤ^{55} ŋa^{33}？
衣服 绿 那 件 谁 个 结助是 语助
那绿的衣服是谁的？

65. a^{31}jɔ̱^{31} nɛ^{33} ɛ^{55} ɤ^{33} dɔ^{31} a^{55}dzɛ^{31} ɛ^{55} mɯ^{31} ɤ^{33} ɲa^{33}. 他说的话更好。
他 施助 说 结助 话 更 说 好 结助 语助

66. a^{31}jɔ̱^{31} nɛ^{33} ɛ^{55} ɤ^{33} tsha^{31} mɛ^{33}. 他说得对。
他 施助 说 结助 对 结助

67. a^{55}ɕi^{31} xɤ^{33}dɤ^{31} dɔ^{31}tɔ̱^{33}lu̱^{31} jɔ^{33}mɯ^{31} mɛ^{33}. 这些果子全是好的。

水果 这些 全部都是 好 结助

68. tshɔ^{55}xa^{31} xø^{55} ɣa^{31} a^{31}su^{55} ɣa^{31} a^{55}ŋa^{33}? 那人是谁呀？

人 那 个 谁 个 语助

69. tshɔ^{55}xa^{31} xø^{55} ɣa^{31} a^{31}gɯ^{33}ga^{55} ɤ^{33} ŋɤ^{55} ŋa^{31}? 那人是哪儿的？

人 那 个 哪里 结助 是 语助

70. phɛ^{55}dum^{31} xø^{55} na^{55}a^{31} a^{31}bɔ^{55} ɤ^{33} ŋa^{33}. 那些书是阿波的。

书 那些 话助 阿波 结助 语助

71. nɔ^{55} phu^{31}dzɤ^{33} ba̱^{31} a^{55}nɛ^{33} mi^{31}dza^{31} tsɤ̱^{31} pa̱^{33} ɔ^{31}. 你用斧头砍柴吧。

你 斧头 拿 连助 柴 劈 开 祈助

72. a^{55}go^{33} mi^{33}tɕhɛ^{55} ju^{55} nɛ^{33} a^{55}dʑi^{31} tshe^{55} le^{55} a^{31}. 哥哥用刀割胶。

哥哥 刀 拿 工助 胶水 割 上去 体助

73. a^{31}jɔ̱^{31} ka̱^{33}la^{55}tɕhɛ^{55} ju^{55} nɛ^{33} ɕi̱^{33} ja^{31}. 他用纸擦。

他 纸 拿 工助 擦 语助

74. a^{55}ba^{33} nɛ^{33} bi^{33} ɣɤ^{55} ɔ^{31}. 让姐姐买。

姐姐 施助 给 买 祈助

75. a^{31}jɔ̱^{31} nɛ^{33} dza^{31} dʑi^{55} mɛ^{31}. 被他吃掉了。

他 施助 吃 完 体助

76. a^{31}jɔ̱^{31} ȵi^{31} ɣa^{31} nɛ^{33} bi^{33} um^{55}ɔ^{31}. 让他俩做。

他 两 个 施助 让 做 祈助

77. a^{31}jɔ̱^{31} ŋa^{33} ta̱^{33} aŋ^{55} a^{55}xo̱^{31} xɯ^{31} dzɛ^{31} ŋa^{33}. 他比我大。

他 我 上 受助 年纪 大 超越 肯助

78. a^{31}ȵi^{55} a^{55}go^{33} ta̱^{31} aŋ^{55} lɛ^{33}dʑɛ^{33} dzɛ^{31} ŋa^{33}. 弟弟比哥哥更努力。

弟弟 哥哥 上 仅 努力 更 语助

79. nɔ^{55} u^{31}ɕɔ^{31}phɔ^{33} la^{55} ɔ^{31}！ 请你早上来吧！

你 早上 来 祈助

80. mi^{55}nɯ^{33}xo̱^{31} nɛ^{33} ɛ^{55} tsɛ̱^{33} tha^{31} ɤ^{33}. 是去年说定的。

去年 话助 说 定 定好 结助

81. lɔ^{55}gɔ̱^{33} xɤ^{33} xum^{31} bɛ^{33} ŋa^{31}ɕa^{31} u^{55} ŋa^{33}. 这河里有鱼。

河 这 条 方助 鱼 有 语助

82. a^{31}jɔ̱^{31} a^{31}bo̱^{31}dzɔ^{33}ȵum^{55} bɛ^{33} dʑɔ^{55} ŋa^{33}. 他在教室里。

他 教室 方助 在 语助

83. a^{31}jɔ̱^{31} jɔ^{33}xo̱^{31}na^{33}xo̱^{31} a^{55}xo̱^{31}pha^{55}ȵɛ^{33} o̱^{31} i^{55} ŋa^{33}.

他 每年 过年 回 去 语助

他每年过年都回家。

84. i^{55}khaŋ^{55} a^{31}su^{55}ɣa^{31} dʑɔ^{55} a^{33}？谁在家里？
家里 谁 在 语助

85. ŋa^{55} sum^{31} po̱^{33} xɔ^{33}xɔ^{33} ma^{33}. 我看过三次。
我 三 次 看过 体助

86. a^{31}jɔ̱^{31} ma^{31} dʑɔ^{55} a^{33} ŋɤ^{55} mɛ^{33} lo^{55}？他不在，是吗？
他 不 在 语助 是 语助 语助

87. a^{31}mjɑŋ^{33} xɯ^{31} la^{55} ɤ^{33} nu^{55}？何时才长大呢？
何时 大 来 结助 语助

88. ŋa^{55} ga^{31}xɔ^{33} ɤ^{33} a^{31}jɔ̱^{31} a^{55}bo̱^{31}dzɔ^{33}ȵum^{55} ɤ^{33} sɑŋ^{31}pha^{31} gɤ̱^{31} i^{55} ŋa^{33}dʑɛ^{55}.
我 听说 结助 他 学校 结助 校长 当 去 据说
听说他当校长了。

89. a^{31}da^{33} nɔ^{33}ma̱^{31} bɛ^{33} ja^{55}ŋɛ^{33} a^{55}khɔ^{55}ma^{33} ɛ^{55} i^{55} ɔ^{31} lɛ^{55} ɛ^{55} a^{33}.
爸爸 你们 受助 地里 快点 结助 去 祈助 引助 说 语助
爸爸叫你们快点到地里去。

90. a^{31}jɔ̱^{31} na^{55} la^{55} mo̱^{31} ɤ^{33} ɣɛ^{33}dʑe^{31} ŋa^{33}. 他可能生病了。
他 病 来 要 结助 可能 语助

91. sa^{55}sɔ^{55}lu̱^{33} dʑi^{55}tɕhu^{33}na^{33}ɣɔ^{31} tsha^{31} ŋa^{33}. 大概都是对的。
大概 全部 对 语助

92. a^{31}jɔ̱^{31} na^{55}gɔ^{55} na^{55} ɤ^{33} tha^{31}ji^{55} mɛ^{31} lo^{55}。他的病好了吗？
他 病 病 结助 好 体助 语助

93. i^{31}nɯ^{33} dɔ^{31}tɔ̱^{33}lu̱^{31} lɛ^{33}dʑɛ^{33} lu̱^{31} mɛ^{33} ŋɤ^{55} mɛ^{33} lo^{55}？
今天 大家 努力 结助 是 语助 语助
今天大家全都是努力的，是吗？

94. tsɯ̱^{31}nɯ^{33}xo̱^{31} ɤ^{33} tshɛ^{55} mi^{55}nɯ^{33}xo̱^{31} ɛ^{55} na^{55}a^{31} mɯ^{31}dzɛ^{31} ŋa^{33}，
今年 结助 谷子 去年 结助 话助 更好 结助
ŋɤ^{55} a^{33} lo^{55}？
是 语助 语助
今年的谷子比去年的好，是吗？

95. a^{31}bɔ^{55} gɤ̱^{31} ma^{31} gɤ̱^{31} la^{31} lɛ^{55}？ na^{55}xa^{31} i^{55} ɔ^{31}.
阿波 要 不 要 语助 语助 问 去 祈助
阿波要不要？去问问看。

96. tsha^{55}go^{33} dʑe^{31}xu^{33} tsha^{55} ɤ^{33} la^{31}，nɔ^{55}ɔ^{31} a^{55}bo̱^{31} dʑe^{31}xu^{33} bo̱^{31} ɤ^{33} la^{31}？
唱歌 先 唱 结助 语助 还是 字 先 写 结助 语助
先唱歌呢？还是先写字？

97. nɔ^{55} tha^{31} i^{55} ɔ^{31}！你不要去呀！
你　别 去 祈助
98. xɤ^{33} a^{31}dʑe^{31} ŋɤ^{55} ŋa^{31}？是什么呀？
这　什么　是　语助
99. a^{31}dʑe^{31} ɣɛ^{33} a^{31}？怎么了？
怎么　体助 语助
100. a^{31}dʑe^{31} ɛ^{55} le^{33}？ŋa^{55} ma^{31} ga^{31}du̠^{31} a^{33}ɕi^{31}. 说什么啊？我还没听懂。
什么　说 语助 我　没　听懂　还
101. a^{31}ga^{55} i^{55} le^{31}，nɔ^{55} jɔ^{33}mɯ^{31}mɯ^{31} ɛ^{33} ɛ^{55} ɔ^{31}！
哪儿　去 体助 你　好好　结助 说 祈助
去哪儿，你好好说吧！
102. thɤ^{33}lo̠^{31} ɛ^{33} tha^{31} um^{55} lɔ^{31}！别那么做嘛！
那么　结助 别　做　祈助
103. nɔ^{55} xɔ^{31} ma^{31} i^{55} la^{31}？ŋa^{55} i^{55} ma^{33}. 你不去，我去。
你　也　不 去 体助 我 去 语助
104. tsha^{31} ɤ^{33} lɛ^{55} baŋ^{31} ɤ^{33} lɛ^{55}，ŋa^{55} xɔ^{31} ma^{31} ɕi^{31}ȵa^{33}.
对　结助　话助 错　结助 话助 我　也　不　知道
是对呢，还是错呢，我也不知道。
105. nɔ^{55} dɛ^{33}ma^{33} jɔ^{33}xa^{33} ɛ^{33} tso̠^{33} ȵa^{33} ŋa^{33}. 你倒是很会栽秧。
你　水田　擅长　栽　会　语助
106. ŋa^{33}ma̠^{31} a^{31}ȵo^{31} xɔ^{31}mja^{33} i^{33} dʑɔ^{55} le^{33}. 我们有很多牛。
我们　水牛　多　有　语助
107. khɔ^{55}ma^{33} ɛ^{33} lɛ^{31}dʑe^{33} um^{55} ɔ^{31}，ma^{31} ŋɤ^{55} na^{55}a^{31} nɔ^{33}ma̠^{31}
快　结助 努力　做　祈助 不　是　话助　你们
a^{31}tɕhɔ^{31} ɤ^{33} dʑɛ^{31}naŋ^{31} ga^{33} i^{55} ŋa^{33}。
别人的 结助 落后　掉落 去　语定
快努力，否则你们要落后的。
108. ŋa^{55} mi^{55}nɯ^{33}xo̠^{31} thi^{31} po̠^{33} i^{55} xɔ^{33} ma^{33}. 我去年去过一次了。
我　去年　一　次　去 过　语助
109. nɔ^{55} mɔ^{55} xɔ^{33} na^{55}a^{31}，tha^{31} pha^{55} xɔ^{33} i^{55}！你见过了，别去看！
你　见到 过　的话　别　再　看 去
110. ŋa^{33}ma̠^{31} mi^{55}naŋ^{33} nɛ^{33} ȵum^{55} tso̠^{33} dɑŋ^{31}bɛ^{33} ma^{33}.
我们　昨天　从　房子 盖　开始　语助
我们从昨天起开始盖房了。

111. ŋa^{55} i^{55} ŋɛ^{55} nɔ^{33}ma̱^{31} ju^{31}xa̱^{33} tha^{31}mɛ^{31} lɔ^{55}.我去时你们都睡着了。
我 去 时 你们 睡 着 语助

112. a^{31}jɔ̱^{31}ma̱^{31} jɔ^{31}ɣa^{31}na^{33}lu̱^{33} thi^{31}kɔ̱^{33}lo̱^{31}ɛ^{33} i^{55} dʑi^{55} mɛ^{33}.
他们 全部 一起的 去 完 体助
他们全部都去了。

113. ŋa^{31} ɤ^{33} phɛ^{55}xɑŋ^{31} jɔ^{33}ba^{33} na̱^{33}ȵi^{33} ba^{33}. 我的衣服很白。
我 结助 衣服 白色 非常地 白

114. nɔ^{33} ɤ^{33} u^{31}dzɑŋ^{31} jɔ^{33}mɑŋ^{55}mɑŋ^{55} dzɛ^{31} ŋa^{33}. 你的包头巾太长。
你 结助 包头巾 太长 余 语助

115. a^{31}jɔ̱^{31} ɤ^{33} phɛ^{55}thɑŋ^{55} jɔ^{55}mɯ^{31} xɔ^{33} mɯ^{31} ŋa^{33}. 他的背包很好看。
他 结助 背包 好 好看 语助

116. nɔ^{33}ma̱^{31} ɤ^{33} za^{31} jɔ^{33}mɯ^{31} zɔ^{33}ɛ^{55} mɯ^{31} ŋa^{33}. 你们的孩子很好。
你们 结助 孩子 好 很 好 语助

117. a^{31}jɔ̱^{31}ma̱^{31} ba̱^{31}nu̱^{31} ɣ^{33} dɔ^{31}tɔ̱^{33}lu̱^{31} zɔ^{55}ɛ^{55} khɑŋ^{33}. 他们抬的全是重的。
他们 扛 结助 全部 很 重

118. nɔ^{31} ɣ^{33} mi^{31}dza^{31} pha^{55} mi^{33} i^{55} ŋa^{33}. 你的火又熄了。
你 结助 火 又 熄 去 语助

119. nɔ^{33}ma̱^{31} ɤ^{33} bɔ^{33}gɔ̱^{31} xø^{55}dɤ^{31} dɔ^{31}tɔ̱^{33}lu̱^{31} o̱^{31} dʑi^{55} mɛ^{33}.
你们 结助 朋友 那些 全部 回 完 体助
你们的朋友全回去了。

120. a^{31}jɔ̱^{31}ma̱^{31} ɣ^{33} za^{31} jɔ^{31}ɣa^{33}na^{33}o̱^{31} a^{33}bo^{31} dzɔ^{33} i^{55} dʑi^{55} mɛ^{33}.
他们 结助 孩子 全部 文字 学 去 完 体助
他们的孩子全去上学了。

121. ŋa^{55} a^{31}kha^{55}ȵi^{33}ɕɔ^{55}phɛ^{31} thi^{31} pɔ̱^{33} xɔ̱^{31} ma^{31} i^{55} a^{55}.
我 以后 一 次 也 不 去 体助
我以后一次也不去了。

122. nɔ^{55} a^{31}kha^{33}dɔ^{31} xɔ̱^{31}mja^{55}ȵi^{33} si^{31} ȵa^{33} ŋa^{33} a^{55}lɔ^{31}.
你 阿卡 话 很多 知道 会 语助 体助
你阿卡话懂得很多了。

123. nɔ^{55} la^{55} mi^{55}nɛ^{33} ŋa^{55} ma^{31} pha^{55} i^{55} ma^{33}. 因为你来了，所以我不需要去了。
你 来 因为 我 不 再 去 体助

124. a^{31}jɔ̱^{31}ma̱^{31} do̱^{33} la^{55} dʑi^{55} mɛ^{33}. 他们都出来了。
他们 出 来 都 体助

125. mi^{55}tɕi̱^{31} a^{31}jɔ̱^{31} thi^{31} ɣa^{31} tɛ̱^{31}ɛ^{55} xɤ^{33}ga^{55} dɔ^{31}thɔ^{31} mɛ^{33}.
昨晚 他 一 个 独自 这里 等待 体助
昨晚他一人在这里等着。

126. ŋa^{55} i^{55} ŋɛ^{33} a^{31}jɔ̱^{31} thi^{31} ɣa^{31} tɛ̱^{31}ɛ^{55} ja^{55}ɣaŋ^{55}laŋ^{55}tɕhɛ^{33} dʑɔ^{55} thɔ^{31} mɛ^{33}.
我 去 时候 他 一 个 独自 地里面 在 等 语助
我去时他一人已在地里等着了。

127. ŋa^{55} tha^{55}si^{33} xɔ^{33} dʑi^{55}nɛ^{33} o̱^{31} la^{55} ma^{33} jo^{31}ɣa^{31}na^{33}lo̱^{31} ju̱^{31}xa̱^{33} dʑi^{55} mɛ^{33}.
我 电影 看 完 回来 语助 全部都 睡着 都 体助
我看完电影回家时全部都睡了。

128. ŋa^{55} a^{31}jɔ̱^{31} ɑŋ^{55} bɛ^{33} ȵi^{31} po̱^{33} ɛ^{55} nɛ^{33} ma^{33}. 我对他说了两次。
我 他 宾助 两 次 说 给 体助

129. ŋa^{55} nɔ^{33}ma̱^{31} aŋ^{55} ma^{31} mɔ^{55} xɔ^{31} a^{31} si^{31}. 我还没有见到你们。
我 你们 宾助 没 看见 也 体助 还

130. ŋa^{31} nɛ^{33} nɔ^{31} ɤ^{33} phɛ^{55}xɑŋ^{31} lɛ^{31}tshi^{31} ma^{33}. 我把你的衣服洗了。
我 施助 你 结助 衣服 搓洗 体助

131. ŋa^{31} nɛ^{33} xɔ^{31}dzɛ^{33} xø^{55}ta̱^{33} ju^{55} tha^{31} ma^{33}. 我搁在桌子上了。
我 施助 桌子 上面 搁 着 体助

132. ŋa^{55} i^{31}nɑŋ^{33} nɑŋ^{33}ga^{33}ɛ^{55} nɔ^{31} ɑŋ^{55} po̱^{33}ɤ^{33} ma^{31} mɔ^{55} a^{33}.
我 今天 整天 你 宾助 找 不 见 语助
我今天找了你一整天。

133. a^{31}jɔ^{31} ŋa^{31} aŋ^{55} ȵi^{31} po̱^{33} khu^{55} la^{55} mɛ^{33}. 他也叫我两次。
他 我 受助 两 次 叫 来 体助

134. a^{31}jɔ̱^{31} ŋa^{31} aŋ^{55} ma^{31} ɛ^{55} nɛ^{31} la̱^{31} a^{33}si^{31}. 他还没有对我说。
他 我 受助 没 说 给 语助 还

135. a^{31}jɔ̱^{31} ŋa^{33}ma̱^{31} aŋ^{55} ko̱^{31}nɑŋ^{33} tɕhɔ^{33}ba^{33} nɛ^{33} la̱^{31} ɤ^{33} mɛ^{33}.
他 我们 受助 六天 帮助 给 来 结助 语助
他帮助我们六天了。

136. a^{31}jɔ̱^{31} a^{31}phi^{31} aŋ^{55} jɛ̱^{31}nɑŋ^{33} tɕhɔ^{33}ba^{33} nɛ^{33} mɛ^{33}. 他帮助奶奶八天。
他 奶奶 受助 八天 帮助 给 体助

137. a^{31}da^{33} mi^{31}dza^{31} ŋa^{31} po̱^{33} ba̱^{31} i^{55} ɤ^{33} mɛ^{33}. 爸爸去抬了五次柴。
爸爸 柴 五 回 抬 去 结助 体助

138. nɔ^{33}ma̱^{31} jɔ^{31}ɣa^{31}na^{33}lo̱^{31} ɣa̱^{31}phɯ^{55} ba̱^{31} i^{55} ɔ^{31}. 你们都去抬竹子吧！
你们 大家都 竹子 抬 去 祈助

139. a^{55}ja^{31} kɤ̱^{55} la^{55} ŋa^{33} nɔ^{55} jɔ^{33}khɔ^{55}ma^{33} ɛ^{33} dza^{31} ɔ^{31}!
时间 到 来 体助 你 赶快 结助 吃 祈助
时间到了，你快快地吃吧。

140. nɔ^{33}ma̱^{31} xɔ^{31} mɛ^{31} na^{55}a^{31} xɔ^{31}n̥ø^{55} tɕa̱^{31} dza^{31} ɔ^{31}！饿的话，你们煮饭吧。
你们 饭 饿 话助 饭菜 煮 吃 祈助

141. naŋ^{55}ma^{33} ga^{33} aŋ^{55} ŋa^{33} kɤ̱^{33} a^{53} nɔ^{55} tha^{31} i^{55} ɔ^{31}.
太阳 落 下 体助 你 别 去 祈助
太阳下山了，你不要去了。

142. nɔ^{55} gɤ̱^{31} mɔ̱^{31} na^{55}a^{31}，ŋa^{55} dʑɔ^{55} ga^{55} ju^{55} la^{55} ɔ^{31}.
你 要 想 的话 我 在 地方 拿 来 祈助
你要的话，来我这里拿。

143. nɔ^{33}ma̱^{31} jɔ^{31}ɣa^{31}na^{33}lo̱^{31} la^{55} ɔ^{31}！你们都来吧。
你们 全部都 来 祈助

144. nɔ^{33}ma̱^{31} jɔ^{31}ɣa^{31}na^{33}lo̱^{31} a^{31}jɔ̱^{31} aŋ^{55} tɕhɔ^{33}ba^{33} nɛ^{31} i^{55} ɔ^{31}！
你们 每个都 他 受助 帮 给 去 祈助
你们都去帮他忙吧。

145. um^{31}tɕi̱^{31}tɕi̱3 li^{55} mi^{55} a^{33} nɔ^{33}ma̱^{31} jɔ^{33}khɔ^{55}ma^{33}ɛ^{55} o̱^{31} le^{33} ɔ^{31}！
天黑 去 快要 你们 快 回 去 祈助
天快黑了，你们快回去吧！

146. ŋa^{33} bɔ^{33}gɔ^{31} ma^{31} ɣɤ^{55} n̥a^{33}，nɔ^{33}ma̱^{31} ɣɤ^{55} i^{55} ɔ^{31}！
我 朋友 不 买 会 你们 买 去 祈助
朋友们不会买，你们去买。

147. nɔ^{33}ma̱^{31} i^{55}khaŋ^{55} dɔ^{31}thɔ^{31} i^{55} ɔ^{31}，ŋa^{55} thi^{31} xɛ^{31} na^{55}a^{31}
你们 去家 等着 去 祈助 我 一 会儿 的话
o̱^{31} la^{55} ma^{33}.
回 来 语助
你们在家等着，我去一会儿就回来。

148. n̥um^{55} ŋa^{31} nɛ^{33} bi^{33} ɛ^{55} num^{33}de^{31}. 现在让我说吧！
现在 我 施助让 说 祈助

149. nɔ^{55} ma^{31} i^{55} na^{55}a^{31}，ŋa^{55} thi^{31} ɣa^{31} te̱^{31}ɛ^{33} i^{55} ma^{33} de^{31}.
你 不 去 的话 我 一 个 独自 去 语助 要
你不去的话，我一个人去。

150. ŋa^{55} nɔ^{33}ma̱^{31} aŋ^{55} si^{31}n̥um^{31} thi^{31} ɣa^{31} aŋ^{55} thi^{31} si^{31} thi^{31} si^{31}
我 你们 受助 桃子 一 人 受助 一 个 一 个
bi^{55} nɛ^{33} n̥a^{33} de^{31}.
分 给 祈助 祈助
我分给你们一人一个桃子。

151. a^{31}jɔ̱^{31} dʑa^{55} na^{55}a^{31} ŋa^{31} aŋ^{55} bi^{31} nɛ^{33} mɛ^{33}. 他有的话，给我吧。
他 有 的话 我 受助 给予 祈助

152. a^{31}jɔ̱^{31} a^{31}dʑe^{31} um^{55} mɔ^{31} ŋa^{33}lɛ^{55} bi^{33} um^{55} ɔ^{31}.
他 什么 做 要 的话 让 做 祈助
他要做什么就让他做什么吧。

153. a^{31}jɔ̱^{31} nɛ^{33} ŋa^{33}ma̱^{31} aŋ^{55} bi^{33} ɛ^{55} nɛ^{33} ɔ^{31}!
他 施助 我们 宾助 让 说 予 祈助
他要做什么，就让他做什么吧。

154. a^{31}jɔ̱^{31}ma̱^{31} a^{31}jɔ̱^{31} aŋ^{55} tɕhɔ^{33}ba^{33} i^{55} mɛ^{33}。他们去帮助他了。
他们 他 受助 帮 去 体助

155. a^{31}jɔ̱^{31} nɔ^{31} aŋ^{55} sɤ^{31}ɣa^{31} pha^{55}dum^{31} bi̱^{31} nɛ^{31} mɛ^{33} lɔ^{55}ɔ^{31}?
他 你 受助 文字 书本 给 予 体助 语助
他给你书吗？

156. nɔ^{55} a^{31}jɔ̱^{31} aŋ^{55} mɛ^{31} i^{55} ɔ^{31}？你去帮他吗？
你 他 受助 教 去 祈助

157. a^{31}jɔ̱^{31} nɔ^{31} aŋ^{55} a^{31}dʑe^{31} bi̱^{31} nɛ^{31} la̱^{31} a^{31}？他给你什么呢？
他 你 受助 什么 给 予 体助 语助

158. nɔ^{55} xɔ^{31} a^{31}kha^{31}za^{31} ŋɤ^{55} ma^{33} lɔ^{55}？你也是阿卡人吗？
你 也 阿卡人 是 语助 语助

159. a^{31}jɔ̱^{31} i^{31}naŋ^{33} i^{55}khaŋ^{55} ma^{31} dʑɔ^{55} a^{33} lɔ^{55}？今天他不在家吗？
他 今天 去家 不 在 体助 语助

160. nɔ^{33}ma̱^{31} a^{31}su^{55}ɣa^{31} xɔ^{31} ma^{31} dʑa̱^{33} lɔ^{55}？你们谁也没有吗？
你们 谁 也 不 有 体助

161. a^{31}jɔ̱^{31}ma̱^{31} jɔ^{31}ɣa^{31}na^{33}lo̱^{31} saŋ^{31}bo̱^{33}dzɔ^{33}ȵum la^{31}xø^{55} aŋ^{55} dzɔ^{55}ma^{33} lɔ^{55}ɔ^{31}?
他们 每个都 学校 里面 方助 在 语助 语助
他们都还在学校里吗？

162. ŋa^{31} ɤ^{33} phɛ^{55}xaŋ^{31} jɔ^{33}mɯ^{31} ŋa^{33}la^{31}？我的衣服漂亮吗？
我 结助 衣服 漂亮 语助

163. a^{31}jɔ̱^{31} ɤ^{33} a^{31}ȵi^{55} i^{55}khaŋ^{55} dʑɔ^{55} a^{33} si^{31} la^{31}？他的弟弟还在家吗？
他 结助 弟弟 家 在语助 还 语助

164. a^{31}dɯ^{33}ma̱^{31} ɤ^{33} za^{31} jɔ^{33}mɯ^{31} ŋa^{33} la^{31}？我们的孩子好吗？
我们 结助 孩子 好 语助 语助

165. nɔ^{31} ɤ^{33} la̱^{31}di^{33} lɛ^{31}tshi^{31} ɣa^{31} ma^{33} lɔ^{55}？你的裤子洗完了吗？
你 结助 裤子 搓洗 完 体助 语助

166. a^{31}jɔ̱^{31}ma̱^{31} ɤ^{33} a^{55}jø^{31} lo̱^{31}le^{55} ŋa^{33} lɔ^{31}？他们的种子够了吗？
他们 结助 种子 够了 体助 语助

167. xɔ^{31} um^{55} ɤ^{33} a^{55}dzɛ^{31} um^{55} pjɛ̱^{33} dzɛ^{31} ȵa^{33}. 饭煮得太软了。
饭 做 结助 过头 做 稀软 过 体助

168. nɔ^{31} nɛ^{33} phɛ^{55}xɑŋ^{31} a^{33}bɔ^{55} la^{31}mja^{31} aŋ^{55} tɕhi^{31}tɕhɤ^{31} a^{33}!
你 施助 衣服 树 树枝 方助 挂 祈助
你把衣服挂在树上吧。

169. ŋa^{31} nɛ^{33} ka^{33}la^{33} zum^{31} dʑi^{55} ma^{33}. 我把钱用完了。
我 施助 钱 用 完 体助

170. a^{31}ȵo^{31} ȵo^{31}ku^{33} aŋ^{55} lɑŋ^{55} tha^{31} ŋa^{33}. 牛关在牛圈里。
牛 牛圈 受助 关 搁 体助

171. nɔ^{55} tɕɛ^{55}xum^{31} aŋ^{55} le^{55} xɔ^{33} ma^{33} lɔ^{55}? 你到过景洪吗?
你 景洪 受助 去 过 体助 语助

172. ŋa^{55} a^{31}jɔ̱^{31} ɤ^{33} a^{31}da^{33} ɑŋ^{55} mɔ^{55} xɔ^{33} ma^{31}. 我见过了他的爸爸。
我 他 结助 爸爸 方助 见 过 体助

173. ȵum^{55} xɤ^{33} ȵum^{55} ga^{33}pja̱^{33} i^{55} ɤ^{33} kɤ^{33}la^{55} ŋa^{33}. 这房子快要倒了。
房子 这 间 倒 去 体助 快要 体助

174. ŋa^{33} phɛ^{31}za^{31} aŋ^{55} nɛ^{33} a^{31}jɔ̱^{31} go^{55} dzɛ^{31} mɛ^{33}. 我们家人中，他最高。
我 家人 当中 方助 他 高 超过 语助

175. a^{31}kha^{55}ȵi^{33}ɕɔ^{31} a^{31}jɔ̱^{31} ma^{31} la^{55} pha^{31}! 明天他可能不来了吧。
明天 他 不 来 体助

176. um^{31}jɛ^{55} jɛ^{55} mi^{55}nɛ^{33} ma^{31} za^{33} i^{55} a^{33}. 因为下雨所以没去。
雨 下 因为 不 能 去 体助

177. saŋ^{31}bo̱^{33}pha^{55}dum^{31} xɤ^{33} dum^{31} ŋa^{31} ɤ^{33} le^{33} nɔ^{31} ɤ^{33} ma^{31} ŋɤ^{55} ja^{33}.
书 这 本 我 结助 语助 你 结助 不 是 结助
这本书是我的，不是你的。

178. a^{31}jɔ̱^{31} a^{31}mjaŋ^{33}xɔ^{31} xɤ^{33}ga^{55} la^{55} xɔ^{33} mɛ^{33}?
他 何时 这儿 来 过 语助
他什么时候来过这儿?

179. a^{31}jɔ̱^{31} nɛ^{33} dɛ^{33}ma^{33} tshɛ^{31} dʑi^{55} mɛ^{33}. 他把田犁完了。
他 施助 田 犁 完 体助

180. a^{31}jɔ̱^{31} ɤ^{33} mɛ^{33}phjɔ^{31}nɛ^{55}tsɤ̱^{33}ɤ^{33}ni^{33} nɛ^{55} ŋa^{33}. 他的脸红彤彤的。
他 结助 脸 红红 红 结助

181. a^{31}jɔ̱^{31} thi^{31} po̱^{33} ɛ^{55} dzɤ^{55} mɛ^{33}. 他说过一次。
他 一 次 说 过 体助

182. ŋa^{55} xɔ^{31} um^{55} ma^{33} nɔ^{55} xum^{31}ma^{31} dzo̱^{33} i^{55} ɔ^{31}. 我做饭，你洗碗。
我 饭 做 要 你 碗 洗 去 祈句

183. a^{31}jɔ̱^{31} ja^{33}xɔ^{31} xɔ^{31} ma^{31} dɔ^{55} dʑi^{55}ba^{31} xɔ^{31} ma^{31} dɔ^{55}. 他不抽烟也不喝酒。
他 烟 也 不 抽 酒 也 不 喝

184. thɤ^{33}ɣa^{31} sa^{31}la^{31}ma^{33} mɛ^{55} saŋ^{31}bo̱^{31}dzɔ^{33}za^{31} ma^{31} ŋɤ^{55} ja^{33}.
他 老师 语助 学生 不 是 语助
他是老师不是学生。

185. xɔ^{31} dza^{31} dɛ̱^{33} ɔ^{55}nɛ^{33} i^{55} ɔ^{31}. 吃完饭再走。
饭 吃 饱 再走 祈助

186. ŋa^{55} mɛ^{31} ɤ^{33} la^{31} ma^{31}ŋɤ^{55}na^{55}a^{31} nɔ^{55} mɛ^{31} ɤ^{33} la^{31}? 我教还是你教?
我 教 受助 语助 还是 你 教 话助 语助

187. ɛ^{55} mɔ̱^{31} xɔ^{31} ma^{31} ɛ^{55} phɤ^{31} ȵa^{33}. 想说又不敢说。
说 想 也 不 说 敢 语助

188. a^{31}jɔ̱^{31} ŋa^{31} aŋ^{55} phju^{55} bi^{31} nɛ^{33} xɔ^{31} a^{31}jɔ̱^{31} aŋ^{55} ma^{31} ɑŋ^{31} nɛ^{31}.
他 我 受助 钱 给 予 也 他 受助 不 卖 予
就算他给我钱，我也不卖。

189. phju^{55} ma^{31} dʑa̱^{33} mi^{55}nɛ^{33} a^{55}bo̱^{33} ma^{31} ɣa^{33} dzɔ^{33} le^{33} a^{33}.
钱 不 有 因为 字 不 得 读 去 体助
因为没有钱，所以不能上学。

190. a^{31}jɔ̱^{31} thi^{31} phɔ^{33} dɔ^{31} ŋɛ^{31} ɤ^{33} thi^{31}phɔ^{33} ga^{33}ma^{33} tɕhɑŋ^{33}.
他 一 边 话 说 话助 一 边 路 走
他一面说话一面走路。

191. nɔ^{55} a^{55}mja̱^{33} dza^{31} mɔ̱^{31} ȵa^{33}le^{55} a^{55}mja̱^{33} dza^{31} ɔ^{31}.
你 多少 吃 要想 语助 多少 吃 语助
想吃多少就吃多少。

192. ŋa^{55} lɔ^{33} nu^{55} a^{33} a^{33}mjaŋ^{31} xɔ^{31} i^{55} ma^{33}. 是我的话一定去。
我 的话 语助 一定 也 去 语助

193. nɔ^{55} pha^{55} ŋɛ^{31} xɔ^{31} ga^{33}dɑŋ^{55} ma^{31} tshø^{31} ja^{55}. 你再说也没有用。
你 再 说 也 用处 不 顶 语助

194. a^{31}jɔ̱^{31} ŋa^{33}ma̱^{31} aŋ^{55} xɔ^{33}mɔ^{55} na^{55}a^{31} tɕɛ̱^{33} mɛ^{33}.
他 我们 受助 看见 的话 跑 体助
他一看见我们就跑了。

195. dʑe^{31} ɣa^{33} do̱^{33} mi^{55}nɛ^{33} ɣa^{31}maŋ^{55} ɣa^{33} mɑŋ^{55} i^{55} ŋa^{33}.
税 得 出 所以 工 得 打 去 语助
因为要交税所以去打工。

196. nɔ^{55} i^{55} ɤ^{33} la^{31} ŋa^{55} i^{55} ɤ^{33} la^{31}. 你去或者我去。
你 去 结助 还是 我 去 结助 语助

197. ŋa^{33}ma̱^{31} ɤ^{33} za^{31} saŋ^{31}bo̱^{31}dzɔ^{33}za^{31} sum^{55} ɣa^{31} tɕhaŋ^{33} do̱^{33} i^{55} tha^{31} mɛ^{33}.
我们 结助 班 学生 三 个 走 出 去 体助 体助
我们班里走了三个学生。

198. ŋa^{55} mɛ̱^{31} sɛ̱^{31} xɔ^{31} a^{31}jɔ̱^{31} aŋ^{55} tɕhɔ^{33}ba^{33} nɛ^{33} la^{55} lɛ^{55} ŋa^{55} ma^{31}
我 饿 死 也 他 受助 帮助 话助 来 说 我 不
ɕa^{55} i^{55} a^{33}.
乞求 去 语助
我宁可饿死，也不去求他帮助。

199. a^{31}jɔ̱^{31} a^{55}bo̱^{31} xɔ^{31}mja^{33}a^{33} ȵi^{33} ma^{31} dzɔ^{33} ɤ^{33} xɔ^{31} xɔ^{31}mja^{31}a^{55}ȵi^{33}
她 书 很多 不 读 结助 虽然 很多
si^{31} ȵa^{33} mɛ^{33}.
知道 会 语助
他书读得不多，但知道得很多。

200. a^{31}su^{55}ɣa^{31} ŋɛ^{31} ɤ^{33} xɔ^{31} a^{31}jɔ̱^{31} ma^{31} na^{55}xa^{31} ja^{33}. 无论谁说他都不听。
谁 说 结助 也 他 不 听 语助

附录三 日 志

一、孟连芒信

2022 年 10 月至 2023 年 1 月：开始构思云南边境阿卡语言文化研究课题，查找相关资料，联系阿卡语研究专家白碧波和许鲜明两位教授，多次向他们咨询、学习。在他们的帮助下，2023 年 1 月开始设计“云南边境地区阿卡语言文化调查与研究”。确定课题后组织团队成员：何亚琼、白碧波、许鲜明。做调研前期准备工作，初步确定调研日期、地点、拟定调研提纲。

2023 年 1 月 27 日：白碧波教授与普洱市孟连县阿约联系，了解该县阿卡人分布情况和语言使用情况。经阿约介绍，得知孟连县芒信镇是阿卡人最集中的乡镇。因此，团队成员经过讨论，认为先去孟连县芒信镇进行田野调查。

2023 年 1 月 28 日：白碧波教授与普洱市赵余聪老师进行了电话联系，咨询西盟、澜沧阿卡分布情况，了解到西盟没有阿卡人分布。只有孟连县芒信镇有阿卡人分布。因此，我们决定到孟连县芒信镇进行田野调查。同时，做好田野调查前的准备，如词汇表、调查提纲等。

2023年2月1日：

何亚琼从玉溪坐8:36高铁出发，9:52到达墨江站。与白碧波、许鲜明两位哈尼语专家汇合后，自驾直奔澜沧县。中途12:00在普洱市的那柯里吃午饭休息1小时左右，13点自驾上思澜高速，大约14点到达澜沧县，见到了赵余聪老师和哈尼学会的阿卡人，还有澜沧哈尼阿卡学会会长黄文忠、副会长钟德华等阿卡人。在他们的引荐下，大约17点到达孟连县，随后在拉嘎村委会，见到了阿约和李新洁。在他们的带领下，团队成员一行来到了岔河村委会永前寨，见到了孟连哈尼阿卡学会会长阿格。阿朗副会长因在澜沧出差，未能见面，只通过电话、微信联系。团队成员来到芒信镇吃晚饭，入住湘芒宾馆后，我们马不停蹄地到广伞村找发音合作人。在村里见到了另一个副会长阿仁，他是省劳动模范。在他的帮助下，我们找到两个缅甸阿卡人：皮背，女，27岁；阿得，女，32岁。她们都是从缅甸嫁入广伞村的阿卡人。母语是阿卡话，汉语熟练。之后，我们也请广伞村的阿卡人阿约，男，42岁，做我们的发音合作人。广伞村距离芒信镇政府驻地约四公里，乡村道路硬化良好。

2023年2月2日：

团队成员8:00吃完早餐后，何亚琼、白碧波与广伞村的发音合作人皮背和阿得一起记录缅甸阿卡话词汇。许鲜明整理缅甸阿卡人分布情况和孟连阿卡人分布。白碧波、何亚琼准备了一个词汇表，根据词汇表一一记录。下午，何亚琼、许鲜明去了芒信口岸调研，观察到从佤邦过来很多大卡车，拉着甘蔗报关通关。芒信口岸（200号）距离芒信镇政府驻地约八公里柏油路，一直沿着南垒河，平行直通佤邦第二特区，勐波县县域。一路上，看到了中缅边界高高的铁丝网，还有很多隔离房。了解到这里是疫情防控的前沿阵地。三年来，为守护国内人民的健康，当地政府和边民们不知付出了多少个日日夜夜，看到这些我们受到了很大的震撼，对他们的崇敬之情油然而生。目前还没有边民互通，没有边贸，这里显得十分冷清。一旦通关，这里一定会非常热闹。据皮背说，因为疫情，她已经三年没有回缅甸看望父母了。中午休息时间，白碧波在皮背和阿得的带领下，顺着南垒河边走了一圈。阿得告诉我们，为什么广伞村带一个伞字？原因是村子建在像伞状形的山上，刚好在两条河的交汇处。据说一条河水清，一条河水浊。河水清的那条是父亲河，河水浊的那条是母亲河。父亲河水流湍急清澈，母亲河水流平缓而浑浊，其主要原因是河水浑浊时像女性来生理期（“大姨妈”）的时候一样，过了这段河水也就清澈了。芒信镇是一座青山绿水，南垒河穿越芒信坝是一个美丽的边境重镇。

2023 年 2 月 3 日：

团队成员 8:00 吃完早餐后，何亚琼、白碧波与广伞村的发音合作人皮背一起记录缅甸阿卡话词汇。许鲜明整理阿卡话借词。中午，白碧波、何亚琼、许鲜明、阿约去回蚌米村阿朗副会长家吃饭，打算吃完饭后，去澜沧县参加哈尼学会研讨会。突然，天下起大雨，道路湿滑，为安全起见，终止了计划，实属遗憾，对不住澜沧县哈尼学会盛情邀请。吃过中午饭，我们一行人原路返回，到永前老寨参观了乡村旅游试点项目——迦甸岚景区。据说永前老寨的旅游疫情前非常红火，每天来这里的游客很多。后受疫情影响，这里已经变得十分冷清。但愿随着疫情的终止，旅游的放开，有更多的游客到永前老寨参观阿卡文化长廊，体验阿卡美食和独特的文化。从永前老寨回来后，白碧波老师继续记录词汇。何亚琼、许鲜明整理记录的材料。

2023 年 2 月 4 日：

7:30 团队成员与皮背一起吃早餐，然后白碧波与广伞村的发音合作人皮背一起记录缅甸阿卡话词汇。许鲜明和何亚琼一起整理阿卡话借词，何亚琼从记录的阿卡话中辨别出哪些是缅甸语借词，哪些是英语借词、傣语词汇。吃过中午饭后，午休了一会儿，继续工作。吃过晚饭后，皮背骑着她的小摩托回广伞村家。

2023 年 2 月 5 日：

团队成员与皮背 8:00 吃过早餐后，白碧波与广伞村的发音合作人皮背一起记录缅甸阿卡话词汇。许鲜明整理阿卡调查词表，发现原准备的词汇量不够，新增加了一些调查词。词汇数量由原来的 1000 词，增加到了 1400 词。主要增加了动词和量词。何亚琼从白碧波老师记录的阿卡话词汇中，辨别缅甸语借词，标出国际音标。午饭和晚饭后，我们继续工作。许鲜明老师校对词汇表，以防调查中遗漏重要的词汇。经过 4 天的努力，1000 词的缅甸阿卡词汇记录基本完成。后增加的 400 词再补记。我们与皮背的工作就告一段落。

2023 年 2 月 6 日：

团队成员与阿约 8:00 吃完早餐后，白碧波与广伞村的发音合作人阿约一起记录中国孟连阿卡话词汇。阿约是尖头阿卡人。在孟连县芒信镇有两个阿卡人支系。一支是尖头阿卡人，一支是平头阿卡人。尖头和平头阿卡的称呼来源于妇女的头饰。妇女戴高高头饰的就叫尖头阿卡。妇女的头饰平平的叫平头阿卡。这是一个很明显的标记。许鲜明老师整理缅甸阿卡借词，叫何亚琼标注缅甸文并用国际音标注音。中午饭后，何亚琼和许鲜明去了芒信大寨，考察阿卡人的牛油果基地，拍照并录了一些视频。还参观了芒信大寨的分果车间和网店。晚饭后继续工作，直到晚上 9 点才休息。

2023 年 2 月 7 日：

团队成员与阿约 8:00 吃完早餐后，白碧波与广伞村的发音合作人阿约一起记录中国孟连尖头阿卡词汇。何亚琼继续整理缅甸阿卡借词，辨别缅甸语借词并注音。中午饭后，团队成员去了孟连县城农贸市场的中缅街考察，买了当地的土特产。返回拉嘎村委会找李新杰。从拉嘎村委会到永前老寨参加尖头阿卡人的婚礼。有一个尖头阿卡姑娘嫁给澜沧县的平头阿卡小伙。在村里亲眼看到了阿卡人哭嫁、抢亲、送亲的全过程，和村里人和亲戚朋友共进喜宴。随后，还去了广伞村，在那里拍了照片和视频就返回湘芒酒店继续工作。直到晚上 9 点，阿约才离开酒店回家。

2023 年 2 月 8 日：

团队成员与阿约 8:00 吃完早餐后，何亚琼、白碧波与广伞村的发音合作人阿约一起记录中国孟连尖头阿卡词汇。中午饭后继续工作。下午五点，白碧波、许鲜明、何亚琼、阿约一行应孟连阿卡学会秘书长李应芳的邀请，去落水洞汉族村参加新居落成典礼。去参加新居落成典礼的人较多，在吃饭时有幸认识了省工商联的两位驻村干部、拉嘎村书记和福建的一个老板。在与他们的闲聊中，了解到了边境建设情况和民族分布情况。落水洞汉族是从澜沧县搬迁而来。据说澜沧县土地少，无法满足人们的生存。而孟连县土地广阔。在政府的规划下，部分汉族从澜沧县搬迁过来这里生活。他们建设自己的家园，家家盖起了新房子。晚饭后，白碧波和何亚琼老师走路返回湘芒酒店。许鲜明和阿约去加油、洗车，然后去芒信新寨看牛油果基地，顺便绕到了回勒、班顺村委会顺旺新村小组等。

2023 年 2 月 9 日：

团队成员与阿约 8:00 吃完早餐后，何亚琼、白碧波与广伞村的发音合作人阿约一起记录中国孟连尖头阿卡话词汇。许鲜明整理日志。吃过中午饭后，许鲜明和何亚琼自驾车，到边境一线村寨：芒信新寨（平头阿卡）、回勒新寨（尖头阿卡）、顺旺（汉族、平头阿卡）、糯伍下寨（平头阿卡）、糯伍老寨（佤族）、回勒老寨（尖头阿卡）、班顺村（汉族、尖头阿卡）河边寨等 8 个寨子进行了调研，了解了民族聚居村的语言使用情况。同时，对寨子风貌、周边地质地貌进行了摄录。下午六点多才回到镇上。通过调研发现聚居村的母语仍然在使用，杂居村一般使用通用语汉语西南官话思普话。在兴边富民政策的推动下，边境地区的村寨道路建设，民房、村容村貌等都有了很大的改善。村寨进行了很好的规划，村民的住房都是崭新的。村村有派出所。房前屋后栽花种草，有的种上蔬菜，村村通水泥路，给人感觉城乡差别缩小了很多。发自内心为中国的边民感到骄傲，为中国共产党的执政能力感到敬佩。

2023 年 2 月 10 日：

7:40 团队成员与阿约一起去吃早餐，然后白碧波与广伞村的发音合作人阿约继续记录孟连尖头阿卡词汇 1400 个。许鲜明整理日志，最后交由何亚琼老师完成日志，何亚琼老师 10:30 到芒信镇邮政所托运包裹，然后和许鲜明老师一起自驾到芒信村贺基新寨进行调研，了解尖头阿卡人语言使用情况。同时，对寨子风貌、周边地质地貌进行了摄录，在摄录期间遇到了一位 90 多岁的长寿老人（女性）。据旁边的村民介绍，他们贺基尖头阿卡老人大多数都在 80 岁左右，像她这样有 90 多岁的长寿老人比较稀少。希望老人健康长寿。返回的路上，面对山高路远的山山水水，不禁感叹在这远离大城市，经济条件不好、医疗条件差、科技不发达的寨子里，依然有人，有长寿老人，在这样的环境下生生不息，惊叹生命的力量，不管条件多么恶劣，人的生命力是很强的。

途中因走错路，顺便到了岔河中寨。这里的村民都是从澜沧县搬迁来的平头阿卡，据说搬来三四十年了。村民淳朴、热心，告诉我们走错路了，需要掉头往回走，需要走到山坡的水泥路面上，沿山路往上开就能到达贺基村。

下午白碧波与皮背补充前几天没记录到的缅甸阿卡话词汇。许鲜明和何亚琼 12 点中饭后与阿约约好下午 4 点到我们还没去过的一个中缅边境村寨进行调研。5 点到了贺吉寨，这里道路宽敞，连着寨子的土路一直连接孟啊海关口岸，另外一边可以连到打洛。据说这条路是边防部队挖建的，便于运输物资。但山路不平，只有越野车才能开过去。贺吉寨作为边境村目前正在搞乡镇振兴。民房建设比较工整崭新，村民享受国家边境补贴每年人均 3500 元。据说以前经常有缅甸偷渡者从这里进入中国。贺吉寨主要种植咖啡、甘蔗、牛草等经济作物。很久以前在这片土地上是种罂粟的地方。这里的森林较大，路边能见到许多粗壮的参天大树。在寨门附近看到了砍伐后当柴烧，感到有点惋惜。如果村民日常生活都用电，这么好的树木就可以保护下来。

阿约说，这里的阿卡人族群观念很强，如果原来这里的阿卡人里的李姓家族跟张姓家族吵架、不合，他们其中一方的族人就会联合起来搬迁。族长老就会去选新地点。也许这就是在贺基另建新寨的原因。

2023 年 2 月 11 日：

团队成员与皮背 8:00 吃完早餐，白碧波老师与广伞村的发音合作人皮背补充前几天没记录到的缅甸阿卡话词汇 400 词。许鲜明老师在整理阿卡村寨的描述，何亚琼老师撰写贺吉寨、岔河中寨的村寨描述，交许鲜明修改校对。上午 10 点左右联系阿卡协会本次帮助我们的副会长阿朗、秘书长李新洁等人，感谢他们对我们此行的帮助。同时，告知他们我们明天要返回玉溪了，特邀他们一起共进晚餐来表达我们的谢意。阿朗副会长在澜沧县城公差不能来，李新杰电话无人接听，联系不上。何亚琼老师还联系了我校在孟连海关工作的学生罗山山一起吃饭。

中午 12 点中饭后，我们点好了晚上的菜，白碧波老师继续与广伞村发音合作人皮背补充缅甸阿卡词汇。许鲜明继续整理阿卡村寨描述，何亚琼校对调研日志。晚饭后回到宾馆，相互进行了这几天的调研交流，总结经验和收获，希望回去后好好整理数据，能申请一个项目作为后续研究。下午 4 点后，白碧波老师、何亚琼老师、许鲜明老师与广伞村的发音合作人阿约、皮背、阿得一起到南垒河边合影留念。他们都穿着自己的民族服装。吃过晚饭后，他们回家。我们回湘芒宾馆收拾行李和电脑，准备第二天离开。

2023 年 2 月 12 日：

上午 7:30 左右，团队成员去吃早餐，然后回到宾馆，把行李搬到车上，白碧波、许鲜明、何亚琼从孟连县芒信镇驱车原路返回。中午 11 点左右到达普洱市，一起去高家寨吃了中午饭，何亚琼老师就坐高铁从普洱火车站返回玉溪。白碧波、许鲜明两位老师自驾返回，大约下午 5 点才到元江县因远镇。

二、澜沧阿里

2023 年 4 月 28 日：

白碧波、许鲜明老师大约 7:10 从元江县因远镇出发，在墨江站与另一位团队成员何亚琼老师汇合后，中午 1 点左右到达澜沧县城，与阿卡人赵余聪老师见面。赵老师联系了糯福乡阿里村委会党支部书记张爱华，在澜沧县城吃过中午饭后，团队成员在赵余聪老师的带领下，驾车从澜沧县城直奔糯福乡阿里村。下午 5:30 到达阿里村委会，见到了张爱华书记和县检查组的一些成员。我们说明来意，张爱华书记接到县城赵余聪老师的信息后，早已有所准备，帮我们联系靓丽宾馆，晚饭后我们住进了靓丽宾馆，然后他接着四处帮忙找我们所需要的发音合作人。

2023 年 4 月 29 日：

团队成员 8:30 在靓丽宾馆吃过早点后，张爱华书记就带着我们，就去班角村见发音合作人。我们在公路边见到两个人。一个是叫赵布多是尖头阿卡人，她是从缅甸第二特区勐波县勐平区邦沙扎乡邦满康村嫁入班角村的阿卡人。另一个是从第四特区嫁入班角村的阿卡人。经白碧波老师测试，她们母语熟练，汉语一般。但有一个家里有事，不能与我们一起工作。所以只好先确定赵布多作为我们的发音合作人记录词汇。

2023 年 4 月 30 日：

吃过早点后，何亚琼和白碧波老师与赵布多一起记录缅甸阿卡话的词汇。许鲜明老师上午到阿里村委会了解阿卡人的分布情况，发现阿里村委会拉祜族人口多，其次是阿卡人。阿卡人居住村寨与缅甸边境比较近，有的只有一步之遥。许鲜明老师拍摄一些视频，在班角街了解缅甸阿卡人的语言使用情况，晚上整理调查日志。

2023 年 5 月 1 日：

吃过早点后，何亚琼和白碧波老师与赵布多一起记录缅甸阿卡话的词汇。许鲜明上午到四角寨了解阿卡话使用情况，拍摄一些视频。下午自驾车到糯福乡了解各民族的语言使用情况。这里是拉祜族的聚居乡，拉祜族多，阿卡人少。但多数聚居，杂居的少。在糯福乡镇府看了糯福国家级文物保护单位糯福基督教堂，了解了其历史，拍摄一些视频，买回一些生活用品。晚上整理调查日志。

2023 年 5 月 2 日：

吃过早点后，何亚琼和白碧波老师与赵布多一起记录缅甸阿卡话词汇。许鲜明上午到班角寨调研并拍摄一些视频。班角分为几个寨子，有老寨、中寨和下寨。他们都是阿卡人，是从老寨分出来的。他们分寨的原因是土地不够，分散居住容易生存。班角老寨、中寨和下寨都是阿卡人，他们之间相距不远，基本上都在一条公路沿线边。其中，班角老寨距中缅边境很近，大约 1 千米。晚上整理调查日志。

2023 年 5 月 3 日：

何亚琼、白碧波与赵布多、赵永丽一起校对中、缅词汇，找出共同点和不同点，解释其中的不同之处。何亚琼和许鲜明老师下午到班角老寨调研，了解边境现代化小康村的建设情况和语言使用情况，拍摄了一些视频，晚上整理单日的田野调查日志。

2023 年 5 月 4 日：

吃过早点后，白碧波与赵布多、赵永丽一起校对中、缅词汇，补充了一些重要词汇，基本完成了此行的调研任务。

2023 年 5 月 5 日：

吃过早点后，白碧波、许鲜明、何亚琼老师，上午 8:30 从阿里出发。由于道路难走，速度很慢。12 点才到达澜沧县城，与赵余聪老师联系，找了一本《澜沧县地名志》，然后与哈尼学会会长钟德华和赵余聪老师们一起吃中午饭，交流阿卡语言文化保护的问题。下午 3:30 左右许鲜明、白碧波、何亚琼老师离开澜沧，前往普洱。到达普洱后，白碧波、许鲜明老师，送何亚琼至普洱火车站坐高铁返回玉溪。白碧波、许鲜明老师自驾返回墨江，晚上 9 点左右才到达因远。

三、打洛曼等

2023 年 7 月 23 日：

吃过早点后，大约 7:30，何亚琼、白碧波、许鲜明三位老师，从元江因远出发。中午 1 点左右到景洪市告庄西双景，与哈尼族老板阿凯见面，一起吃中午饭。然后，何亚琼、白碧波、许鲜明三位老师直奔勐海县。一路上，许老师开车，白老师与勐海县哈尼学会会长联系，请他们帮忙联系打洛抵边村的哈尼族阿卡人，帮助我们进行语言文化调查。景洪到勐海现在都是高速公路，一路隧道多但风景美。快到勐海时，勐海哈尼族学会的会长李桂英一行三人，早在进城的路边等候我们了。一见面相互寒暄几句后，就直接驾车直奔打洛镇。打洛镇是一个边境镇，与缅甸接壤。从打洛口岸出海关，对面是缅甸第四特区首府，也称小勐拉。在他们的带领下，我们在去打洛镇的半路上，就顺便去了老邦约哈尼族阿卡村寨。走进村里，阿卡同胞非常热情，早已准备好了丰盛的晚餐，五点左右就吃晚饭，然后告别村长后继续往打洛方向走。晚上七点左右才到达打洛镇。在打洛镇上哈尼族学会的人已经在等候我们吃饭了。席间，我们说明来意，他们就把我们安排在勐景来村。勐景来村是一个傣族文化旅游村，有民宿、餐饮等。我们晚上 10 点钟住进了一家民宿，发现景区很大，交通不便，有的地方只能步行，车不能到住宿的门口。我们行李多，很不方便。

2023 年 7 月 24 日：

吃过早点后，大约 8:30，团队成员在哈尼学会的带领下，开车去曼等阿卡聚居村。曼等村距镇政府驻地约 4 千米，不算太远。走进村里，发音合作人沧达接待了我们。他带我们去了村里的公房处，看到那里正在盖房子，建筑材料遍地，噪音很大，工作场所不太理想，不利于记录词汇。因此，许老师和沧达老师商量，去他家看看。沧达家在鱼塘旁边，靠近树林，比较安静，许老师就要求在沧达家工作。沧达表示很乐意，就立马为我们搬来了桌子和椅子。何亚琼和许鲜明老师布置好了工作环境后，就开车去镇子里买油盐米等生活用品。因为，曼等村没有民宿，也没有餐馆，生活完全要靠自己解决。许老师和沧达老师商量能否在他家做饭吃。他表示很欢迎，许老师和何亚琼就开始在他家做中午饭吃。饭后，白老师测试了一下沧达，觉得他是理想的发音人，就和他一起记录词汇了。午饭后，为了工作方便，许老师去离曼等村最近的地方，找了一家宾馆，叫勐海喜林苑客栈。我们当晚就住进了这家宾馆。

2023 年 7 月 25 日：

早上 7 点团队成员起床，先到农贸市场买菜，吃过早点后，就开车到曼等村沧达家，白碧波和何亚琼老师从早到晚记录阿卡话词汇。许鲜明上午到村委会了解阿卡人的分布情况，发现曼等村周边几乎都是傣族，哈尼阿卡人非常少。哈尼阿卡人主要居住在山区和半山区，许老师一边了解语言使用情况，一边拍摄村容村貌的视频。回到曼等村后，许鲜明和何亚琼老师一起做午饭、晚饭，很晚才回到打洛镇喜林苑客栈休息。

2023 年 7 月 26 日：

早上 7 点左右团队成员起床，到农贸市场买了点菜，吃早点后，就开车到曼等村沧达家，白碧波老师记录阿卡话词汇。何亚琼和许鲜明老师上午到曼彦村、曼永村调查语言使用情况，拍摄视频。中午 11:30 左右回到沧达家做午饭。下午整理材料。晚饭后才返回打洛镇喜林苑客栈休息。

2023 年 7 月 27 日：

团队成员早上 7 点起床，许鲜明和何亚琼老师先到农贸市场买了点菜，吃过早点后，就开车到曼等村沧达家一起从早到晚记录阿卡话词汇。何亚琼和许鲜明老师上午到曼蚌村、曼伟村调查语言使用情况，拍摄视频。中午 11:30 左右回到沧达家做午饭。下午整理材料。晚饭后才返回打洛镇喜林苑客栈休息。

2023 年 7 月 28 日：

早上 7 点起床，许鲜明和何亚琼老师先到农贸市场买了点菜，吃过早点后，就开车到曼等村沧达家，白碧波老师和沧达一起记录阿卡话词汇。许鲜明和何亚琼老师上午开车到曼打火村调查语言使用情况，下午整理调查资料。晚饭后一起回打洛镇喜林苑客栈休息。

2023 年 7 月 29 日：

7 点起床后，许鲜明和何亚琼老师到农贸市场买了点菜，吃过早点后开车到曼等村沧达家，约好和沧达一起记录阿卡话词汇。但因今天沧达的儿子回来摘火龙果，所以另外请了一个阿卡人记录 200 个句子。许鲜明上午开车到打洛口岸调查语言使用情况，下午整理调查资料。晚饭后白碧波、许鲜明、何亚琼老师一起回打洛镇喜林苑客栈休息。

2023 年 7 月 30 日：

7 点起床后，许鲜明和何亚琼老师到农贸市场买菜，在公路边吃过早点后，许鲜明开车到曼等村沧达家，何亚琼、白碧波和沧达一起校对阿卡 200 个句子。许鲜明上午、下午在整理调查资料。晚饭沧达亲自下厨，为我们做告别晚餐。他做了一桌的哈尼特色菜，让我们大饱口福。晚饭后，大家依依不舍地告别，很晚才回打洛镇喜林苑客栈休息。

2023 年 7 月 31 日：

今天大家 7 点不到就起床了，在楼下的公路边吃了点早点。大家把行李搬到车上，许鲜明老师驾车，先到了西双版纳的景洪市。在市里见到了阿卡学会的很多人。因为他们在开会，邀请我们与他们共进午餐。我们也不客气地与他们在哈尼阿卡人的餐厅里一起吃午饭。午饭后，何亚琼老师从西双版纳坐高铁返回玉溪。白碧波、许鲜明老师先送何亚琼老师到高铁站后，驾车到勐腊县，后又到了曼冈村、本人村，第二天才回到元江县因远镇。

附录四　缩略词表

施事助词——（施助）
工具助词——（工助）
受事助词——（受助）
方位助词——（方助）
时间助词——（时助）
话题助词——（话助）
语气助词——（语助）
结构助词——（结助）
体助词——（体助）
连词——（连）
前缀——（缀）
重叠——（叠）

参考文献

1. 白碧波、许鲜明等：《搓梭语研究》，民族出版社 2015 年版。
2. 白碧波、许鲜明等：《撒都语研究》，民族出版社 2012 年版。
3. 白碧波、许鲜明：《撒都话概况》，《民族语文》2012 年第 1 期。
4. 白碧波主编：《元江县因远镇语言使用现状及其演变》，商务印书馆 2010 年版。
5. 中央民族大学哈尼学研究所编：《中国哈尼学》（第二辑），民族出版社 2002 年版。
6. 戴庆厦主编：《泰国阿卡语研究》，中国社会科学出版社 2009 年版。
7. 戴庆厦主编：《泰国万伟乡阿卡族及其语言使用现状》，中国社会科学出版社 2009 年版。
8. 嘉恒："阿卡文字的地位"，墨江第五届哈尼–阿卡国际研究会论文，2005。
9. 李永燧：《哈尼语语法》，民族出版社 1980 年版。
10. 李永燧、王尔松编著：《哈尼语简志》，民族出版社 1986 年版。
11. 澜沧江拉祜族自治县人民政府：《云南省澜沧拉祜族自治县地名志》，1980 年。
12. 李桂英主编：《勐海县哈尼族谱系》，2017 年版。
13. 许鲜明、白碧波等：《山苏彝语研究》，民族出版社 2013 年版。
14. 许鲜明、白碧波：《撒都群体语言使用现状的调查》，《暨南学报》（哲学社会科学版）2011 年第 2 期。
15. 许鲜明、白碧波、尹明：《云南玉溪撒都语》，商务印书馆 2019 年版。
16. 许鲜明、白碧波等：《撒都民间故事数位典藏》，民族出版社 2015 年版。
17. 云南省勐腊县志编纂委员会编纂：《勐腊县志》，云南人民出版社 1994 年版。
18. 云南省勐海县人民政府：《勐海县地名志》，2014 年。

后　记

2023 年 2 月起，笔者在白碧波、许鲜明两位教授的指导下，先后对云南省边境地区的普洱市孟连傣族拉祜族佤族自治县芒信镇广伞村，澜沧拉祜族自治县糯福乡阿里村，西双版纳傣族自治州勐海县打洛镇曼等村，勐腊县勐满镇大广村，景洪市景哈哈尼族乡达西利村展开了阿卡语言文化调查，对阿卡人的口传历史、语言使用现状、语言结构等进行了记录、描写，其独特的语言文化深深地吸引着我。

两年来，笔者多次走进阿卡村，记录、分析他们的语言。其间，得到了勐连县、澜沧县哈尼文化学会、西双版纳州哈尼族学会的大力支持，找到了理想的发音合作人记录了阿卡话。通过访谈从事不同职业的阿卡人，了解、整理他们的文化和习俗，分析语言材料。2024 年 1 月还参加了西双版纳傣族自治州一年一度的阿卡嘎汤帕节，从饮食到民俗，体验了独特的阿卡文化。在他们的帮助下，这本凝聚着众多人心血的《阿卡人的语言文化研究》终于完稿。在此，我要感谢对中国云南濒危语言研究学科建设重视、鼓励与支持的哈尼族阿卡人，感谢他们在边境地区进行田野调查中给予的大力支持和无私奉献；感谢白碧波、许鲜明两位教授对我进行田野调查、语料分析整个过程中的悉心指导，如果没有他们的帮助和指导，我是无法完成这本书稿的。在田野调查中，我还要特别感谢普洱市孟连傣族拉祜族佤族自治县芒信镇广伞村的阿约、皮背、阿德在语料采录中付出的辛勤劳动；感谢澜沧拉祜族自治县糯福乡阿里村党支部书记张爱华为我们安排食宿，联系发音合作人赵永丽、赵布多；感谢西双版纳傣族自治州勐海县哈尼学会李桂英、杨正友、卓伍等三位领导带我走访了多个阿卡村，打洛镇曼等村党支部书记沧达为我们提供工作场所和就餐场地，并赠予我们珍贵的哈尼族文献资料；感谢勐腊县哈尼学会会长张绍华，秘书长茶娥为我们在勐满镇大广村调研中提供的很多帮助；感谢景洪市景哈哈尼族乡长铁文强，达西利村村民大南兄弟全家及村民在调研中给予的大力支持和帮助；感谢景洪市哈尼学会副会长唐标为我们提供的珍贵资料，感谢他们抽出宝贵的农忙时间，陪我们一起走进阿卡村进行实地考察和访谈。如果没有他们的无私奉献，我是无法顺利完成这本书稿的。

在与阿卡人朝夕相处的日子里，我欣赏到了优美的阿卡语言，感受到了他们独特的文化。同时，他们对母语的深厚感情，对本族传统文化的热爱，自觉维持、保护和传承本民族语言文化的意识让我深深地感动。但是，随着社会、经济、教育、交通等的发展，阿卡话已面临严重衰退，对此我深感不安。为此，希望笔者记录、整理的《阿卡人的语言文化研究》能将阿卡人优美的语言、独特的文化存留下来。

最后，我要对所有关心、帮助、支持此书出版的人，包括责任编辑宫京蕾、责任校对王龙，表示我最诚挚的谢意！

本书是我研究阿卡语言文化的开端，阿卡语言文化还有很多优秀的内容值得我进一步调查、学习和探究。由于时间紧，加上自己水平有限，书中肯定还有许多疏漏和不妥之处，敬请专家和学者不吝赐教。

作 者

2024 年 2 月